Wolfgang Gottwald

GC für Anwender

Marc Speitkamp

D1719179

VCH

Die Praxis der instrumentellen Analytik

herausgegeben von U. Gruber und W. Klein

Gottwald
RP-HPLC für Anwender

Herzog/Messerschmidt
NMR-Spektroskopie für Anwender

Gottwald
GC für Anwender

In Vorbereitung:

Burggraf/Sossenheimer
UV/VIS-Spektroskopie für Anwender

Gottwald/Wachter
IR-Spektroskopie für Anwender

Giessler
Validierung in der Analytik

Gottwald
GC für Anwender
PC-Programmpaket

GC für Anwender

Wolfgang Gottwald

Weinheim · New York
Basel · Cambridge · Tokyo

Wolfgang Gottwald
Hoechst AG
Abteilung für
Aus- und Weiterbildung
Postfach 80 03 20
D-65926 Frankfurt

Lektorat: Dr. Steffen Pauly

Die Deutsche Bibliothek – CIP-Einheitsaufnahme
Gottwald, Wolfgang:
GC für Anwender / Wolfgang Gottwald. – Weinheim ;
New York ; Basel ; Cambridge ; Tokyo : VCH, 1995
  (Die Praxis der instrumentellen Analytik)
  ISBN 3-527-28681-0

© VCH Verlagsgesellschaft mbH, D-69469 Weinheim (Federal Republic of Germany), 1995

Gedruckt auf säurefreiem und chlorarm gebleichtem Papier

Satz: K + V Fotosatz GmbH, D-64743 Mörlenbach
Druck: strauss offsetdruck GmbH, D-69509 Mörlenbach
Bindung: Industriebuchbinderei Heppenheim GmbH, D-64646 Heppenheim
Umschlaggrafik: Jürgen Wirth
Printed in the Federal Republic of Germany

Vertrieb:

VCH Verlagsgesellschaft, Postfach 10 11 61, D-69451 Weinheim (Bundesrepublik Deutschland)

Schweiz: VCH Verlags-AG, Postfach, CH-4020 Basel (Schweiz)

United Kingdom und Irland: VCH Publishers (UK) Ltd., 8 Wellington Court,
   Wellington Street, Cambridge CB1 1HZ (England)

USA und Canada: VCH Publishers, 220 East 23rd Street, New York, NY 10010–4606 (USA)

Japan: VCH, Eikow Building, 10-9 Hongo 1-chome, Bunkyo-ku, Tokyo 113, (Japan)

ISBN 3-527-28681-0   ISSN 0942-9743

Vorwort

In vielen Laboratorien werden analytische Bestimmungen durchgeführt. Dabei hat sich das Schwergewicht der analytischen Arbeitstechniken in den letzten Jahren von den bekannten naßchemischen Methoden zu den modernen instrumentellen Arbeitstechniken verlagert. Neben den spektroskopischen Methoden und der Hochleistungsflüssigkeitschromatographie (HPLC) hat sich die Gaschromatographie (GC) einen besonders großen Anteil an dem instrumentellen Gesamtangebot erobert. Dies liegt zum einen an den vielfältigen Einsatzmöglichkeiten der GC, zum anderen aber auch an der Genauigkeit und Empfindlichkeit der Methode.

Es ist jedoch unerläßlich, daß der Anwender im Labor die GC sicher und methodisch beherrscht und außerdem das notwendige Hintergrundwissen besitzt.

In didaktisch sinnvoller Weise vermittelt der vorliegende Band der Reihe „Die Praxis der instrumentellen Analytik" (herausgegeben von U. Gruber und W. Klein) das Grundlagenwissen über die GC, die Methodenauswahl, die GC-Gerätekonfiguration, die Geräteoptimierung sowie die Handhabung bei der qualitativen und quantitativen Analytik. Daneben werden die Grundlagen von GLP (Good Laboratory Practice) vorgestellt. Nach einer Einführung in die Statistik wird die immer wichtiger werdende statistische Fehlererkennung (SPC) erläutert. Ein sehr großes Kapitel nehmen die Fehlersuche und die dazu notwendigen Fehlersuchstrategien ein. Anhand von Beispielchromatogrammen werden die kritischsten Fehler aufgezeigt, die bei einer GC-Analyse vorkommen können. Neben der Fehlerdiagnose steht selbstverständlich auch die Fehlerbeseitigung im Vordergrund.

Im hinteren Teil des Buches werden detailliert beschriebene Arbeitsanweisungen zur Durchführung von gaschromatographischen Experimenten aufgeführt, die nach jahrelanger Entwicklung und Erfahrung mit Praktikern aus Betriebslaboratorien im Ausbildungszentrum der HOECHST AG entstanden sind. Die Aufgaben wurden mit allen Parametern so beschrieben, daß eine Umsetzung auf die am Lernort vorhandenen GC-Anlagen leicht fällt. Es wurde bei der Entwicklung der Aufgaben Wert darauf gelegt, daß keine exotischen Geräteteile verwendet werden müssen.

Auf komplizierte mathematische Ableitungen und Sachverhalte wurde im Buch weitgehend verzichtet. Viele Vereinfachungen und Verallgemeinerungen mußten dabei herangezogen werden, um die zu vermittelnden Grundlagen für den GC-Praktiker noch übersichtlich zu halten. Es wurde aus dem riesigen Stoffangebot alles eliminiert, was für die tägliche Anwendung eher störend wirkt. Es werden aber alle Gleichungssysteme und Gegebenheiten, die der Praktiker bei seiner täglichen Arbeit benötigt, genau besprochen und mit Beispielen erläutert.

Das Buch soll dem Anwender im Labor das notwendige Hintergrundwissen vermitteln, aber auch den Laboranten in der Ausbildung und den Studenten an den Fachhochschulen und Universitäten einen fundierten praktischen Einstieg in das Arbeitsgebiet der GC erleichtern. Gerade für die letztere Gruppe, die in den Universitäten oft einseitig mit theoretischem GC-Wissen überladen wird, bietet der Band den notwendigen praktischen Ausgleich.

Ich danke vielen Mitarbeitern der Abteilung Aus- und Weiterbildung der HOECHST AG und vor allem meinen Kursteilnehmern für ihre vielfache Anregung und konstruktive Kritik, die zur optimalen Entstehung dieses Buches maßgeblich beigetragen haben.

Frankfurt-Höchst   Wolfgang Gottwald
November 1994

Inhalt

11   Fehlererkennung anhand des Chromatogramms   187

12   Qualität und Qualitätssicherung   204

13 Praktikum in der GC 219

1 Die Chromatographie

Eine häufige Aufgabe in analytischen oder präparativen Laboratorien ist die Trennung eines Stoffgemisches zur analytischen Bestimmung oder zur präparativen Aufarbeitung der Stoffe. Diese Aufgabe kann bei größeren Mengen mit den im Labor gebräuchlichen, konventionellen Trennungsmethoden durchgeführt werden. Dazu stehen unter anderem folgende Methoden zur Verfügung:

- die Destillation (Rektifikation),
- die Sublimation,
- das Zonenschmelzen,
- die Umkristallisation,
- das Umfällen,
- die Extraktion.

Alle oben genannten Verfahren beruhen letztendlich darauf, daß sich die Substanzen der zu trennenden Mischung in mindestens einer stofflichen Eigenschaft unterscheiden. Will man zum Beispiel mit Hilfe einer Destillation ein Stoffgemisch trennen, so müssen sich die Komponenten der Mischung im Siedepunkt unterscheiden. Haben zwei Stoffe aber den gleichen Siedepunkt oder ist die Siedepunktsdifferenz zu gering, ist die Mischung destillativ nicht zu trennen. Weiteres zu den üblichen Makro-Trennmethoden kann dem Band 1 der Reihe „Die Praxis der Labor- und Produktionsberufe" [1] entnommen werden. Moderne Verfahren setzen oft die Chromatographie als Trennmethode ein, besonders bei kleinen Mengen.

Der Begriff *Chromatographie* wurde zuerst im Zusammenhang mit der sogenannten Papierchromatographie (PC) benutzt. Der russische Biochemiker M. S. Zwet trennte mit Hilfe der Papierchromatographie aus Blättern extrahierte Blattfarbstoffe unter anderem in Chlorophyll, Carotin und Xanthophyll. Er vergab daher auch den Namen „Chromatographie", welcher ungefähr „mit Farben schreiben" übersetzt werden kann.

Zwet tropfte die Blattgrünlösung auf ein Stück Papier und ließ entlang des Papiers das Laufmittel Petrolether aufsteigen. Durch eine dynamische, ständige *Adsorption* (Oberflächenanhaftung) der Substanzen an das Papiermaterial und eine dynamische, ständige *Desorption* (Ablösung) und den folgenden Weitertransport durch das Lösemittel konnten sich dann die verschiedenen Substanzen trennen, sofern sie sich entweder im Adsorptionsverhalten oder im Löslichkeitsverhalten unterschieden. Zwet setzte sofort das von ihm gefundene Verfahren auch bei Trennungen mit anderen Substanzgemischen ein. Die Trennung der Substanzen gelang dann noch besser, wenn die Substanzen sich in *beiden* Effekten (Adsorption/Desorption) additiv unterschieden.

Eine chromatographische Trennung beruht immer auf *zwei* Effekten, die vom Anwender auch gesondert voneinander beeinflußt werden können. Beide Effekte sind außerdem noch *entgegengerichtet*, sie stehen miteinander in Konkurrenz. Beim Sorptionsprozeß werden die Substanzen durch Ab- oder Adsorption an das Trägermaterial festgehalten, beim Desorptionsprozeß werden die Substanzen dagegen vom Träger durch das Lösemittel abgelöst und weitertransportiert. Im Idealfall wirken beide Effekte ständig und dynamisch nebeneinander in einem Gleichgewicht und erreichen so die Trennung des Stoffgemisches.

Der Sorptionsprozeß wird von der *stationären Phase* verursacht, der Desorptions- und der anschließende Transportprozeß wird von der *mobilen Phase* verursacht.

Unterscheiden sich allerdings die zu trennenden Komponenten sowohl im Sorptionsverhalten als auch im Desorptionsverhalten *nicht*, ist es unmöglich, mit diesen Chromatographiebedingungen die Komponenten zu trennen. Allerdings stehen dem Anwender immer *zwei* Trenneffekte zur Verfügung, und die Beeinflussung einer der beiden Effekte bewerkstelligt dann vielleicht doch noch die Trennung.

Je nachdem, wie die Substanz von der stationären Phase sorbiert, desorbiert und dann von der mobilen Phase weiter transportiert wird, unterscheidet man grundsätzlich die beiden Chromatographiearten:

- *Ad*sorptionschromatographie und
- Verteilungschromatographie.

Bei der *Ad*sorptionschromatographie beruht die Trennung auf der *Ad*sorption der Probensubstanzen an die stationäre Phase mit folgender Desorption durch die mobile Phase. Zu dieser Art der Chromatographie gehören überwiegend die Arbeitsgebiete:

- Papierchromatographie (PC),
- Dünnschichtchromatographie (DC),
- Säulenchromatographie (SC),
- Hochleistungsflüssigkeitschromatographie (HPLC) und
- Adsorptions-Gaschromatographie (GSC).

Die Verteilungschromatographie beruht auf einer dynamischen Verteilung der Probensubstanzen in stationärer Phase und mobiler Phase durch teilweise Absorption (Lösen) der Stoffe in einer stationären Phase und einer Aufnahme in die mobile Phase. Zu dieser Art der Chromatographie gehören:

- Verteilungs-Dünnschichtchromatographie,
- Verteilungs-HPLC,
- und Verteilungs-Gaschromatographie.

Die genannten Arten sind aber so scharf nicht voneinander zu trennen. Trotzdem unterscheidet man pragmatisch die Gaschromatographie in

- Gas*verteilungs*chromatographie (GLC) und
- Gas*adsorptions*chromatographie (GSC).

In der Gasverteilungschromatographie (GLC) wird als Trennmedium eine flüssige stationäre Phase (*Liquid*) eingesetzt, in der Gasadsorptionschromatographie (GSC) wird eine Feststoffsäule (*Solid*) als Trennmedium benutzt. Dabei wird die Gasverteilungschromatographie (GLC) viel häufiger eingesetzt als die GSC.

In der Gaschromatographie kann man die Trennung der Substanzen vor allem durch

- Auswahl der stationären Phase,
- Auswahl des Trägergases und seiner Geschwindigkeit,
- Säulentemperatur sowie
- Länge und Dicke der Trennstrecke

beeinflussen. In den nächsten Kapiteln wird speziell das Prinzip der Gaschromatographie näher beschrieben.

2 Die Gaschromatographie (GC)

Die Gaschromatographie ist eine moderne chromatographische Trennungsmethode, die bei der Trennung von Probengemischen eingesetzt wird, deren Komponenten unzersetzt verflüchtigt werden können. Nach dem heutigen Stand der Gerätetechnik sind dies Substanzen, die gewöhnlich eine molare Masse von unter 500 g/mol besitzen und die einen Siedepunkt von unter 400 °C haben. Die Ausbildung von Wasserstoffbrückenbindungen in einem Molekül reduziert die Flüchtigkeit eines Stoffes ganz enorm, so daß die Angabe der molaren Masse nur sehr unvollkommen eine gaschromatographische Grenze beschreibt.

Je nach verwendetem Gerät und Injektortyp ist manchmal auch eine deutlich höhere Verdampfungstemperatur einstellbar. Die Substanzen müssen aber in jedem Fall bei der verwendeten Temperatur thermisch stabil sein, d. h., sie dürfen sich nirgends im chromatographischen System zersetzen.

Der Gaschromatograph ist mit einer besonderen Gaszuführung und Gasversorgung ausgestattet, die es erlaubt, daß durch das gaschromatographische System ein *Gasstrom* fließt, dessen mittlere, lineare Gasgeschwindigkeit (in cm/s) zu jeder Zeit reproduzierbar einzustellen ist. Der Gasdruck der Gasversorgung muß so hoch sein, daß der eingestellte, gewünschte Gasstrom nicht „zusammenbricht". Dies würde z. B. dann passieren, wenn der Strömungswiderstand des ganzen GC-Systems so hoch wird, daß der eingestellte Druck nicht mehr ausreicht, das Gas durch die Anlage zu treiben.

Das strömende Gas, Trägergas genannt, passiert nun im Gaschromatographen einen Probeneinlaß (Injektor), der es gestattet, die flüssigen oder gasförmigen Proben in das chromatographische System zu schleusen. Ein solcher Probeneinlaß ist je nach Probenart und Einspritzmethode eigens konstruiert. Der am meisten verwendete Verdampfungsinjektor wird die flüssigen Probenkomponenten schnell und vollständig aufnehmen, sie schnell und ohne Zersetzung verdampfen und den entstehenden Dampf entweder vollständig oder teilweise als „Probendampfpfropf" in den Trägergasstrom einschleusen.

Wird der Probendampfpfropf nur teilweise in das System eingeschleust (z. B. beim Splitinjektor), muß der Injektor so konstruiert sein, daß bei diesem Vorgang sich die Zusammensetzung der Komponenten im Dampf möglichst wenig verändert. Daneben gibt es aber noch anders konstruierte Injektoren, bei

Injektor

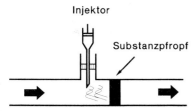

Substanzpfropf

Trägergas

Abb. 2-1. Probendampfpfropf

denen z. B. die Probe kalt und flüssig direkt in die Trennsäule eingeschleust wird.

Die Moleküle des Probendampfpfropfs werden nun vom Trägergasstrom in die Trennsäule hineingetrieben, die als wirksame stationäre Phase entweder eine Trennflüssigkeit oder eine feste Trennschichtung enthält.

Ist eine Säule in den Gaschromatographen eingebaut, die eine Trennflüssigkeit als stationäre Phase (WCOT) enthält, werden die Komponentenmoleküle dynamisch zwischen der flüssigen Phase und dem Gasraum verteilt (Verteilungschromatographie). Es entsteht ein dynamisches Gleichgewicht zwischen den Aufenthaltsorten „Gasraum" und „stationäre Phase", welches von den Substanzen und den ausgewählten Bedingungen bestimmt wird.

Die Verteilung wird mathematisch durch den Verteilungskoeffizienten K beschrieben. Er gibt das Verhältnis der Konzentration der Moleküle in der stationären Phase und der Konzentration in der mobilen Gasphase an (Gl. 2-1).

$$K = \frac{\text{Konzentration in der stationären Phase}}{\text{Konzentration in der mobilen Phase}} \qquad (2\text{-}1)$$

Sind die Verteilungskoeffizienten K der an der Trennung beteiligten Molekülarten in dem verwendeten GC-System unterschiedlich, ist eine Trennung der Probe in ihre Komponenten wahrscheinlich. Je mehr die K-Werte differieren, um so leichter ist die Trennung zu bewerkstelligen. Sind dagegen die Verteilungskoeffizienten K gleich, kann keine Trennung erfolgen. In diesem Fall versucht man die Bedingungen zur Einstellung des dynamischen Gleichgewichtes durch Verwendung einer anderen Temperatur oder durch den Austausch der stationären Phase so zu ändern, daß doch eine Trennung stattfinden kann.

Ist eine Säule in den Gaschromatographen eingebaut, die eine feste *Trennschichtung* vorweist, werden die Moleküle des Probendampfpfropfes teilweise von der wirksamen festen Oberfläche der Säule adsorbiert, also an die Trennschicht gebunden. Eine solche Art der Adsorptions-Chromatographie wird hauptsächlich bei Trennung von Stoffen mit sehr niedrigem Siedepunkt (z. B. bei der Trennung von Permanentgasen) verwendet.

Die Trennsäule befindet sich im Ofenraum des Gaschromatographen, d. h. sie kann von außen kontinuierlich und definiert beheizt werden. Kann oder soll nur eine genau bestimmte Temperatur eingehalten werden, so handelt es sich um eine sogenannte *isotherme Gaschromatographie.* Kann die Temperatur definiert und reproduzierbar verändert werden, spricht man von *temperaturprogrammierter Gaschromatographie.*

Die vom Anwender veränderbare Temperatur bewirkt, daß das Gleichgewicht zur Trennung der betreffenden Molekülarten sich entweder mehr zur mobilen oder mehr zur stationären Phase verschiebt, so daß die Komponentenkonzentration entweder im Gasraum oder in der stationären Phase höher ist.

Es werden bevorzugt die Probenmoleküle des Gemisches in den Gasraum treten, die einen niedrigeren Siedepunkt (damit hohe Flüchtigkeit) und eine schlechtere Löslichkeit in der stationären Phase besitzen (Verteilungskoeffizient K ist kleiner).

Die Moleküle „pendeln" also durch den dynamischen Prozeß der Absorption und der Desorption ständig zwischen der stationären und der mobilen Phase. Die geringe örtliche Differenz der artverschiedenen Moleküle, die sich durch das unterschiedliche Phasenverhalten ausgebildet hat, schaukelt sich im Verlauf durch die ganze Säule langsam auf, d. h. die örtliche Differenz zwischen den einzelnen Komponentenmolekülpfröpfen wird immer größer (Abb. 2-2). Die unterschiedlichen Probenmoleküle werden im Idealfall mehr oder weniger stark von der Trennsäule gegenüber der mobilen Phase zurückgehalten.

Die Trennung der Substanzen wird also vom Phasenverhalten und von der Dauer des Gleichgewichtszustandes entlang der Trennstrecke in dem verwendeten Phasensystem bestimmt. Sind die zu trennenden Komponenten im Phasenverhalten bei allen äußeren Bedingungen (z. B. Temperatur) völlig gleich, also der Verteilungskoeffizient *K* der artverschiedenen Moleküle gleich, so wird eine Trennung der beiden Komponenten in dem verwendeten Phasensystem

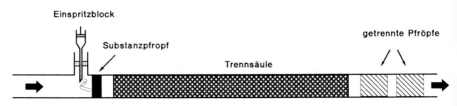

Abb. 2-2. Getrennte Probendampfpfröpfe

„Gas-stationäre Phase" auch bei noch so großer Trennstrecke nicht gelingen. Unterscheidet sich das Phasenverhalten der artverschiedenen Moleküle nur sehr wenig, benötigt man unter Umständen eine sehr lange Säule, um die geringen örtlichen Differenzen zu einer sauberen Trennung „aufzuschaukeln". Wählt man die Ofentemperatur zu niedrig, so wird das Phasengleichgewicht in Richtung der stationären Phase verschoben, d. h. die Komponenten verbleiben relativ lange in der stationären Phase. Wählt man dagegen die Temperatur zu hoch, verschiebt sich das Gleichgewicht in Richtung mobiler Phase, d. h., die Substanzen werden durch die Säule „getrieben" und können sich dabei nicht trennen. Daneben können bei stark erhöhter Temperatur die Bedingungen so ungünstig sein, daß sich das dynamische Gleichgewicht zwischen „Aufnahme" und „Abgabe" überhaupt nicht einstellen kann. Die Substanzen befinden sich dann überwiegend in der mobilen Phase.

Es bleibt also schon jetzt festzuhalten, daß die Trennung der Komponenten überwiegend von dem „Phasengleichgewicht" und der Dauer dieses Gleichgewichtes entlang der Trennstrecke abhängig ist. Die Trennung ist direkt oder indirekt durch die folgenden Bedingungen und Eigenschaften beeinflußbar:

- Art der stationären Phase,
- Siedepunkt der Komponenten,
- Länge der Säule,
- Innendurchmesser der Säule,
- Temperatur,
- Art des Trägergases und
- Trägergasgeschwindigkeit.

Die Komponentengaspfröpfe verlassen örtlich getrennt nach und nach die Trennsäule und gelangen in den nachgeschalteten *Detektor* des Gaschromatographen. Dieser Detektor hat die Aufgabe, die Stoffe zeitlich zu registrieren und eine elektrische Signalgröße zu liefern, die je nach Konstruktionsprinzip der Stoffmasse (z. B. in µg) oder der Stoffkonzentration (z. B. in µg/mL Trägergas) proportional ist. Deshalb unterscheidet man massenproportionale und konzentrationsproportionale Detektoren. Die Bauweise und Funktionsart bestimmen auch die Auswahl des in Frage kommenden Detektors. Es werden überwiegend eingesetzt:

- Wärmeleitfähigkeitsdetektor (WLD),
- Flammenionisationsdetektor (FID),
- Stickstoff-Phosphor-Detektor (FID-NP),
- Elektroneneinfangdetektor (ECD) und
- Flammenphotometrischer Detektor (FPD).

Die aus dem Detektor tretenden Stoffe werden entweder chemisch verändert (z. B. beim FID) oder sie treten stofflich unverändert aus dem Detektor (z. B. beim WLD) und müssen ihrer Schädlichkeit entsprechend entsorgt werden. Der Detektor liefert eine elektrische Signalgröße, welche von einem *Verstärker* (Elektrometersystem) noch so verstärkt und verarbeitet werden muß, daß das folgende *Registrierungsgerät* die Signale gut optisch auf Papier oder auf einen Monitor umsetzen kann. Die Endverstärkung der Signalgröße durch das ganze Verstärkungssystem wird vom Anwender individuell eingestellt. An Registrierungsgeräten kommen in Frage:

- Analogschreiber (X/Y-Schreiber),
- Elektronischer Integrator,
- PC-Erfassungssysteme und
- PC-Erfassungs- und Steuerungssysteme.

Das prinzipielle Funktionsbild eines Gaschromatographen mit einem SPLIT-Injektor und einem Detektor mit sogenanntem Make-up-Gas ist in Abb. 2-3 abgebildet. Im Kapitel 4 wird auf die einzelnen Bauteile und Verfahren noch genau eingegangen.

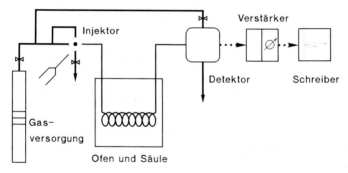

Abb. 2-3. Prinzipielles Funktionsbild eines Gaschromatographen mit Split-Injektor

3 Das Chromatogramm

Wie im vorigen Kapitel beschrieben, wird bei einer gaschromatographischen Bestimmung gewöhnlich ein flüssiges Probengemisch in den Injektor des Gaschromatographen eingespritzt, dort werden die Substanzen des Gemisches verdampft und als Probengaspfropf mit dem Trägergasstrom in die Trennsäule gespült. In der Säule wird der Probengaspfropf im Idealfall in die einzelnen Komponentenpfröpfe aufgetrennt, die dann die Trennsäule nach und nach verlassen und im Detektor registriert werden.

Durch verschiedenartige Diffusionsmechanismen (z. B. Längs- und Wirbeldiffusion) von Substanzmolekülen des Substanzenpfropfes in das umgebende Trägergas und gleichzeitig von Trägergasmolekülen in den Pfropf, werden die Pfröpfe im Verlauf der Trennung immer breiter und „verdünnter". Je länger ein Komponentenpfropf im gaschromatographischen System (Injektor-Trennsäule-Detektor) verbleibt, umso breiter wird dabei der Pfropf werden.

Würde man einen einzelnen Komponentenpfropf nach dem Durchgang durch die Trennsäule untersuchen, stellte man einen unterschiedlichen Konzentrationsverlauf an Substanzmolekülen in dem Substanzpfropf fest. An den Randzonen links und rechts des Pfropfes zum Trägergas wird man durch die Diffusion eine relativ niedrige Konzentration an Substanzmolekülen finden, in der Mitte des Pfropfes wird die Konzentration an Substanzmolekülen sehr hoch sein. Trägt man die Abhängigkeit der Konzentration an Substanzmolekülen von der Länge des Substanzpfropfes in eine Grafik ein, erhält man den sogenannten Peak, der theoretisch durch eine Gaußsche Normalverteilung beschrieben wird (Abb. 3-1).

Durch das strömende Medium wird aber die Molekülkonzentration am Kopf des Substanzpfropfes etwas höher sein als am Schwanz des Pfropfes, so daß ein realer Peak etwas verschoben ist (Abb. 3-2). Dies wird besonders bei längerer Verweilzeit in der Trennsäule zu beobachten sein.

Ist der Schwanz des Pfropfes sehr stark in die Breite gezogen, entsteht eine Peakform, welche als „Tailing" bekannt ist (Abb. 3-3).

Ist der Kopf des Substanzenpfropfes stärker in die Breite gezogen als die entsprechende Schwanzformation, entsteht eine Peakform, welche „Fronting" genannt wird (Abb. 3-4).

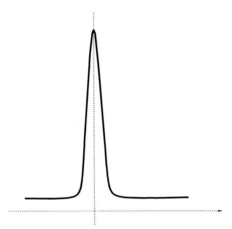

Abb. 3-1. Ideale, theoretische Peakform

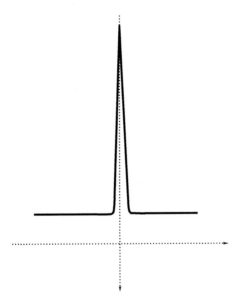

Abb. 3-2. Etwas verschobener, realistischer Peak

Es sei vermerkt, daß sich das übermäßige Fronting meistens bei der Überladung von Trennsäulen, die Trennflüssigkeiten als stationäre Phasen beeinhalten, bemerkbar macht. Das übermäßige Tailing dieser Säulen dagegen stammt in den meisten Fällen von unvorteilhaften Trennsäulen mit aktiven Stellen oder

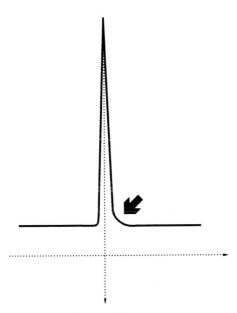

Abb. 3-3. Peakform „Tailing"

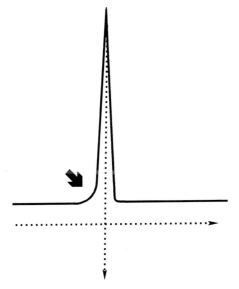

Abb. 3-4. Peakform „Fronting"

übermäßigem Totvolumen und schlechten Bedingungen während des GC-Laufes. Ein chromatographisch schädliches Totvolumen entsteht durch übermäßig lange Verbindungen der Bauteile oder durch falsche Anschlüsse.

Eine Überladung von Säulen, die feste Trennschichtungen als stationäre Phasen beeinhalten, zeigt sich durch stark getailte Peaks.

Moleküle neigen normalerweise dazu, daß sie nach allen Seiten diffundieren. Bei einem mit ausreichender Gasgeschwindigkeit in einer Richtung strömendem System ist allerdings die Querströmung, d. h. die Diffusion quer zur Strömungsrichtung, relativ gering und kann oft vernachlässigt werden. Eine Diffusion in der Längsrichtung des strömenden Gases ist wahrscheinlicher. Die Moleküle diffundieren entweder mit der Strömungsrichtung oder um 180 Grad versetzt, gegen die Strömungsrichtung. Dieser Effekt und die damit verbundene Peakverbreiterung findet überproportional stark bei relativ niedrigen Gasgeschwindigkeiten statt. Daher wird die Trennleistung des ganzen Systems (zeigt sich u. a. in der Peakbreite) auch von der Gasgeschwindigkeit abhängen und bei zu niedriger Geschwindigkeit reduziert sein.

Eine weitere Diffusion entsteht beim Verwirbeln des Dampfpfropfes, wenn er durch eine Trennsäule geschoben wird, die mit festen Partikeln ausgelegt ist. Durch diese feste „Packung" werden die Moleküle an einem gradlinigen Durchgang durch die Säule gehindert, was zur überproportionalen Peakverbreiterung beiträgt. Verwendet man Säulen, die keine festen Packungen enthalten, fällt diese Art der Peakverbreiterung weg.

Je länger die Substanzpfröpfe in dem Trennsystem verbleiben, um so breiter werden die Peaks, die dann schwerer analytisch auswertbar werden. Daher müssen alle Anstrengungen des Anwenders dahin gehen, daß die gaschromatographische Trennung so rasch wie möglich abläuft. Eine schnelle Trennung darf natürlich nicht dahin führen, daß die verschiedenen Substanzen der Probe nicht mehr richtig getrennt werden. Deshalb muß zwischen „schneller Trennung" und „guter Trennung" oftmals ein Kompromiß eingegangen werden.

3.1   Retentionszeiten

Eine gewisse Zeit wird jede Substanz im chromatographischen System verbleiben müssen, denn vom Einspritzen der Probensubstanz bis zur Indikation der Substanz im Detektor muß der Probengaspfropf die Trennsäule passieren. Manche Substanzen (z. B. Methan in den üblichen WCOT-Säulen) werden von der stationäre Phase der Säule nicht oder nur sehr wenig zurückgehalten und fließen als Pfropf sozusagen mit dem Trägergas durch die Trennsäule. Diese

Zeit, die diese nicht zurück gehaltenen Substanzen durch das Trennsystem benötigen, nennt man die „chromatographisch tote Zeit", oder kurz „*Totzeit*". Für die Totzeit verwenden wir das Zeichen t_T. Die Totzeit ist somit die Mindestzeit, die ein Stoff vom Injektor bis zur Detektion benötigt. Sobald eine der Komponenten von der stationären Phase der Trennsäule zurückgehalten wird, wird die Durchlaufzeit Injektor-Detektor im Vergleich zur Totzeit sofort verlängert.

Die Totzeit ist abhängig von der Länge des chromatographischen Systems Injektor-Detektor und von der Strömungsgeschwindigkeit v (cm/s), nicht aber von den eingespritzten Substanzen. Um die Totzeit zu messen, injiziert man eine Substanz, die von der Säule nicht zurückgehalten wird. In den meisten Fällen wird, wie bereits erwähnt, Methan dazu verwendet. Aus der gemessenen Totzeit und der Länge des chromatographischen Systems (Injektor-Detektor) kann auch die Strömungsgeschwindigkeit des Trägergases (in cm/s) berechnet werden (Gl. 3-1):

$$v = \frac{L}{t_T} \tag{3-1}$$

In Gl. (3-1) bedeutet:

v mittlere Strömungsgeschwindigkeit (cm/s)
L Länge Injektor-Detektor (cm)
t_T Totzeit (z. B. mit Methan) (s)

Werden aber die Substanzmoleküle der Probe durch die beschriebenen Sorptions/Desorptionsprozesse in der Trennsäule zurückgehalten, so ist die Zeit, die von der Injektion bis zur Detektion vergeht, größer als die Totzeit. Diese Injektions-Detektions-Zeit nennt man *Bruttoretentionszeit*, t_B. Die Bruttoretentionszeit t_B wird von den üblichen Integratoren oder PC-Erfassungssystemen registriert und aufgezeichnet. Die Differenz zwischen der Bruttoretentionszeit t_B und der Totzeit t_T nennt man Nettoretentionszeit, t_N. Die Nettoretentionszeit t_N ist daher ein Maß der Verzögerung der Substanz in der verwendeten Trennsäule durch die Sorptions/Desorptionsprozesse.

Die Zusammenhänge kann man leicht aus Abb. 3-5 entnehmen.
Der mathematische Zusammenhang ist durch Gl. (3-2) gegeben:

$$t_B = t_T + t_N \tag{3-2}$$

In Gl. (3-2) bedeutet:

t_B Bruttoretentionszeit (Minuten)
t_T Totzeit (Minuten)
t_N Nettoretentionszeit (Minuten).

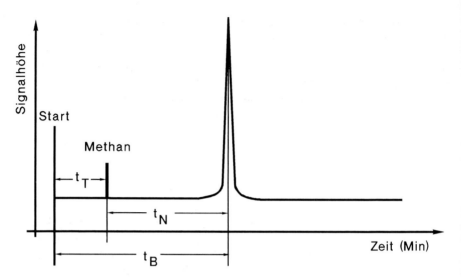

Abb. 3-5. Zusammenhang zwischen Totzeit und Retentionszeiten.

3.2   Kapazitätsfaktor k

Eine andere Größe zur Beschreibung der Retention ist der Kapazitätsfaktor k. Der Kapazitätsfaktor k beschreibt das Verhältnis der Nettoretentionszeit t_N einer Substanz zu der Totzeit t_T.

Der Kapazitätsfaktor k berechnet sich aus Gl. (3-3):

$$k = \frac{t_N}{t_T} = \frac{t_B - t_T}{t_T} \tag{3-3}$$

Stellt man Gl. (3-3) um, so erhält man Gl. (3-4) und Gl. (3-5):

$$t_N = t_T \cdot k \tag{3-4}$$

$$t_B = (k+1) \cdot t_N \tag{3-5}$$

Aus Gl. (3-4) kann man entnehmen, daß die Nettoretentionszeit t_N die k-fache Totzeit ist und aus Gl. (3-5), daß die Bruttoretentionszeit die um eins vergrößerte k-fache Totzeit t_T ist.

Der Vorteil der Angabe des Kapazitätsfaktors k ist, daß er eine auf die Totzeit „normierte" Größe ist. Der Wert $k = 5$ bedeutet zum Beispiel, daß der Peak in der 6-fachen Totzeit (1fache Totzeit + 5fache Totzeit) von der Injektion im Detektor angezeigt wurde. Der Kapazitätsfaktor k ist von den chromatographischen Bedingungen abhängig.

In der GC strebt man an, daß der zu untersuchende Peak innerhalb von $k = 1$ bis maximal $k = 5$ detektiert wird.

3.3 Selektivität α

Die Selektivität α beschreibt, wie gut zwei benachbarte Peaks voneinander getrennt sind. Als Selektivität α bezeichnet man den Quotienten der Kapazitätsfaktoren k zweier benachbarter Peaks, wobei der Kapazitätsfaktor k der Substanz, die länger in der Säule verbleibt, im Zähler steht (Gl. (3-6)):

$$\alpha = \frac{k_2}{k_1} \tag{3-6}$$

In Gl. (3-6) bedeutet:

    α Selektivität
    k_2 Kapazitätsfaktor (Substanz verblieb länger in der Säule)
    k_1 Kapazitätsfaktor (Substanz verblieb kürzer in der Säule)

Eine Selektivität von $\alpha = 1$ würde bedeuten, daß die beiden Substanzen *nicht* voneinander getrennt sind, die Peaks liegen „aufeinander". Je größer also der Selektivitätsquotient α ist, umso besser sind die Substanzpeaks voneinander getrennt.

3.4 Symmetriequotient T

Der Symmetriequotient T beschreibt das Aussehen des betreffenden Peaks. Wie auf Seite 11 beschrieben wurde, sind die Peaks nicht immer ideal ausgeprägt. Ein „Fronting" oder ein „Tailing" verändert die Peaks charakteristisch.

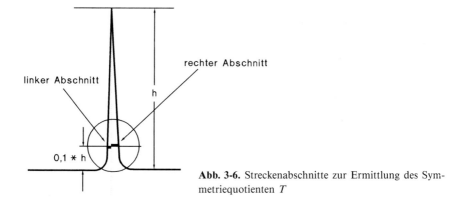

Abb. 3-6. Streckenabschnitte zur Ermittlung des Symmetriequotienten T

Um diese Veränderung beschreiben zu können, kann der Symmetriequotient T verwendet werden. Von der höchsten Stelle des Peaks wird das Lot bis zur Grundlinie gefällt und die Höhe des Peaks bestimmt. In 10% der Höhe, von der Grundlinie aus gemessen, wird eine Hilfslinie parallel zur Grundlinie eingezeichnet und die beiden Streckenabschnitte links und rechts von der Höhenlinie aus gemessen. Dividiert man den rechten Streckenabschnitt durch den linken Streckenabschnitt, erhält man den Symmetriequotient T (Abb. 3-6).

Im theoretischen Idealfall ist der Symmetriequotient $T = 1$, in der Realität ist der Symmetriequotient T normalerweise in dieser Darstellung durch leichtes Tailing etwas größer als 1. Unterliegt der Peak einem „Fronting", ist der Symmetriequotient T kleiner als 1.

3.5   Auflösung (Resolution) R

Eine weitere Kenngröße zweier benachbarter Peaks ist die Auflösung R, die neben der Selektivität α ein Maß für die Trennung ist. Der Parameter „Auflösung" R beschreibt, in wie weit zwei Peaks „überlappen". Von beiden benachbarten Peaks wird das Lot vom jeweiligen Peakmaximum zur Grundlinie gefällt und jeweils die Hälfte der Höhe parallel zur Grundlinie abgetragen. Die Breite der beiden Peaks in der halben Höhe wird mit einem Fadenzähler genau vermessen. Dazu mißt man am besten die Strecke von der linken Außenlinie zur rechten Innenlinie des jeweiligen Peaks (Abb. 3-7 und 3-8). Die so entstandenen „Breiten in halber Höhe" werden auch (üblich, aber eigentlich fälschlich!) „Halbwertsbreiten $b_{1/2}$" genannt.

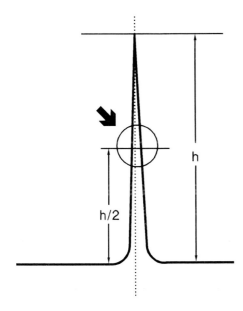

Abb. 3-7. Zeichnung der Hilfslinien zur Ermittlung der Halbwertsbreiten $b_{1/2}$

Nach der Ermittlung der Retentionszeitendifferenz von Peak 1 zu Peak 2 kann die Auflösung R berechnet werden [2] (Gl. (3-7)):

$$R = \frac{1{,}176 \cdot \Delta t_N}{b_{1/2(2)} - b_{1/2(1)}} \qquad (3\text{-}7)$$

In Gl. (3-7) bedeutet:

R	Auflösung
Δt_N	Retentionszeitendifferenz (Peak 2 – Peak 1)
$b_{1/2(2)}$	Halbwertsbreite des 2. Peaks
$b_{1/2(1)}$	Halbwertsbreite des 1. Peaks

Die Bedeutung der Auflösung R besteht in der Beschreibung, wie weit zwei Peaks überlappen. Erst etwa mit dem Wert $R = 1{,}3$ sind die beiden Peaks bis

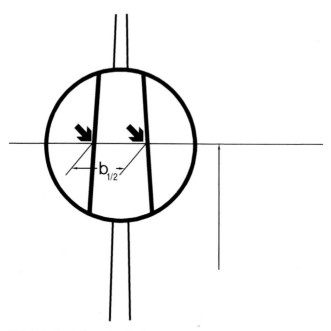

Abb. 3-8. Ermittlung der Halbwertsbreite $b_{1/2}$ mit dem Fadenzähler

zur Grundlinie voneinander getrennt. Bei Auflösungswerten von unter $R = 1{,}25$, d. h. bei teilweiser Überlappung, sind die Peaks für eine quantitative Auswertung schwierig und nur mit einer höheren Fehlerrate auszuwerten.

Die Abb. 3-9 zeigt Peakauflösungen und jeweilige R-Werte.

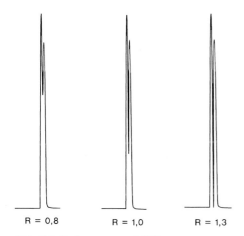

R = 0,8   R = 1,0   R = 1,3

Abb. 3-9. Peaksysteme und *R*-Werte

3.6   Trennstufenzahl N_{th} und die Bodenhöhe HETP

In Kapitel 2 wurde bereits beschrieben, wie ein Trennungsvorgang in der Säule abläuft. Geht man von der theoretischen Überlegung aus, daß die Substanz schrittweise aus dem Gasraum der Säule in die stationäre Phase übergeht und dann wieder zurück in den Gasraum tritt, könnte man die Anzahl der Schritte benutzen, um die chromatographische Trennung zu beschreiben. Man kann sich auch vorstellen, daß die Säule in kleine Zonen eingeteilt ist, in der ein solcher Austausch passiert und die Substanz von Zone zu Zone weitertransportiert wird. Eine solch kleine Zone nennt man theoretischen Boden. Der Begriff „theoretischer Boden" wurde zuerst für die Beschreibung von Verdampfungs- und Kondensationsgleichgewichten bei einer Rektifikation verwendet und wurde sinngemäß für die Chromatographie übernommen.

Die Anzahl der Böden ergibt die *theoretische Bodenzahl* oder *Trennstufenzahl* N_{th}. Da die Trennung aber ein dynamischer Prozeß ist, gibt die Trennstufenzahl letztendlich die Zahl der Gleichgewichtseinstellungen in der Säule wieder. Die Trennstufenzahl N_{th} ist unter anderem abhängig von:

- den Abmessungen der Säule,
- der Art der stationären Phase,
- den Trägergasbedingungen,
- den Substanzen.

Je mehr theoretische Böden (Trennstufen) in einer Säule vorhanden sind, umso öfter kann der Sorptions/Desorptionsprozeß erfolgen. Daher verwenden einige Anwender die Bodenzahl als Maß für die Trennleistung des Systems. Die Trennstufenzahl N_{th} ist aber nicht das beste Leistungskriterium für eine Trennung, dazu ist sie von zu vielen Parametern abhängig.

Zur Bestimmung der Trennstufenzahl N_{th} wird eine Substanz in den Injektor des Gaschromatographen eingespritzt, dessen Ofentemperatur konstant gehalten wird. Man läßt den Analogschreiber/Integrator bei der Aufnahme der Peaks so schnell mitlaufen, daß Peaks mit einer Breite von mindestens 10 mm entstehen. Der Peak sollte mit mindestens $k = 5$ im Chromatogramm aufgezeichnet werden. Folgende Parameter müssen genauestens ausgemessen werden:

- Bruttoretentionszeit in Minuten,
- Halbwertsbreite $b_{1/2}$, d. h., die Breite des Peaks in halber Höhe.

Die Halbwertsbreiten $b_{1/2}$ der Peaks müssen ebenfalls in Minuten berechnet werden, dazu dient Gl. (3-8):

$$b_{1/2} = \frac{b}{v_s} \qquad (3\text{-}8)$$

In Gl. (3-8) bedeutet:

$b_{1/2}$ Halbwertsbreite in Minuten
b Breite des Peaks in der halben Höhe, gemessen in mm
v_s Geschwindigkeit des Analogschreibers, gemessen in mm/Minuten

Aus der Halbwertsbreite und der Bruttoretentionszeit kann die Bodenzahl N_{th} aus Gl. (3-8) berechnet werden [1]:

$$N_{th} = 5{,}54 \cdot \left(\frac{t_B}{b_{1/2}} \right)^2 \qquad (3\text{-}9)$$

In Gl. (3-9) bedeutet:

N_{th} theoretische Bodenzahl
t_B Bruttoretentionszeit in min.
$b_{1/2}$ Halbwertsbreite in min.

Zwei Säulen können nur indirekt über die Bodenzahl verglichen werden. Haben zwei ungleich lange Säulen z. B. beide eine Bodenzahl von 12 000 Böden, so wird die Säule, die kürzer ist, eine bessere Trennleistung besitzen. Um die Länge einer Säule mit in das System einzubeziehen, kann man die Höhe eines theoretischen Bodens berechnen. Dieser Parameter „Bodenhöhe H" oder HETP (Height Equivalent to a Theoretical Plate) wird nach Gl. (3-10) berechnet:

$$\text{HETP} = \frac{L}{N_{th}} \qquad (3\text{-}10)$$

In Gl. (3-10) bedeutet:

HETP Höhe eines Bodens in cm
L Länge der Säule in cm
N_{th} Bodenzahl nach Gl. (3-9)

Je kleiner HETP ist, umso bessere Trennleistung hat die Säule.

3.7   Reale Bodenzahl N_{real} (nach Kaiser)

Beide bisher ermittelten Kennzahlen, die theoretische Bodenzahl N_{th} und die Bodenhöhe HETP, hängen in charakteristischer Art und Weise von der Substanz ab. Dabei wird die Bodenzahl als *Trenn*leistungsparameter unter Umständen nur von *einer* Testsubstanz abhängig gemacht, zur Trennung gehören aber immer mindestens zwei Stoffe.

Deshalb hat R.E. Kaiser [3] ein Konzept (ABT-Konzept für Anstieg, Breite und Zeit) veröffentlicht, mit dem bestimmte realistische leistungsbezogene Parameter ermittelt werden können. Das Konzept gilt nur bei isothermen Prozessen. Allerdings wurde das Konzept von verschiedenen Autoren in manchen Teilbereichen anders bewertet als durch R.E. Kaiser.

Zur Bestimmung von Parametern dieses Konzepts spritzt man in den Injektor eines Gaschromatographen ein Substanzengemisch ein, das aus 4−8 Substanzen einer auf die Säule angepaßten homologen Reihe mit wachsender Kohlenstoffzahl besteht. Zum Beispiel könnte für polare Trennsäulen (siehe Kapitel 4.4.2.4) ein Alkoholgemisch (z.B. Hexanol, Heptanol, Octanol, Nonanol usw. in gleichen Massenanteilen) verwendet werden, für eine unpolare oder mittelpolare Säule ein Gemisch verschiedener Alkane (z.B. Heptan, Octan, Nonan, Decan in gleichen Massenanteilen).

Man sollte die isotherme Ofentemperatur so wählen, daß die Peaks im Bereich von $k = 1$ bis maximal $k = 10$ zu liegen kommen, d.h. bis zum Zehnfachen der Totzeit. Die Totzeit muß sehr sorgfältig durch mehrmaliges Einspritzen von Methan gemessen werden, am besten mit einer Stoppuhr.

Mißt man die Breite aller Peaks in der halben Höhe (Halbwertsbreite $b_{1/2}$) und bringt sie in Abhängigkeit zur jeweiligen Nettoretentionszeit t_N, erhält man in den meisten Fällen einen streng linearen Verlauf der Funktion.

Ein Beispiel soll dies verdeutlichen:

Vier Alkane (Hexan, Octan, Decan, Dodecan) wurden in einer unpolaren Kapillarsäule (HP-1) von 25 m Länge und 320 µm Dicke bei 20 cm/s linearer Heliumgeschwindigkeit isotherm bei 100 Grad Celsius chromatographiert. Die Halbwertsbreiten der entstandenen Peaks wurden mit einem Fadenzähler so genau wie möglich vermessen. Unter den gleichen Bedingungen wurde mehrmals Methan in den Gaschromatographen eingespritzt und am Methanpeak die Totzeit t_T gemessen. Sowohl die Totzeit als auch die Halbwertsbreiten werden in Sekunden berechnet. Aus der Bruttoretentionszeit und der Totzeit werden von jedem Peak die Nettoretentionszeiten berechnet (Gl. (3-11)):

$$t_N = t_B - t_T \qquad (3\text{-}11)$$

Als Meßwerte wurden erhalten (Tab. 3-1):

Tabelle 3-1. Meßwerte Nettoretentionszeiten und Halbwertsbreiten

Peak. Nr.	Bruttoret. (min)	Totzeit (min)	Nettoret. (min)	$b_{1/2}$ (min)
1	1,330	0,45	0,880	0,0115
2	2,606	0,45	2,156	0,0252
3	5,210	0,45	4,760	0,0532
4	10,521	0,45	10,071	0,1100

Mit einem Kalkulationsprogramm (z. B. LOTUS 1-2-3, Excel, Symphony, Star-Planer oder WORKS) kann aus den Werten eine lineare Regression durchgeführt werden und dabei gleichzeitig der Korrelationskoeffzient r (siehe Kapitel 9, Angewandte Statistik) oder „r im Quadrat" berechnet werden. Die Rechenvorschrift in LOTUS 1-2-3, Version 2.3 wird wie folgt ausgeführt (bei anderen Kalkulationsprogrammen ist die Befehlsfolge dem Handbuch zu entnehmen):

Lotus 1-2-3 einladen, die Tabelle 3-1 eintragen, dann

◊	Menü einschalten
d	Daten
r	Regression

x	X-Werte (Spalte Nettoretentionszeiten markieren)
y	Y-Werte (Spalte Halbwertsbreiten markieren)
a	Ausgabebereich unter die LOTUS-Tabelle
r	Regression

Es ergibt sich folgendes Monitorbild (Auszug):

Konstante	0,002104 (= absolutes Glied b in einer Geradengleichung)
r im Quadrat	0,999998
Beobachtungen	4
x-Koeffizient	0,010718 (= Steigung m in einer Geradengleichung)

Um zu beurteilen, wie die Halbwertsbreite mit der Nettoretentionszeit linear korreliert, kann man den „r im Quadrat-Wert" heranziehen. Ist der Korrelationskoeffizient r nämlich 1,0000, liegt eine enge lineare Korrelation zwischen x und y-Wert vor. In unserem Rechenbeispiel ist der „r im Quadratwert" 0,999998, ein linearer Zusammenhang ist gegeben. Der Korrelationskoeffizient r sollte bei der Verwendung des Konzepts nach Kaiser mindestens den Wert 0,98 annehmen.

Der Wert „Konstante" aus der LOTUS 1-2-3-Regression entspricht der Halbwertsbreite eines imaginären, nur theoretisch vorhandenen Peaks bei der Nettoretentionszeit $t_N = 0$, d.h. bei der Totzeit. Die Breite des Peaks sollte bei der Totzeit eigentlich 0 sein. In unserem Rechenbeispiel beträgt der Wert aber 0,002104. Der Wert entspricht also der Halbwertsbreite eines imaginären, nur theoretisch vorhandenen Anfangpeaks. Dieser von Kaiser sogenannte b_0-Wert ist die Größe, die unter anderem die Trennwirkung des Systems charakterisiert. Je kleiner der b_0-Wert ist, umso besser muß die Trennwirkung der Säule sein. Weiterhin spielt die Steigung (x-Koeffizient) der Geraden eine große Rolle. Je größer die Steigung m der Geraden ist, umso schneller nimmt die Breite der Peaks bei steigender Retentionszeit zu, was bedeutet, daß die Trennleistung geringer einzuschätzen ist. Zur weiteren Berechnung der realen Trennstufenzahl nach Kaiser wird die Halbwertsbreite eines imaginären Peaks bei einer Nettoretentionszeit von 10 Minuten aus der Geradengleichung berechnet (Gl. 3-12):

$$b_{10} = m \cdot 10 + b \qquad (3\text{-}12)$$

In Gl. (3-12) bedeutet:

b_{10}	Halbwertsbreite eines Peaks bei einer Retentionszeit von 10 Minuten
m	die Steigung aus der LOTUS 1-2-3-Regression (x-Koeffizient)
b	das absolute Glied aus der LOTUS 1-2-3-Regression (Konstante)

In unserem Rechenbeispiel ergibt das mit *gerundeten* Werten:

$$b_{10} = 0{,}0107 \cdot 10 + 0{,}0021$$
$$b_{10} = 0{,}109 \; Minuten$$

Ein fiktiver Peak hätte bei einer Nettoretentionszeit von 10 Minuten eine theoretische Halbwertsbreite von 0,109 Minuten.

Zur Berechnung der realen Trennstufenzahl N_{real} wird Gl. (3-13) angewendet:

$$N_{real} = 5{,}54 \cdot \left(\frac{10 \cdot t_T}{b_{10} - b_0} \right)^2 \tag{3-13}$$

In Gl. (3-13) bedeutet:

N_{real} reale Trennstufenzahl
t_T Totzeit in Minuten
b_{10} Halbwertsbreite des Peaks in 10 Minuten
b_0 Halbwertsbreite des Peaks bei 0 Minuten

In unserem Rechenbeispiel wären dies mit einer vorher gemessenen Totzeit von 0,45 Minuten:

$$N_{real} = 5{,}54 \cdot \left(\frac{10 \cdot 0{,}45 \; min}{0{,}109228 - 0{,}002104 \; min} \right)^2$$

$$N_{real} = 9776$$

Diese reale Bodenzahl N_{real} ist nach Kaiser *nicht* von den Substanzen abhängig und nicht von der Einspritzdosierung [3]. Die Größe beschreibt somit die Qualität der Säule ohne stoffliche Belastung. Berechnet man dagegen die *theoretischen* Bodenzahlen N_{th} aller 4 Peaks nach Gl. (3-14), so erhält man die folgende Bodenzahlen:

$$N_{th} = 5{,}54 \cdot \left(\frac{t_B}{b_{1/2}} \right)^2 \tag{3-14}$$

Die theoretische Trennstufenzahl N_{th}, berechnet für Peak 1:

$$N_{th} = 5{,}54 \cdot \left(\frac{1{,}33 \text{ min}}{0{,}00115 \text{ min}} \right)^2$$

$$N_{th} = 74\,100$$

Für Peak 2:

$$N_{th} = 5{,}54 \cdot \left(\frac{2{,}606 \text{ min}}{0{,}0252 \text{ min}} \right)^2$$

$$N_{th} = 59\,246$$

Für Peak 3:

$$N_{th} = 5{,}54 \cdot \left(\frac{5{,}210 \text{ min}}{0{,}0532 \text{ min}} \right)^2$$

$$N_{th} = 53\,133$$

Für Peak 4:

$$N_{th} = 5{,}54 \cdot \left(\frac{10{,}52 \text{ min}}{0{,}110 \text{ min}} \right)^2$$

$$N_{th} = 50\,680$$

Wie man sehen kann, unterscheiden sich die *reale* Bodenzahl und die *theoretische* Bodenzahl in ihren Zahlenwerten.

3.8 Trennzahl *TZ*(10) (nach Kaiser)

Die Trennzahl *TZ*(10) ist nach Kaiser die Kennzahl für das Trennvermögen einer Säule. *TZ*(10) entspricht dabei der Anzahl der möglichen Peaks, die eine Trennsäule von $k = 0$ bis $k = 10$ maximal auftrennen kann [3]. Die Auflösung zwischen den Peaks wird als „vollständig" bezeichnet, wobei aber eine Überlappung an der Grundlinie von 1,5 % hingenommen wird. Die Trennzahl *TZ*(10) wird mit Hilfe von Gl. (3-15) ermittelt.

$$TZ(10) = \frac{10 \cdot t_T}{b_{10} + b_0} - 1 \qquad (3\text{-}15)$$

In Gl. (3-15) bedeutet:

$TZ(10)$ Trennzahl für $k = 0$ bis $k = 10$
t_T Totzeit in Minuten
b_{10} Halbwertsbreite des Peaks in 10 Minuten
b_0 Halbwertsbreite des Peaks nach 0 Minuten

In unseren Rechenbeispiel wären dies:

$$TZ(10) = \frac{10 \cdot 0{,}45}{0{,}109 + 0{,}0021} - 1$$

$$TZ(10) = 40{,}5$$

Der berechnete $TZ(10)$-Wert bedeutet also, daß zwischen $k = 0$ (der Totzeit) und $k = 10$ die Säule etwa 40 Substanzpeaks maximal auflösen könnte. Bei Gl. (3-15) handelt es sich um eine Näherungsformel.

3.9   Dosiergüte Q (nach Kaiser)

Eine weitere Größe nach dem Kaiser-Konzept ist die Dosiergüte Q. Die Dosiergüte Q, oder auch Nutzungsfaktor genannt, ist eine Kenngröße, die alles zusammenfaßt, was zusätzlich an negativen Einflüssen außerhalb der Trennsäule wirksam ist [3]. Q hat also nichts mit der Qualität der Säule zu tun, sondern beschreibt die Bedingungen, die außerhalb der Trennsäule auftreten. Da hier besonders Dosierfehler krass ins Gewicht fallen, nennt Kaiser das Kriterium auch Dosiergüte.

Der Faktor Q sagt aus, wie gut das ganze Trennsystem bei den herrschenden Bedingungen ausgenutzt wurde. Daher kann der Nutzungsfaktor Q maximal den Wert 1,00 annehmen. Der Nutzungsfaktor Q berechnet sich nach Gl. (3-16)

$$Q = \frac{b_{10} - b_0}{b_{10} + b_0} \qquad (3\text{-}16)$$

In unserem Rechenbeispiel:

$$Q = \frac{0{,}109 - 0{,}00221}{0{,}109 + 0{,}00221}$$

$Q = 0{,}96$

Der berechnete Wert bedeutet, daß man im vorliegenden Beispiel die Bedingungen so günstig gewählt hat, daß das Trennsystem 96% seiner Kapazität ausnutzen konnte. Fällt der Wert zu stark ab, sollte man vor allem die Dosiereinrichtung überprüfen.

Kaiser gab an, daß nur bei hohen Q-Werten ($Q > 0{,}8$) die Beziehung zuverlässige Werte liefert.

Zusammenfassend kann festgestellt werden, daß der Kapazitätsfaktor k die Retention (wann kommt ein Peak?) ausdrückt, die theoretische oder die reale Bodenzahl die Effizienz (wie gut ist die Trennleistung?) angibt und α die Selektivität des gaschromatographischen Systems beschreibt.

4 Die gaschromatographische Apparatur

In den folgenden Abschnitten dieses Kapitels sollen die Bauteile und die Bedingungen, unter denen der gaschromatographische Betrieb optimal betrieben werden kann, genauer beschrieben werden. In Abb. 4-1 ist zum besseren Überblick das Funktionsbild eines typischen Gaschromatographen nochmals abgebildet. Die Reihenfolge der nachfolgenden Abschnitte ergeben sich aus dem Weg, den das Trägergas nimmt.

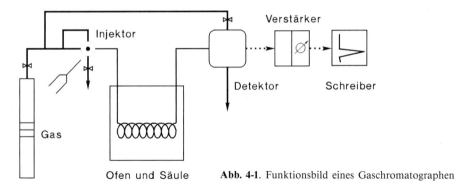

Abb. 4-1. Funktionsbild eines Gaschromatographen

4.1 Trägergas

Die Aufgabe des Trägergases ist es, als mobile Phase die in den Injektor eingespritzten und dann verdampften Substanzen durch das GC-System zu schleusen und außerdem als Gleichgewichtsmedium das Gleichgewicht von Probenmolekülen zwischen der Flüssigkeits- und der Gasphase herzustellen. Die in der GC am häufigsten verwendeten Gase sind:

- Wasserstoff,
- Helium,
- Stickstoff und eine
- Argon/Methan-Mischung.

Tabelle 4-1. Auswahl des Trägergases, bezogen auf den Detektor

Detektorenart	Gas 1. Wahl	Gas 2. Wahl
Wärmeleitfähigkeit (WLD)	Helium	Stickstoff
Flammenionisation (FID)	Stickstoff	Wasserstoff oder Helium
Elektroneneinfangdetektor	Argon/Methan	Stickstoff

Die Auswahl des Trägergases ist unter anderem abhängig vom verwendeten Detektor, und außerdem beeinflußt das Trägergas als mobile Phase natürlich auch die Trennleistung des ganzen Systems. Auf den verwendeten Detektor (siehe Abschnitt 4.5) bezogen, wird das Trägergas aus Tab. 4-1 ausgewählt. Die Auswahl des Trägergases, bezogen auf die Trennleistung des ganzen Systems, ist schwieriger.

Um die Trennleistung eines GC-Systems zu beschreiben, kann die *Bodenhöhe H* als Trennparameter (Kapitel 3) herangezogen werden.

Van Deemter [4] entwickelte eine Gleichung, in der die Bodenhöhe *H* (gleichbedeutend mit HETP) als Funktion der Trägergasart und der Trägergasgeschwindigkeit aufgeführt ist (Gl. 4-1). Es sei nochmals erwähnt, daß die Trennleistung der Säule umso besser ist, je kleiner die Bodenhöhe H der Säule ist.

$$H = A + \frac{B}{v} + C \cdot v \qquad (4\text{-}1)$$

In Gl. (4-1) bedeutet:

H Bodenhöhe (cm)
A Wirbeldiffusionskonstante
B Längsdiffusionskonstante
C Stoffübergangskonstante
v lineare Gasgeschwindigkeit (cm/s)

Stellt man Gl. (4-1) als Funktion graphisch dar, erhält man die sogenannte H/v-Kurve, die in Abb. 4-2 abgebildet ist.

Aus der Gl. (4-1) kann man folgendes entnehmen:

Für Faktor A:
Je kleiner der Faktor *A* ist, umso kleiner wird die Bodenhöhe *H* werden. Das bedeutet, daß die Trennleistung entsprechend höher wird. Die Größe des linearen Faktors *A* wird von der Füllung (Packung) der gepackten Säule abhängig

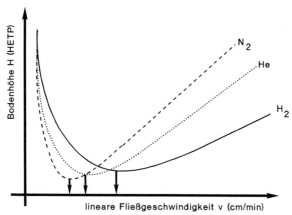

Abb. 4-2. *H/v*-Kurve verschiedener Gase

(y-Achse: Bodenhöhe H (HETP))
(x-Achse: lineare Fließgeschwindigkeit v (cm/min))
(Kurven: N_2, He, H_2)

sein. Enthält die Säule keine Packung, wie es bei Kapillarsäulen üblich ist, wird der Faktor A gegen 0 tendieren. In diesem Fall wird der ganze Term A weggelassen. Diese Form der Gleichung nennt man auch Golay-Gleichung [5].

Ist die Säule dagegen mit einem festen Material gefüllt, werden sich Querverwirbelungen (Eddy-Diffusionen) ergeben, die den Substanzpfropf breiter quirlen und so die Trennleistung negativ beeinflussen. Der Faktor A wird dann größer sein als 0. Die Art des Trägergases spielt für die Größe des Faktors A keine Rolle.

Für Faktor B:
Der Faktor B beschreibt die Diffusion der Substanzmoleküle in Strömungsrichtung (Längskonstante). Moleküle aus dem Substanzpfropf neigen in einem strömenden System besonders dazu, in Längsrichtung in die Trägergasphase zu diffundieren. Die Stärke der Diffusion, und damit auch die Größe des Faktors B, ist abhängig von der Trägergasart, der Temperatur des Gases und der Art der Moleküle im Substanzpfropf.

Für Faktor C:
Der Faktor C beschreibt den Übergang vom gasförmigen in das stationäre System (Querkonstante). Der Faktor C wird vor allem durch die Art des Trägergases, die Wechselwirkung der Moleküle in Gas und Flüssigkeit und durch die Dicke der stationären Phase in der Säule bestimmt.

Für Faktor v (lineare Gasgeschwindigkeit):
Wie man aus der van Deemter-Gleichung entnehmen kann, ist der Faktor v, die lineare Geschwindigkeit, sowohl im Nenner eines Terms der Gleichung als

auch im Zähler eines anderen Terms zu finden. Bei der Trägergasgeschwindigkeit $v = 0$ ist der Wert B/v unendlich groß und damit auch die Bodenhöhe H.
Wird die Geschwindigkeit $v > 0$, so wird der Faktor B/v und die Bodenhöhe
H kleiner. Dies geht bis zu einem Minimum (und damit Maximum an Trennleistung), dann wirkt sich wieder der Term „$v \cdot C$" so stark aus, daß die Bodenhöhe langsam ansteigt. Es ergibt sich so die typische H/v-Funktion in
Abb. 4-2.
Aus der Funktion ist folgendes zu entnehmen:

1. Es gibt eine optimale Geschwindigkeit v eines Trägergases, bei der die Bodenhöhe H am geringsten und die Trennleistung am größten ist.
2. Das Optimum liegt für die in Frage kommenden Gase bei unterschiedlichen
   Geschwindigkeiten.
3. Es ist besser, eher eine etwas größere Geschwindigkeit als eine zu geringe
   Geschwindigkeit zu wählen, da der Anstieg der Bodenhöhe nach dem Optimum nicht mehr so steil ist.
4. Bei Wasserstoff liegt das H/v-Optimum am weitesten rechts, das bedeutet,
   daß beim Einsatz von Wasserstoff als Trägergas die höchsten linearen Gasgeschwindigkeiten eingestellt werden können. Da weiterhin Wasserstoff
   auch eine sehr niedrige Viskosität (Zähigkeit) besitzt, kann mit relativ niedrigen Vordrücken gearbeitet werden, was die Bauteile schont.

Zu beachten ist aber die hohe Explosionsgefahr, die von Wasserstoff aus-
geht. Bereits eine Konzentration von etwas unter 4% Volumenanteilen in der
Raumluft führt zu explosionsfähigen Gemischen. Eine Überprüfung der
Raumluft und des Ofenraums des Gaschromatographen durch „Wasserstoffmelder" ist zu empfehlen.
Alle in der GC zur Verwendung kommenden Gase müssen sehr rein sein. Re-
aktive Stoffe wie Sauerstoff und Wasser können an den Zuleitungen und vor
allem in den Trennsäulen zu erheblichen, irreversiblen Schädigungen führen.
Soll Wasserstoff als Trägergas Verwendung finden, muß geprüft werden, ob die
in der Säule verwendete stationäre Phase dazu überhaupt geeignet ist. Einige
Trennflüssigkeiten oder Trennadsorptionsschichten reagieren mit Wasserstoff
und werden so sehr schnell zerstört.
Sauerstoff im Trägergas kann zur Oxidation der stationären Phase führen,
was sich durch eine rapide Verschlechterung der Trennleistung bemerkbar
macht. Es ist daher empfehlenswert, nur spezielle, zu analytischen Zwecken geeigneten Gase zu verwenden. Dazu stehen Gasstahlflaschen und Gaskar-
tuschen verschiedener Hersteller zur Verfügung. Zur Herstellung von sehr reinem Wasserstoff (99,992%) in Mengen von bis zu 500 mL/min kann auch ein
„Wasserstoffgenerator" (z.B. von den Firmen PACKARD, SUPELCO oder

CHROMPACK) benutzt werden, der den Wasserstoff aus Wasser durch Elektrolyse und nachfolgender Trocknung mit einem Silicagelpack gewinnt. Um völlig trockenen Wasserstoff zu erhalten, schaltet man ein Molekularsieb mit 5 Angström in den Wasserstoffgasstrom.

Der Vorteil dieser Herstellungsart ist, daß man den H_2-Generator mit dem Wasserstoffmelder verbinden kann. Im Alarmfalle wird die Stromzufuhr zum Generator und zum Ofenraum des Gaschromatographen sofort unterbrochen und die Wasserstoffproduktion wird eingestellt.

Es ist manchmal empfehlenswert, die Gase aus den Gasstahlflaschen durch spezielle Filter zu leiten (Abb. 4-3):

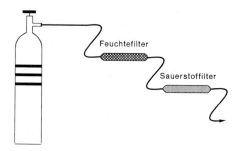

Abb. 4-3. Gasfilter vor dem Gaschromatographen

Bei der Montage ist es wichtig, daß die richtige Reihenfolge: 1. Feuchtigkeitsfilter, 2. Sauerstoffilter, eingehalten wird. Viele der derzeit angebotenen Gasfilter reinigen aber nur auf dem absorptiven Weg, d. h., daß die Verunreinigungen des Gases nur physikalisch an das Adsorbens gebunden werden. Kurz bevor der Filter-Adsorber erschöpft ist, kann man oft einen sehr starken Anstieg der Verunreinigungen *hinter* dem Filter beobachten, die Säule kann damit unter Umständen kontaminiert werden.

Einige Firmen (z. B. SUPELCO) haben in ihrem Lieferumfang ein katalytisches Gasreinigungssystem, mit dem aus Gas niederer Qualität leicht Gas höherer Analysenqualität herzustellen ist. Dieser sogenannte *High-Capacity-Purifier* [6] enthält eine spezielle Metallegierung, die in einem Rohr auf etwa 600 Grad aufgeheizt wird. Die meisten Verunreinigungen in dem Trägergas (Sauerstoff, Wasser, Kohlenmonoxid, Schwefelgase oder Halogenwasserstoffe) werden beim Durchgang durch den High-Capacity-Purifier chemisch irreversibel gebunden. Das Gasreinigungssystem kann für fast alle in der GC eingesetzten Trägergase, außer für Wasserstoff, angewendet werden.

Für die Kapillar-GC und für die GC/MS-Kopplung sind besonders hochreine Trägergase notwendig um reproduzierbare Werte zu erhalten. Leider sind die hochreinen Gase sehr teuer. Der durchschnittliche Preis für eine 9 m³-Stahlgasflasche Helium der 4.6-Qualität (99,9996%) beträgt zur Zeit etwa 500.– DM, der Preis einer 9 m³-Flasche in der 6.0-Qualität (99,9999%) liegt bei etwa 1400.– DM.

Beim Einsatz eines High-Capacity-Purifier können bei einer Verunreinigung von beispielsweise 20 ppm Wasserdampf und 20 ppm Sauerstoff in 4.2-Helium nach Angaben von SUPELCO [6] etwa 77 Flaschen von Sauerstoff und 178 Flaschen von Wasserdampf jeweils auf einen Restgehalt von 0,1 ppm gereinigt werden. Auch aus wirtschaftlichen Gründen kann sich somit die Anschaffung eines High-Capacity-Purifier durchaus lohnen.

Der Druck in den gelieferten Gasstahlflaschen beträgt bis zu 200 bar, deshalb muß der Flaschendruck durch ein Reduzierventil auf einen notwendigen Arbeitsdruck vor dem Gaschromatograph-Gaseingang reduziert werden. Dieser Arbeitsdruck ist abhängig von der notwendigen Gasgeschwindigkeit, von der Art des Trägergases, von dem Durchmesser und der Länge der Trennsäule, von der Temperatur des Ofens und von der Art des Einspritzsystems. Es muß ein so hoher Arbeitsdruck eingestellt werden, daß die gewünschte lineare Gasgeschwindigkeit im ganzen GC-System aufrecht erhalten wird.

Von viel größer~ ~edeutung als der Arbeitsdruck ist die lineare Gasgeschwindigk~ ~'n oder cm/s). Als Bezugsgröße wird in den Labors au~^ volumenstrom (in mL/min) verwendet. Beide Werte ~men und werden durch den inneren Durchmesser

$$(4-2)$$

I~

~den Trennsaule (cm)
~nin)

Die ma~ ~mL/min) kann durch Seifenblasendurch~ ~azu wird eine bürettenähnliche Röhre m~ ~ausgang angeschlossen. Durch Drücken eines Gum~ ~nenblase in der Röhre erzeugt und die Zeit ermittelt, die~ ~ase für den Durchfluß durch ein bestimmtes, vom Anwender vorg~ ~oenes Volumen benötigt.

Eine Weiterentwicklung des manuellen Gerätes ist das digitale Gasflußmeßgerät. Auch hier wird eine Seifenblase erzeugt, die Zeitmessung und die Berechnung des Gasstromes erfolgt aber vom Gerät aus mit Hilfe von Mikroprozessoren. Ein ermüdendes Beobachten der Blasen entfällt dabei. Ein solches digitales Durchflußmeßgerät mißt Durchflußraten von 0,5 bis 500 mL/min mit einer Anzeigengenauigkeit von etwa 2%. Der eingebaute Mikroprozessor zeigt fehlerhafte Bedingungen an und paßt das Gerät an den Gasfluß an [7]. Mittlerweile gibt es digitale seifenblasenfreie Durchflußmeßgeräte auf dem Markt.

Die Gasgeschwindigkeitsmessung (in cm/s) erfolgt über eine Totzeitmessung mit einer Methan-Stickstoff-Mischung. In den Injektor wird mehrmals hintereinander Methan (rein oder vermischt mit Stickstoff) eingespritzt. Es wird jeweils die Zeit vom Einspritzen bis zum Maximum des Methanpeaks gemessen. Weiterhin muß die Gesamtstrecke Injektor-Detektor (vereinfacht Länge der Säule) bekannt sein. Aus der Strecke und der gemittelten Retentionszeit der Methanpeaks kann die lineare Geschwindigkeit v mit Gl. (4-3) berechnet werden:

$$v = \frac{L}{t} \tag{4-3}$$

In Gl. (4-3) bedeutet:

v lineare Geschwindigkeit (cm/s)
L Länge Injektor-Detektor (cm)
t Retentionszeit von Methan (s)

Mit Gl. (4-2) kann mit Hilfe der linearen Geschwindigkeit und dem Säulendurchmesser der mittlere Volumenstrom in mL/min berechnet werden.

Die Einstellung der linearen Geschwindigkeit (oder des Volumenstromes) erfolgt durch den sogenannten Vordruck, der vor der Säule am Injektor manuell eingestellt und auf einem Manometer abgelesen werden kann. Wird der Vordruck des Trägergases erhöht, entsteht zwangsläufig eine größere lineare Gasgeschwindigkeit in der Säule. Der einzustellende Vordruck ist von dem Innendurchmesser, von der Länge der Säule und von dem verwendeten Trägergas abhängig. Für normale „Standardtrennungen" machen die Säulenhersteller für ihre verwendeten Säulen Vordruckangaben, die in der Regel übernommen werden und an der Druckregelung eingestellt werden können. Wie aus der Van-Deemter-Gleichung Gl. (4-1) zu ersehen ist, hat die lineare Geschwindigkeit v eine Auswirkung auf die Bodenhöhe HETP und damit auf die Trennleistung der Säule. Durch eine genaue Aufnahme der Bodenhöhe HETP in Abhängigkeit von der linearen Geschwindigkeit v kann die Trennleistung des Systems vielleicht noch optimiert werden. Bei temperaturprogrammierten GC-Analysen, bei denen die Säulentemperatur definiert erhöht wird, nimmt aber die lineare Gasgeschwindigkeit bei konstantem Vordruck zu. Folglich wird der Arbeitspunkt in der Van-Deemter-Gleichung etwas aus dem Geschwindigkeitsoptimum herauslaufen. Eine neuere, fortschrittliche Technik zur Regelung des Gasflusses hat z. B. SHIMADZU mit der AFC (Advanced Flow Control) [8] entwickelt. Die Konstruktion der AFC ermöglicht die genaue Einstellung und Kontrolle der Gasflüsse. Im Unterschied zur manuellen Druckregelung, bei der nur der Vordruck eingeregelt wird, besteht die AFC aus zwei Untereinheiten. Während die eine Einheit den Gesamtfluß vor dem Injektor kontrolliert, regelt die andere Einheit den Säulenvordruck. Bei temperaturprogrammierter Arbeitsweise kann man ein entsprechendes Druckprogramm vorgeben, das den Druck mit steigender Temperatur nachregelt und so für einen konstanten Druck in der Säule sorgt.

Ein großes Problem kann unter Umständen das Auffinden eines Lecks in der Gasleitung sein. Viele Anwender benutzen dabei für das Aufspüren eines Lecks eine selbst hergestellte Seifenlösung oder eine spezielle Lecksuchflüssigkeit (z. B. Snoop). Diese Arbeitsweise ist speziell bei der Kapillar-GC und besonders bei der Verwendung von FID-NP oder ECD als Detektor abzuraten. Bei strömenden Gasen kann an einem Leck ein Unterdruck (Prinzip einer Wasserstrahlpumpe) entstehen, der die Lecksuchflüssigkeit in die Kapillarsäule einsaugt und dann die Säule oder den Detektor beschädigen kann.

Besser ist die Verwendung eines Gasleckdetektors, der nach dem Prinzip des Wärmeleitfähigkeitsdetektors (WLD, siehe Abschnitt 4.5.2) funktioniert. Das Gerät (z. B. der GOW-MAC-Detektor von SUPELCO [9]) reagiert sehr empfindlich auf Wasserstoff und Helium, für Stickstoff ist die Empfindlichkeit mit herkömmlichen Flüssigkeitssprays zu vergleichen.

4.2 Injektor

Aufgabe des Injektors ist es, die flüssige oder gasförmige Probe in den Trägergasstrom einzuschleusen.

An den Injektor, an die Einspritzmethode und an die Einspritztechnik, die der Anwender frei bestimmen kann, sind einige Forderungen zu stellen.

Bei der Injektion der Probe in den Injektor darf es zu keinem wesentlichen Verlust der Trennleistung des Systems kommen, die Probe sollte möglichst ohne Veränderung der quantitativen Zusammensetzung in die Säule gelangen und die Trägergasgeschwindigkeit darf während der Injektion nur unwesentlich vermindert werden.

Je nach Konzentration, Art der Probe und Trennsäulenart wählt man die Bauweise des Injektors aus. Es werden hauptsächlich folgende Injektorbauweisen verwendet:

- Direktinjektion,
- Splitinjektion,
- Split/Splitlessinjektion (nach Grob) und
- On-Column-Injektion.

Die maximale Menge an Flüssigkeit, die mit Hilfe einer Spritze in den Injektor und in die Säule gelangen darf, ist von dem Innendurchmesser der Trennsäule und besonders von der Filmdicke der stationären Phase abhängig. Die Einspritzmenge und die Konzentration der Probenlösung bestimmen dabei die Stoffmenge an Substanz, die in die Trennsäule gelangt.

Weiterhin ist die Einspritztechnik des Anwenders von ausschlaggebender Bedeutung. Es gibt 5 Einspritztechniken, die mit dem verwendeten Injektorsystem abstimmt werden müssen. Dies sind

- die gefüllte Nadeltechnik,
- die leere-Nadel-Technik,
- die Luftpfropf-Technik (heiße und kalte Nadel),
- die Spül-Technik und
- die Sandwich-Technik.

Bei der *„gefüllten Nadel-Technik"* wird die Probenflüssigkeit über die Kanüle in den Spritzenkörper aufgezogen. Der gesamte Inhalt des Spritzenkörpers und der Kanüle werden dann schnell und vollständig in den Injektor des Gaschromatographen eingeschossen. Die Reproduzierbarkeit dieser Methode ist sehr schlecht, weil beim Eintauchen der Kanüle in den heißen Injektor ein Teil der Flüssigkeit bereits vor dem Einschuß verdampft.

Bei der *„leere-Nadel-Technik"* wird die Probenflüssigkeit in den Spritzenkörper hochgezogen und dann anschließend noch gerade soviel Luft, daß die Kanüle anschließend nur noch mit Luft gefüllt ist. Die Nadel wird schnell durch das Septum eingestoßen, die Luft und dann die Flüssigkeit rasch in den Injektor eingeschossen. Die Reproduzierbarkeit ist etwas besser als bei der vorigen Methode.

Bei der *„Luftpfropf-Technik"* wird die Flüssigkeit in die Spritze gezogen und danach noch ein etwa $2-3$ µL großer Luftpfropf. Der Luftpfropf ist in dem Spritzenkörper zu sehen. Bei der Injektion stößt man die Kanüle durch das

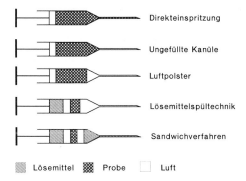

Lösemittel   Probe   Luft

Abb. 4-4. Einspritztechniken

Septum, und drückt dann den Kolben sehr schnell herunter. Anschließend wird die Kanüle sofort wieder aus dem Septum gezogen. Die Reproduzierbarkeit dieses Verfahrens ist deutlich verbessert gegenüber den bereits beschriebenen Methoden.

Manche Autoren schlagen vor, daß nach dem Durchstechen des Septums die Kanüle der Spritze für 3−4 Sekunden im Injektorkanal ruhen soll und daß dann der Kolben sehr schnell heruntergestoßen wird (Methode „Luftpfropf-Technik/heiße Nadel"). Die „heiße-Nadel-Methode" kann vom Autor nur sehr eingeschränkt empfohlen werden.

Bei der *„Spül-Technik"* wird die Spritze nacheinander mit 1−2 µL Lösemittel, 1 µL Luft, mit der Probe und dann wieder mit 1 µL Luft gefüllt. Durch das bei der Injektion am Schluß hinter der Probe nachfolgende Lösemittel wird die Probensubstanz weitestgehend aus dem Spritzenkörper herausgespült. Allerdings muß die vergrößerte Menge an Einspritzflüssigkeit von der Säule und vom Injektor ohne Qualitätsverlust verkraftbar sein.

Bei der *„Sandwich-Technik"* wurde die „Spül-Technik" noch verfeinert. In der Reihenfolge werden 1−2 µL Lösemittel, 1 µL Luft, Probe, 1 µL Luft und wieder 1−2 µL Lösemittel aufgezogen. Die Reproduzierbarkeit ist besonders gut, allerdings schließt die große Einspritzmenge eine Verwendung dieser Technik für das On-Column-Verfahren (Abschn. 4.2.4) aus. In Abb. 4-4 werden alle 5 Techniken nebeneinander gestellt.

4.2.1 Direktinjektion

Bei der Direktinjektion wird die Probe, die gewöhnlich mit einem Lösemittel verdünnt ist, und einem Luftpfropf in eine geeignete Spritze aufgesaugt, die

Kanüle der Spritze durch das Septum des Injektors gestoßen und die Flüssigkeit aus der Spritze zügig in den heißen Injektor injiziert. Die Flüssigkeit wird im heißen Injektor augenblicklich verdampft und gelangt vollständig als Dampfpfropf in die Trennsäule. Der Injektor muß so gebaut sein, daß er den Temperaturabfall, der durch die benötigte Verdampfungsenergie entsteht, schnell wieder ausgleicht. Besonders bei Proben, die Wasser als Lösemittel enthalten, ist das manchmal ein Problem.

Die Direktinjektion ist die älteste und einfachste Einspritztechnik. Die Temperatur des Injektors soll etwa $15-20\,°C$ über dem Siedepunkt der am höchsten siedenden Flüssigkeit eingestellt sein, so daß die injizierte Flüssigkeit ($1-5$ µL) augenblicklich fast explosionsartig verdampft wird. Auf die Zersetzungstemperatur der Probensubstanz ist dabei zu achten.

Bei dieser Methode gelangt alles, was in den Injektor eingespritzt wird, auch in die Säule. Diese Injektionsmethode ist nur geeignet für gepackte Säulen oder Kapillarsäulen mit relativ großen Durchmessern (Widebore, ab 530 µm Innendurchmesser). In Abb. 4-5 ist ein solcher Direktinjektor abgebildet.

Der Injektor besteht aus einer Probeneinlaßöffnung, einem Verschlußseptum, aus einer Trägergasöffnung, einem Anschluß für die Säule und dem Verdampferteil.

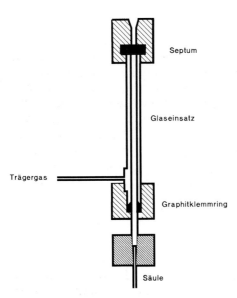

Abb. 4-5. Direktinjektor

Das Septummaterial besteht meistens aus Siliconkautschuk. Das Material darf nicht „bluten", d. h., daß es keine Zersetzungsprodukte bilden soll, die dann mit dem Gasstrom in die Säule gelangen. Das Septum soll leicht mit der Kanüle durchstoßen werden, muß aber beim Einschuß die Spritzenkanüle gegen das Trägergas abdichten und nach der Entnahme der Nadel den Injektor total gegen das Trägergas wieder verschließen. Weiterhin soll das Septum mindestens 300 °C aushalten. Verschiedene Hersteller bieten Septen in unterschiedlichen Qualitäten an, die an der Farbe der Septen leicht zu erkennen sind.

Das Verdampferteil des Injektors ist mit einer Auskleidung (Insert) versehen. Das Insert soll das Probenmaterial vor der Metallwandung des Rohres schützen und eine gleichmäßige Verdampfung gewährleisten. Deshalb wird als Auskleidmaterial üblicherweise Glas oder ein spezielles Quarzglas (Fused Silica) benutzt. Viele Anwender und Hersteller bringen zusätzlich in das Insert eine besonders desaktivierte Glaswolle ein.

Ein Verdampfer mit Insert ist chemisch inert und schützt die Probenmaterialien vor chemischen Umsetzungen. An ein Insert werden folgende Anforderungen gestellt:

- das Insert muß chemisch inert zu der Probe sein,
- das Insert muß gleichmäßig beheizbar sein,
- das Insert muß wartungsfreundlich sein, Ablagerungen müssen einfach zu entfernen sein und
- das Insert muß dicht mit dem Injektor zu verbinden sein.

Leider kann der Siliconkautschuk des Septums langsam Substanzen an das Trägergas abgeben. Durch das Einstechen mit der Kanüle werden solche Substanzen eingeschleppt. Eine Möglichkeit zur Verhinderung der so im Chromatogramm später entstehenden „Geisterpeaks" besteht in der Verwendung von Injektoren, die eine sogenannte Septumspülung besitzen. Bei diesem Injektortyp wurde ein definiertes Leck in der Nähe des Gummis eingefügt, durch das ein kontrollierter Strom von 1 – 5 mL/min Trägergas entweicht und so die Ausgasprodukte, die von dem Gummi „ausbluten", mitgenommen werden. Die Ausblutprodukte gelangen somit nicht in die Säule, können sich dort nicht anreichern und ergeben keine „Geisterpeaks".

4.2.2   Splitinjektion

Bei der in Abschnitt 4.2.1 beschriebenen Direktinjektion für gepackte und Widebore-Säulen gelangt der *gesamte* sich im heißen Injektor gebildete Substanzdampfpfropf in die Trennsäule. Bei der Verwendung von feinen Kapillarsäulen mit geringem Innendurchmesser und sehr dünnen Trennflüssigkeitsfilmen würde damit die Säule überlastet werden.

Daher wird im Splitbetrieb das eingespritzte Flüssigkeitsvolumen (meistens 1−2 µL) sehr schnell und vollständig verdampft, dann aber nur ein *gewisser Teil* des Dampfes in die Trennsäule getrieben. Der größte Teil des Probendampfes gelangt durch einen Splitausgang chromatographisch ungenutzt wieder ins Freie. Das Verhältnis der beiden Gasströme „Säulengasstrom" und „Splitausgangsgasstrom" nennt man Splitverhältnis. Das Splitverhältnis ist dem Säulentyp angepaßt, individuell vom Anwender einstellbar und kann je nach Säulendurchmesser von etwa 1:1 bis 1:1000 betragen. Ein Splitverhältnis von z. B. 1:100 bedeutet, daß von 1 µL eingespritzter Probe nur 0,01 µL (1/100) als Dampfpfropf in die Säule überführt wird. Die restlichen 0,99 µL gehen chromatographisch nutzlos als Dampf durch den Splitausgang ins Freie. Ein Splitinjektor ist in Abb. 4-6 abgebildet.

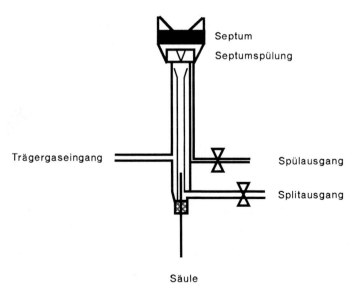

Abb. 4-6. Splitinjektor im Querschnitt

Das vom Anwender gewünschte Splitverhältnis wird über die entsprechenden Trägergasflüsse eingestellt und gemessen. Dabei wird der Gasfluß, der direkt aus der Trennsäule kommt (ohne Detektorhilfsgase), gemessen. Dann wird die gleiche Prozedur beim Trägergasfluß wiederholt, der aus dem Splitausgang austritt. Das Splitverhältnis berechnet sich aus Gl. (4-4):

$$\text{Splitverhältnis} = \frac{\text{Splitausgangsfluß (mL/min)}}{\text{Säulengasfluß (mL/min)}} - 1 \qquad (4\text{-}4)$$

Es ist darauf zu achten, daß bei der Messung des Säulengasflusses am Detektor alle Nebenströme (z. B. Make-up-Gas, siehe Abschn. 4.5.2) ausgeschaltet sind und nur noch der reine Trennsäulenfluß gemessen wird. In Abb. 4-7 wird der typische Weg des Trägergases im Splitinjektor aufgezeigt.

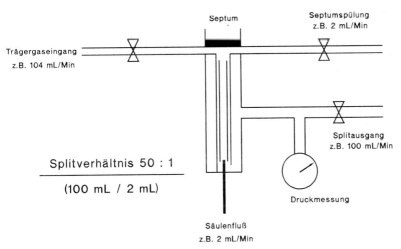

Abb. 4-7. Trägergasstrom im Splitinjektor

Das einzustellende Splitverhältnis ist dem gewünschten Einspritzvolumen und dem Kapillardurchmesser anzupassen. Folgende Splitverhältnisse haben sich in der Praxis bewährt (Tab. 4-2):
Bei Säulen mit einem Innendurchmesser von kleiner als 530 μm hat sich gewöhnlich ein Splitverhältnis von 1 : 40 bis 1 : 80 bewährt.

Tabelle 4-2. Splitverhältnisse und Säuleninnendurchmesser

Durchmesser (μm)	150	250	320	530
Mindestverhältnis	1 : 80	1 : 40	1 : 10	1 : 5
Maximalverhältnis	1 : 1000	1 : 200	1 : 100	1 : 30

Leider erzeugen unter Umständen die Splitinjektoren konstruktionsbedingt eine sogenannte *Probensubstanzdiskriminierung*. Darunter versteht man die Veränderung der quantitativen Zusammensetzung der Probenkomponenten durch den Einspritzprozeß. Besteht das Probengemisch aus Komponenten, dessen Siedepunktunterschiede sehr groß sind, wird bei der Injektion die am niedrigsten siedende Flüssigkeit etwas schneller verdampfen als die höher siedende Flüssigkeit. Dadurch kann es zu einer Anreicherung der Komponenten mit einem niedrigeren Siedepunkt vor dem Eintritt in die Säule kommen. Dadurch verändert sich die quantitative Zusammensetzung des Pfropfes in der Säule. Eine weitere Ursache der Diskriminierung ist eine eventuell vorhandene Schwankung im Splitverhältnis während der Injektion.

Ganz verhindern kann man die Diskriminierung nicht, durch eine gute Konstruktion des Splits und eine genügend hohe Einspritztemperatur kann aber die Diskriminierung sehr stark reduziert werden.

Ein Diskriminierungstest ist vor quantitativen Analysen ratsam. Dazu spritzt man in den Injektor ein in der Zusammensetzung bekanntes Gemisch aus *n*-Alkanen ein, die in etwa das Siedeverhalten der später vom Anwender zu bestimmenden Stoffe in der Probe repräsentieren. Benutzt man einen FID als Detektor, sollten die entstehenden Peakflächen der Alkane auch die prozentualen Verhältnisse des Gemisches wiederspiegeln. Ist das nicht der Fall, kann die Ursache in einer zu großen Diskriminierung liegen.

4.2.3   Split/Splitless-Injektion (nach Grob)

Bei dieser speziellen Technik [10] können Spuren von leicht verdampfbaren Substanzen in hochverdünnten Lösungen untersucht werden. Die Konzentration jeder Komponente im Lösemittel soll etwa den Bereich von $0,01-200$ ppm umfassen. Eingespritzt werden $1-2$ µL der Probenlösung. Dabei wird eine relativ große Menge Lösemittel und sehr wenig Probenkomponente in den heißen Injektor eingespritzt. Der Splitbetrieb ist dabei unterbrochen. Die sich anschließende Trennsäule ist ungeheizt, manchmal sogar gekühlt, so daß die eingespritzte und verdampfte Probenlösung wieder vollständig am Säulenanfang kondensiert wird. Daher ist es wichtig, daß bei diesem Verfahren nur Säulen benutzt werden, deren stationäre Phase chemisch auf die Säulenwandung gebunden ist.

Nach einer gewissen, vom Anwender vorbestimmten Zeit wird der Splitbetrieb wieder aufgenommen. Gleichzeitig wird am Ofen ein Temperaturprogramm zur Aufheizung der Säule gestartet. Durch die Erhöhung der Temperatur wird zuerst das niedriger siedende Lösemittel vom Säulenkopf entfernt. Gleichzeitig werden die Probenkomponenten durch eine „Lösemittelfokussie-

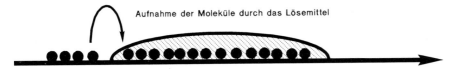

Aufnahme der Moleküle durch das Lösemittel

Temperaturprogramm wird gestartet:

Sammeln beim Verdampfen des Lösemittels

Abb. 4-8. Fokussierung durch das Lösemittel

rung" im nach und nach verschwindenden Lösemittel aufkonzentriert (Abb. 4-8), aber noch nicht verdampft.

Eine andere Möglichkeit der Fokussierung ergibt sich auch durch eine Speicherung der Probenmoleküle in der stationären Filmphase, wenn die Säulentemperatur bei der Injektion extrem niedrig ist.

Wird die Ofen-Temperatur durch das vom Anweder definierte Temperaturprogramm immer höher, werden nun auch die Probenkomponenten verdampfen und einer normalen Trennung in der Säule unterzogen. Dadurch, daß die Komponenten bereits aufkonzentriert (fokussiert) sind, werden im Chromatogramm schmälere und höhere Peaks entstehen. Die maximale Ofentemperatur sollte etwa 15−20 °C unter dem Siedepunkt der Probenkomponenten liegen.

Die Einspritzgeschwindigkeit bei dieser Methode muß nicht unbedingt sehr hoch sein, weil die Komponenten sowieso auf dem kalten Säulenkopf kondensiert werden. Die Trennung beginnt erst mit dem Aufheizen der Säule.

Das Verfahren des Split/Splitless-Betriebes hat deutlich an Bedeutung zu Gunsten des On-Column-Verfahren verloren, das einen ähnlichen Effekt ausnutzt.

4.2.4 On-Column-Methode

Die On-Column-Methode wird bei der Trennung von stark mit niedrig siedenden Lösemitteln verdünnten Proben verwendet und ergibt bei der Verwendung von Kapillartrennsäulen sehr scharfe Peaks. Die stationären Phasen in der Trennsäule müssen chemisch gebunden sein.

Das Lösemittel sollte im Idealfall einen Siedepunkt besitzen, der um bis zu 100 Grad niedriger ist als der der Probenkomponenten. Die Probenlösung muß sehr stark verdünnt sein, sonst kommt es zu deutlichen Überladungen der Säule (Overfloating). Konzentrationen von 0,01 bis 200 ppm pro Komponente sind zu bevorzugen.

Bei dieser Einspritzmethode wird die Probe kalt in *flüssiger* Form langsam und *direkt* in den Säulenanfang appliziert. Daher muß der On-Column-Injektor und die verwendete Spritze bautechnisch anders konstruiert sein, als die Injektoren, die die Probe verdampfen (Abb. 4-9). Eine Verdampfung der Probenlösung bei der Injektion ist zu vermeiden, notfalls ist der Injektor mit Luft zu kühlen.

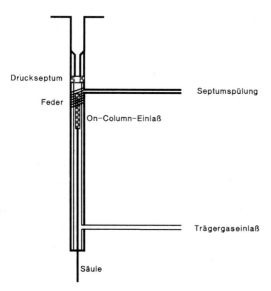

Abb. 4-9. Der On-Column-Injektor

Die Applikationskanüle muß in die Säule hineinragen, daher können Kapillarsäulen mit sehr kleinen Innendurchmessern nicht benutzt werden. Die dünnste On-Column-Nadel hat einen Außendurchmesser von ca. 0,2 mm, deshalb ist dieses Verfahren nur für Kapillarsäulen ab 320 µm Innendurchmesser geeignet. Der Injektor ist septumlos, der Einspritzkanal wird meistens durch einen Schieber geöffnet und geschlossen. Eine andere Verschlußart wird durch ein elastisches Material bewirkt, welches nach dem Herausziehen der Nadel den Injektorblock selbsttätig verschließt.

Beim Schieberverfahren ergeben sich leider oft Dichtungsprobleme und bei dem Elastomerverfahren können Dichtungsteilchen in die Säule fallen. Die Injektion erfolgt splitlos, also gelangt die gesamte Einspritzmenge auch auf die Säule. Die Säule ist bei der Injektion völlig kalt. Jetzt wird wie bei der Split/Splitless-Technik über ein Temperaturprogramm der Ofen, und damit die Trennsäule, aufgeheizt. Dabei sollte die maximale Ofentemperatur unter dem Siedepunkt der Probenkomponenten bleiben. Durch die bereits bei der Split/Splitless-Technik beschriebenen „Lösemittelfokussierung" werden die Peaks der Probenkomponenten schmäler und höher, so daß die Trennleistung steigt. Aufgrund des hohen Probenvolumens kann es manchmal zu Problemen kommen. Diese Probleme können durch die Verwendung eines „Retention Gaps" zwischen Injektor und Kapillarsäule ausgeschlossen werden. Dabei handelt es sich um eine desaktivierte, aber unbeschichtete Kapillar-Leersäule. Der Durchmesser des Gaps entspricht dem der Kapillarsäule, die Länge schwankt je nach Probenvolumen meistens zwischen 1 und 5 Metern.

4.3 Säulenofen

In den Säulenofen des Gaschromatographen wird die Trennsäule aufgehängt, die auf eine vom Anwender in gewissen Grenzen frei definierte Temperatur geheizt werden soll. Aufgabe des Säulenofens ist es, die vom Anwender eingestellte isotherme Temperatur oder das eingestellte Temperaturprogramm so genau wie nur möglich einzuhalten. Mit Hilfe von Temperaturfühlern, „ziehenden" und „drückenden" Lüftern und vor allem einer komplizierten Microprozessortechnik gelingt es heute, die eingestellte Temperatur im ganzen Ofenbereich sehr konstant oder reproduzierbar zu halten. Die akzeptable Arbeitstemperatur der meisten Öfen liegt heute zwischen 10 Grad Celsius über der herrschenden Raumtemperatur bis etwa 500 °C. Die Genauigkeit der eingestellten Temperatur beträgt $\pm 0,1 - 0,2$ Grad über den ganzen Temperaturbereich. Die einzustellende Ofentemperatur hängt unter anderem von den Siedepunkten der zu trennenden Stoffe ab.

Bei einem *isothermen Ofen* kann nur eine bestimmte, aber frei definierte Temperatur vom Anwender eingestellt werden. Sind in einem Gemisch aber Stoffe vorhanden, deren Siedepunkte sich über einen sehr großen Temperaturintervall erstrecken, benutzt man besser einen temperaturprogrammierbaren Säulenofen, dessen Temperatur *reproduzierbar* veränderbar ist. Vom Anwender muß ein Temperaturprogramm entwickelt werden, dabei werden folgende Werte einprogrammiert:

- Anfangstemperatur
- Wie lange muß die Anfangstemperatur isotherm gehalten werden?
- Temperatursteigerungsrate in Grad/min (Heizrate)
- Anstieg bis zur Endtemperatur
- Wie lange soll die Endtemperatur isotherm gehalten werden?

Danach folgt entweder ein weiterer kontrollierter Heizzyklus (wobei der Ofen auch wieder kontrolliert abgekühlt werden kann) oder es folgt eine sehr schnelle, unkontrollierte Abkühlung bis zur Ausgangstemperatur. Im letzteren Fall ist es zweckmäßig, eine Angleichungszeit (Equilibrierungszeit) zu vereinbaren, um die Säule wieder ins Gleichgewicht zu bringen. In Abb. 4-10 ist ein solches Temperaturprogramm mit schneller Abkühlung abgebildet.

Auf die Optimierung solcher Temperaturprogramme wird im Abschnitt 5.1.2 noch genauer eingegangen, es soll hier aber schon erwähnt werden, daß eine erhöhte Temperatur des Ofens die Retentionszeit einer Substanz erheblich verkürzt, aber die Selektivität entscheidend verschlechtern kann. Deshalb muß der Anwender bei einer Temperaturoptimierung immer einen Kompromiß zwischen Schnelligkeit der Analyse und ausreichender Selektivität finden. Weiter-

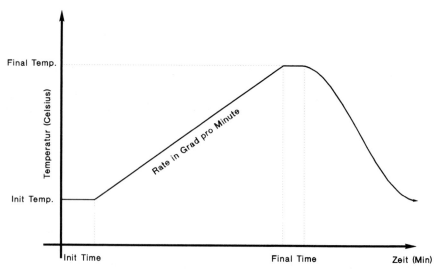

Abb. 4-10. Temperaturprogramm mit schneller Abkühlung

hin ist zu beachten, daß bei der Einstellung die Temperatur des Ofens eingestellt wird, und nicht die Temperatur der Trennsäule.

Bei gepackten Säulen sind Temperatursteigerungsraten von 5 bis 15 °C/min
üblich, während für Dünnfilmsäulen Temperatursteigerungsraten von 0,2 bis
10 °C/min empfohlen werden [11]. Es gehört viel Erfahrung dazu, die Grenzen seines GC-Systems zu erkennen
und die richtigen Bedingungen einzustellen.

4.4 Trennsäule

Aufgabe der Trennsäule ist es, den aus mehreren Molekülarten bestehenden
und injizierten Probendampfpfropf in die einzelnen Komponentenpfröpfe auf-
zuteilen, also die Probensubstanzen zu trennen. Wie bereits beschrieben, kann
die Säule durch Sorptions/Desorptionsprozesse die Trennung bewerkstelligen.
Je nach Füllung der Säule bzw. dem inneren Durchmesser der Säulen unterscheidet man einerseits in

- gepackte Säulen sowie
- Kapillarsäulen

und andererseits in [12]

- Filmkapillarsäulen (WCOT-Säulen, Wall Coated Open Tubular)
  sowie
- Schichtkapillarsäulen (PLOT, Porous Layer Open Tubular).

In den folgenden Abschnitten sollen Herstellung, Verwendung und Eigen-
heiten der verschiedenen Säulenarten aufgeführt werden, um dann im Kapitel
5 eine Optimierung des Systems zu beschreiben.

4.4.1 Gepackte Säule

Die gepackte Säule hat üblicherweise eine Länge von 1 bis 5 m und einen Innendurchmesser von 1 bis 5 mm. Die Rohrwandung besteht aus Glas oder einem Metall, meist Kupfer oder Stahl. Die Säulen werden mit der flüssigen stationären Phase, aufgezogen auf einen Träger, „gepackt", das Rohr zu großen
Ringen gewunden, mit dem Injektor und dem Detektor verschraubt und dann
in den Ofenraum gehängt.

Die Rohrwände dürfen die Probensubstanzen nicht ad- oder absorbieren oder gar chemisch umsetzen. Da Metall leider immer eine gewisse Adsorptionswirkung besitzt und oft auch als Zersetzungskatalysator (besonders stark katalysiert das Kupfer!) wirkt, ist den Glassäulen Vorrang zu geben. Werden trotzdem Metallrohre benutzt, sollen diese besonders gut vor dem Erstgebrauch gereinigt werden, da von der Herstellung her noch Ziehfette und Öle zurückgeblieben sind. Die Anschlüsse zum Probeninjektor und zum Detektor müssen weitgehend totvolumenfrei sein, andernfalls zeigt das Chromatogramm sehr stark getailte und breite Peaks.

Bei der Verwendung von gepackten Säulen wird ein Trägermaterial benötigt, um die flüssige stationäre Phase in der Säule zu halten. Dieses Trägermaterial sollte chemisch inert sein, was aber in der Praxis fast nie erreicht wird. Das verwendete Material besteht entweder aus aufgeschäumter Keramik oder aus weitporigem Silicagel. Manchmal werden auch Glaskügelchen aus einem speziellem Glas verwendet. Das Trägermaterial soll einer engen Siebfraktion angehören, meistens mit Korngrößen von 100 bis 300 µm, es wird dann gleichmäßig mit der stationären Phase belegt. Dazu löst man die stationäre Phase in einem leicht verdampfbaren Lösemittel (Ether, halogenierte KW, niedrig siedende Kohlenwasserstoffe usw.), gibt das leere Trägermaterial in die Lösung, vermischt das Ganze optimal und zieht vorsichtig unter konstantem Drehen das Lösemittel unter Vakuum ab. Je nach Menge an stationärer Phase in der Lösung kann so die Belegungsstärke variiert werden. Es werden belegte Träger mit einer Belegungsstärke von 0,5% – 25%, bezogen auf die Trägermaterialmasse, hergestellt. Jede stationäre Phase besitzt ihr Belegungsstärkemaximum, welches auch von den zu trennenden Komponenten abhängig ist. Bei vielen Trägermaterialien und stationären Phasen liegt das Maximum bei etwa 5% Belegungsstärke. Die Menge an stationärer Phase ist in einer solchen gepackten Säule recht beachtlich, so daß diese Art der Säulen besonders bei der Trennung von leichtflüchtigen Lösemitteln herangezogen werden kann. Für hochsiedende Lösemittel ist die Art der Säule nicht so gut geeignet, da relativ hohe Temperaturen benötigt werden, um die Substanzen zur Gleichgewichtsbildung aus dem dicken Trennflüssigkeitsfilm wieder herauszutreiben.

Die Durchlässigkeit der gepackten Säule für das Trägergas ist nicht besonders hoch. Um das Trägergas durch die Säule zu drücken, sind daher relativ hohe Vordrücke notwendig. Gleichzeitig strömt das Trägergas, und damit auch die mitgeführten Probensubstanzen, nicht linear durch die Röhre. Durch die einsetzende Wirbeldiffusion (*Eddy-Diffusion*) entstehen dann verbreiterte Substanzpfröpfe und somit auch verbreiterte Peaks mit relativ großem Tailing (Abb. 4-11).

Es ist bei dieser Art der Trennsäule normalerweise nicht notwendig, mit einem Probenteiler (Split) oder mit besonders hohen Verdünnungen zu arbeiten,

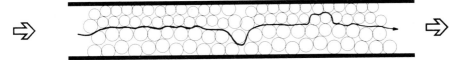

Abb. 4-11. Ursache der Eddy-Diffusion

da die große Menge an stationärer Phase in der Säule problemlos mit dem großen Dampfpfropf zurechtkommt.

Die verwendeten stationären Phasen sind identisch mit den in der Filmkapillarsäule verwendeten Phasen und sollen im Abschnitt 4.4.2.4 behandelt werden.

4.4.2 WCOT-Kapillarsäulen

Während bei den gepackten Säulen die flüssige stationäre Phase auf die festen Trägermaterialien adsorbiert sind, befindet sich die stationäre Phase bei den Kapillarsäulen ausschließlich als Film um die Innenwandung der Säule. Je nach Filmdicke, dem Maß der Belegung, unterscheidet man pragmatisch in

- Dickfilmsäulen mit etwa $2-5$ µm Filmdicke und
- Dünnfilmsäulen mit $0,1-2$ µm Filmdicke.

Besser als die Filmdicke wird zur Kennzeichnung der Kapillarsäulen die Bezeichnung *„Phasenverhältnis"* [7] verwendet. Sie kennzeichnet das Verhältnis von Volumen der mobilen Phase und dem Volumen der stationären Phase und wird berechnet nach Gl. (4-5).

$$\beta = \frac{d_i}{4 \cdot f} \tag{4-5}$$

In Gl. (4-5) bedeutet:

β Phasenverhältnis
d_i Innendurchmesser der Säule
f Filmstärke der stationären Phase

Es werden Phasenverhältnisse von $\beta = 20-500$ bei Kapillarsäulen angestrebt. Das Phasenverhältnis der Säule hängt vom Innendurchmesser der Säule und von der Filmdicke der aufgebrachten stationären Phase ab. Das Phasenverhältnis bestimmt das Retentionszeitenverhalten der Säule. Je größer das Phasenverhältnis der Säule ist, umso kürzer sind die Retentionszeiten. Zwei Säulen mit der selben Länge und identischem Phasenverhältnis zeigen ähnliches Retentionszeitenverhalten für eine Substanz, obwohl die Innendurchmesser durchaus verschieden sein können.

Kapillarsäulen bestehen meistens aus dünnen Quarzglasröhren (Silica fused, SF-Glas) oder speziellen Alkaliglas-Röhren. Das Glasmaterial ist mit einer dünnen Polyimidschicht beschichtet, die Säule wird damit flexibel und kann besser an die Ofenanschlüsse angesetzt werden. Seit einiger Zeit werden von einigen Herstellern auch „unzerbrechliche" Metallsäulen angeboten, die durch eine spezielle Methode desaktiviert wurden. Weiterhin wurden alle Spurenelemente entlang der Wandung beseitigt, so daß keine irreversiblen Reaktionen mit ungesättigten Probenkomponenten möglich sind. Die Firma CHROMPACK bringt z. B. solche Säulen, die besonders für die Inprozeßkontrolle geeignet sind, unter dem Namen „Ultimetall" auf den Markt.

Gebräuchlich sind Säulenlängen von 10 bis 150 m, wobei aber das übliche Längenmaß bei 25 – 60 m liegt. Der innere Durchmesser der Kapillarsäulen beträgt üblicherweise 100 µm, 150 µm, 250 µm, 320 µm, 530 µm oder 750 µm.

Die letzten beiden Säulen werden oft „Widebore Kapillarsäulen" oder auch *Halbkapillarsäulen* genannt.

Kapillarsäulen haben gegenüber gepackten Säulen einige hervorstechende Vorteile. Dadurch, daß die Säule nahezu leer ist, hat das Trägergas keinen großen Widerstand zu überwinden, man kann auch sehr lange Säulen bei relativ niedrigen Gasvordrücken betreiben. Der einzustellende Säulenvordruck ist dabei selbstverständlich von dem Innendurchmesser der Säule abhängig. Weiterhin ist die Trennwirkung der Säule um ein vielfaches besser als bei einer gepackten Säule. Kapillarsäulen haben eine wesentlich höhere Trennleistung als gepackte Säulen. Die Peaks werden enger, höher und sind bei idealer Gleichgewichtseinstellung fast ohne Tailing, was bei der Spurenanalytik von Vorteil ist.

Die Durchführung der Trennung in Rohren mit sehr kleinen Durchmessern (Kapillaren) beschleunigt den gesamten Massentransfer zwischen mobiler Phase und stationärer Phase. Dadurch wird die Effizienz der Trennung gesteigert und der GC-Lauf sehr stark beschleunigt. Mischungen, die aus vielen Komponenten zusammengesetzt sind, können dabei effizient getrennt werden und die Peaks gelangen mit einem hohen Signal/Rausch-Verhältnis in das Registrationssystem (z. B. Integrator) und können so besser identifiziert werden.

4.4.2.1 Herstellung einer WCOT-Kapillarsäule

Das für die Kapillarsäule benötigte dünne Rohr wird erzielt durch fortlaufendes *Ziehen* einer dickeren Röhre auf den erforderlichen Innendurchmesser bei höherer Temperatur. Dazu sind z. B. bei dem gewöhnlich verwendeten FS-Material bis zu 2000 Grad Celsius und eine Reinluftatmosphäre notwendig. Die FS-Säule wird nach dem kontrollierten Ziehen sofort in ein Polyimid-Bad getaucht, was der Säule eine elastische Eigenschaft verleiht. Danach wird das Material auf die erforderliche Länge geschnitten und auf Ofenkäfige aufgewickelt. Dann erfolgt eine *Oberflächenbehandlung* zur Erzielung einer hohen Wandrauhheit im Rohr, denn auf unbehandelten Gläsern haftet nur wenig flüssige stationäre Phase. Viele stationäre Phasen würden dann bei Kälte oder bei Hitze von der Kapillaroberfläche einfach wieder abperlen.

Folgende Behandlungsmethoden werden angewendet:

- Ätzen mit Salzsäure auf Natrongläsern,
- Berußung,
- Erzeugung von haarfeinen Gebilden (Whiskers) und
- Belegung mit Bariumcarbonat- oder Kochsalz-Kristallen.

Bei Natronglassäulen wird die innere Wandung mit *Salzsäure* angeätzt. Die Salzsäure reagiert mit den alkalischen Natriumionen auf der Glaswandung und bildet Kochsalzkristalle. Dadurch entsteht eine rauhe Oberfläche.

Bei einer etwas älteren Methode wird mit Stickstoff verdünntes Dichlormethan in die Röhre gefüllt und bei 500 °C pyrolisiert. Der entstehende, feine *Ruß* verbessert die Benetzbarkeit von Glasoberflächen enorm.

Eine andere Methode besteht im Erzeugen von sog. *Whiskers*. Hierbei wird Methyltrifluorethylether in die Säule gebracht, diese zugeschmolzen und dann bei ca. 500 °C kontrolliert pyrolysiert. Es entstehen bei der Pyrolyse haarfeine Kristalle von etwa 1 – 2 μm Länge.

Die am häufigsten benutze Methode ist das Belegen der Kapillarinnenwand mit *Bariumcarbonat-* oder *Kochsalzkristallen*. Beim Belegen mit Bariumcarbonatkristallen wird eine wassrige Bariumhydroxidlösung in die Kapillare gezogen und dann Kohlenstoffdioxid (CO_2-Gas) durch die Röhre durchgedrückt. Es scheidet sich ganz feines Bariumcarbonat ab. Beim Belegen mit Kochsalz wird ein Kochsalzsol verwendet. Das Kochsalzsol wird durch schnelle Ausfällung von Kochsalz mit Trichlorethan aus einer methanolischen Kochsalzlösung erzeugt. Das Sol wird dann durch die Kapillare geleitet und diese mit Trichlorethan nachgespült.

Säulen, die eine chemisch gebundene Phase tragen sollen, werden noch *desaktiviert*. Aktive Silanol-Gruppen (Si – OH-Gruppen) an der Oberfläche können bestimmte Stoffe adsorbieren, dadurch gibt es ein stark vergrößertes Peaktailing. Die Desaktivierung geschieht meistens mit verzweigten Silanen ($R_3 - Si - Cl$), die die Silanol-Gruppen umsetzen und so desaktivieren. Anschließend müssen die Kapillaren mit der stationären Phase *beschichtet* werden. Dazu gibt es zwei Verfahren:

- das passive Beschichtungsverfahren und
- das aktive Beschichtungsverfahren.

Beim *passiven Beschichtungsverfahren* wird die flüssige stationäre Phase in einem niedrig siedenden Lösemittel gelöst und dann die Lösung in die Säule hineingesaugt, bis diese ganz gefüllt ist. Das eine Ende der Kapillare wird verschlossen, dabei dürfen keine Gasblasen entstehen. Das andere Ende wird an eine Vakuumpumpe gehängt, die langsam und kontrolliert das Lösemittel absaugt. Dieses Verfahren führt zu Säulen, die hochwertig sind und deren Trennungen reproduzierbar beschrieben werden können. Leider ist die Methode sehr aufwendig und zeitraubend.

Beim *aktiven Verfahren* wird nur ein Teil der Säule mit einer etwa $10-20\%$ igen Lösung der stationären Phase in einem niedrig siedenden Lösemittel gefüllt. Dann wird der Flüssigkeitspfropfen mit einer konstanten Geschwindigkeit durch die Kapillarröhre gesaugt, wobei etwas von der Flüssigkeit an der Wandung hängen bleibt. Leider ist die Geschwindigkeit des Pfropfens nur sehr schwer gleichmäßig einzustellen, deshalb wird die Filmdicke bei diesem Verfahren nie ganz konstant. Manchmal wird noch ein Quecksilbertropfen durch die Säule „geschossen", um den Film zu glätten.

Heute werden fast alle unpolaren und mittelpolaren stationären Phasen in der Säule „chemisch gebunden" oder vernetzt. Nicht immer liegt dabei eine echte chemische Bindung zwischen Glaswandung und stationärer Phase vor, es handelt sich bei der Bindung auch oft nur um eine Anlagerungsverbindung. Beim On-Column- und beim Split/Splittless-Verfahren (Abschnitte 4.2.3 und 4.2.4) sind aber solche gebundenen Phasen von allergrößter Wichtigkeit. Nur sie garantieren, daß die stationäre Phase nicht durch das Verdünnungslösemittel der Probe von der Wandung extrahiert wird. Die Bindung der stationären Phase an die Glaswandung wird bei erhöhter Temperatur vollzogen. Bei der Verwendung von Siliconen als stationäre Phase scheinen sich solche Polymerisationsvorgänge abzuspielen, die auch Teilchen, die von der Desaktivierung der Glaswandung stammen, mit in das Polymer einbeziehen und so eine feste Verankerung mit der aufgerauhten Wandung eingehen. Oftmals bildet sich ein dreidimensionaler Polymerfilm aus.

Am Schluß des Herstellungsprozesses wird die chemisch gebundene Säule mit einem Lösemittel gespült und bei erhöhter Temperatur längere Zeit *konditioniert*.

Die meisten Hersteller werden am Schluß ihre neu hergestellten Kapillarsäulen testen, bevor die Säulen ausgeliefert werden.

Ein Maß für die Qualität einer Säule ist die *Belegungsgüte CE (Coating Efficience)*. Ist die gesamte Wandung der Säule mit der stationären Phase belegt, bekommt die Säule die Belegungsgüte 100%. Die Messung der Belegungsgüte erfolgt durch den Vergleich von theoretischer Bodenhöhe der Säule und praktisch gemessener Bodenhöhe. In den meisten Fällen haben Kapillarsäulen Belegungsgüten zwischen 50 und 95%. Zur Bestimmung der Belegungsgüte wird eine Gleichung verwendet, die Ettre [14] entwickelt hat (Gl. 4-6):

$$H_{min} = 6r \frac{1 + 6 \cdot k + 11 k^2}{3(1+k)^2} \qquad (4\text{-}6)$$

In Gl. (4-6) bedeutet:

H_{min} kleinste theoretisch mögliche Bodenhöhe
r Innenradius der Trennsäule
k Kapazitätsfaktor der Testsubstanz

Nun wird unter idealen experimentellen Bedingungen (optimaler Gasfluß nach der Golay-Gleichung [5]) die geringste Bodenhöhe H_{exp} bestimmt. Das Verhältnis von experimenteller geringster Bodenhöhe H_{exp} und der kleinsten theoretisch möglichen Bodenhöhe H_{min} schlagen Bouché und Verzele [15] als Wert für die Belegungsgüte *CE* vor (Gl. 4-7):

$$CE = \frac{H_{min}}{H_{exp}} \cdot 100\% \qquad (4\text{-}7)$$

In Gl. (4-7) bedeutet:

CE Belegungsgüte
H_{min} kleinste theoretisch mögliche Bodenhöhe
H_{exp} experimentell geringste Bodenhöhe

Bei sehr kleinen Säulendurchmessern ist die stattfindende Diffusion innerhalb der stationären Phase zu berücksichtigen, so daß die Gl. (4-7) die tatsächliche Belegungsgüte nicht immer korrekt wiedergibt.

4.4.2.2   Anschlüsse der Kapillarsäulen

Damit sich die Enden der Kapillarsäule leicht in die Anschlüsse einführen lassen, werden sie vom Hersteller begradigt.

Jeder Hersteller schreibt vor, wie tief die Kapillarröhren in den Anschluß des Injektors und in den Anschluß des Detektor gesteckt werden dürfen. Viele Anfänger machen den Fehler, daß sie die Kapillarsäulenenden zu tief in die Anschlüsse stecken. Es empfiehlt sich, die vom Hersteller angegebene Strecke auf der Kapillarsäule vom Ende aus abzumessen, 2 cm zu addieren und diese Strecke mit einem kleinen Tippex-Punkt (oder ähnlichem Fabrikat) zu kennzeichnen. Beim Hineinstecken der Kapillare in die Anschlüsse kann man sich gut an dem Tippex-Punkt orientieren und hat so die richtige Einstecktiefe. Man sollte allerdings nicht so nahe mit der Markierungsflüssigkeit an die Öffnung der Kapillarsäule kommen. Deshalb empfiehlt sich die Addition von zusätzlichen 2 cm beim Kennzeichnen der Strecke.

Es ist vorteilhaft, beim Ersteinbau (und auch bei späteren Konditionierungen) nur die vorgesehene *Detektorseite* der Kapillarröhre *mit dem Injektor* zu verbinden und die andere Seite noch nicht an den Detektor anzuschließen. Der Trägergasfluß wird jetzt etwa um die Hälfte reduziert (Vorsicht bei Wasserstoff: die eine Seite der Röhre ist offen!), die Ofentemperatur etwa 10 °C unter die vorgesehene Analysentemperatur gelegt und die Temperatur 10 – 20 Minuten gehalten. Danach wird die Säule richtig herum angeschlossen.

Eine andere Möglichkeit zur Konditionierung und Reinigung ist die *flüssige Spülung* bei *chemisch gebundenen stationären Phasen*. Dazu werden bei polaren Säulen 1 mL/h Hexan und bei unpolaren Säulen 2 mL/h Methanol oder Wasser gleichmäßig mit Stickstoff durch die Säule gedrückt. Die Säule ist so etwa 8 bis 10 Stunden zu spülen. Nach dem Spülvorgang wird die Säule 4 – 6 Stunden mit kaltem Stickstoffstrom getrocknet, richtig herum in den Ofen eingebaut und dann nochmals fast bis zur maximalen Temperatur bei normalem Trägergasstrom ausgeheizt.

Die Kapillarsäulenenden werden mit Dichtkegeln, den sogenannten Ferrules, versehen, um die Anschlüsse völlig abzudichten. Dabei ist die Wahl des geeigneten Ferrules von sehr großer Bedeutung. Ein Einbau der falschen Ferrules kann zur Leckbildung und sogar zur Zerstörung von sehr empfindlichen Detektoren, wie z. B. dem ECD, führen. Grundsätzlich werden beim Einbau von Kapillarsäulen keine Metallferrules verwendet, die unweigerlich die Kapillarglasröhre beim Festziehen zerstören würden. Die drei gängigsten Materialien für die Kapillarsäulen sind

- Graphit,
- Vespel und
- eine Mischung von Graphit und Vespel.

Graphitferrules sind sehr weich und passen sich somit sehr gut an die Größe der verwendeten Säulen an. Die Temperaturbeständigkeit der Graphitferrules liegt mit etwa 450 °C im oberen Bereich. Leider splittern die Graphitferrules manchmal beim Ein- und Ausbau, was zur Kontaminierung der Säule und des Detektors führen kann. Die Wiederverwendbarkeit der Graphitferrules ist sehr mäßig. Graphitferrules werden nur mit geringer Kraft angezogen. Gewöhnlich reicht nur eine Viertelumdrehung der Anschlußmutter aus, um den Anschluß völlig gasdicht zum machen. Vor allem beim Ausbau der Graphitferrules ist peinlich darauf zu achten, daß keine abgesplitterten Teilchen in den Injektor oder in den Detektor geschoben werden. Da Graphitferrules nicht vakuumdicht gemacht werden können, ist eine Verwendung bei der MS-GC-Kopplung nicht möglich.

Vespelferrules werden sehr häufig verwendet, weil sie beim Aus- und Einbau nicht absplittern. Das Kombinationsmaterial Vespel/Graphit wird neuerdings immer mehr benutzt, weil das Mischmaterial eine höhere Temperaturbeständigkeit (400 °C) aufweist als das reine Vespelmaterial (350 °C). Bei der Verwendung von vespelhaltigem Material muß der Innendurchmesser des Ferrules mit dem Außendurchmesser der Kapillarsäule sehr gut übereinstimmen. Diese Materialart ist relativ hart und so unelastisch, daß bei der Verwendung von falschen Durchmessern schnell ein Leck entsteht. Nach mehreren Tagen des Gebrauches sollten die Vespelferrules nochmals nachgezogen werden. Vespelferrules können meistens mehrmals benutzt werden.

Für Säulen bis zu 0,25 mm Innendurchmesser benutzt man Ferrules mit einer Bohrweite von 0,4 mm, für Säulen von 0,32 mm Innendurchmesser nimmt man Ferrules mit einer Bohrung von 0,5 mm und bei Säulen mit 0,53 mm Innendurchmesser Ferrules mit 0,8 mm Bohrung.

Sollte es notwendig sein, daß eine Kapillarsäule verkürzt werden muß, wird folgende Arbeitsweise bei der Kürzung empfohlen. Mit speziell konstruierten Kapillarschneidern, die alle einschlägigen Firmen vertreiben, wird die gummiartige Polyimid-Schicht und ein Teil der FS-Röhre skalpellartig angeritzt. Anschließend hält man die angeritzte Säule nach unten und schlägt leicht gegen den abzutrennenden Teil der Säule. War der Ritz tief genug, wird der Säulenrest leicht und ohne Zackenbildung abgetrennt werden.

4.4.2.3 Trägergasgeschwindigkeit

Die einzustellende Gasgeschwindigkeit muß dem Säuleninnendurchmesser der Kapillare und der Trägergasart angepaßt werden. Die Hersteller der Säulen geben bei ihren Säulen den einzustellenden Vordruck an, der dann am Manometer abgelesen werden kann und im Normalfall die richtige Trägergasgeschwindigkeit ergibt. Im Zweifel oder bei besonders schwierigen Trennungen ist eine HETP/v-Kurve aufzunehmen oder die Trennung nach dem KAISER-Konzept [3] zu optimieren.

4.4.2.4 Stationäre Phase einer WCOT-Säule (Trennflüssigkeit)

Bei einer *gepackten* Säule ist es sehr wesentlich, daß die richtige stationäre Phase ausgesucht wird. Durch die relativ niedrige Trennleistung muß die stationäre Phase genau angepaßt werden.

Bei der Verwendung einer *Kapillarsäule* ist die Auswahl der stationären Phase nicht ganz so kritisch. Die Trennwirkung einer Kapillarsäule wird sehr stark vom inneren Durchmesser bestimmt. Nur wenn die stationäre Phase verbraucht ist, läßt die Trennleistung der stationären Phase rapid nach. Daher kommt man in der Kapillar-GC mit relativ wenig stationären Phasen aus.

An die stationäre Phase, die sich in der Kapillare als dünner Film um die Innenwandung befindet, werden folgende Bedingungen gestellt:

- die Probenmoleküle müssen ein Gleichgewicht zwischen Gasphase und stationärer Phase ausbilden können,
- die stationäre Phase darf nicht chemisch von der Probe oder durch die erhöhte Temperatur verändert werden und
- die stationäre Phase darf nicht bei der notwendigen Arbeitstemperatur flüchtig sein.

Es leuchtet ein, daß der Siedepunkt der stationären Phase so hoch sein muß, daß eine schnelle Verdunstung oder gar eine Verdampfung der stationären Phase und damit eine Verarmung an Phasenmaterial so gut wie ausgeschlossen ist. Daraus folgt, daß jede Säule eine Maximaltemperatur hat. Allerdings sollte die Säule nicht ständig bei der Maximaltemperatur betrieben werden. Deshalb geben die meisten Hersteller eine sogenannte *Arbeitstemperatur* an, bis zu der gefahrlos gearbeitet werden kann.

Weiterhin muß ausgeschlossen sein, daß beim Einsatz besonders aggressiver Proben die stationäre Phase chemisch umgesetzt wird.

Das wichtigste Kriterium zur Auswahl der stationären Phase ist aber die Möglichkeit zur Gleichgewichtsausbildung der Probenmoleküle zwischen der stationären Phase und der Gasphase. Um die Wechselwirkung „stationäre Phase/Gasphase" mit der Gleichgewichtseinstellung zu erreichen, müssen sich die Probenmoleküle zu einem gewissen Grad in der stationären Phase lösen können. Die Frage der Löslichkeit steht also neben anderen Parametern im Vordergrund.

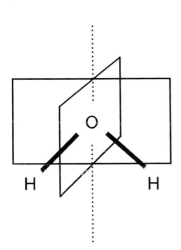 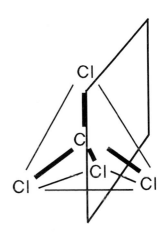

Abb. 4-12. Ladungsverteilungen im Molekül

Wann löst sich eine Verbindung in einem Lösemittel? Verallgemeinert kann man sagen, daß das Lösungsbestreben dann relativ hoch sein wird, wenn die Polaritäten von Lösemittel und von zu lösendem Stoff in etwa übereinstimmen. Dabei versteht man unter der *Polarität* ein Maß für die Ladungsverteilung in einem Molekül (Abb. 4-12).

Das Maß der Polarität kann über das sogenannte Dipolmoment ausgedrückt werden, es ist das Produkt aus Ladung und Abstand der Ladungsverteilung. Aus der Polaritätsstärke können Polaritätsreihen zusammengestellt werden, z. B. die Reihe

Alkane   unpolar
Tetrachlormethan
Methylpolysiloxan
unsymmetrische chlorierte KW
Phenylpolysiloxan
Ester
Ketone
Aldehyde
Cyanoalkylpolysiloxane
Glycole
niedrige Alkohole
Wasser   polar

Übertragen auf die GC bedeutet dies, daß z. B. polare Probensubstanzen auch eine gewisse Polarität der stationären Phase benötigen, um mit ihr in Wechselwirkung treten zu können. Bei den Optimierungsregeln in Kapitel 5 werden die Mechanismen verschiedener Trennmodelle näher erörtert.

Die in der GC eingesetzten stationären Phasen lassen sich in folgende Stoffklassen einteilen:

- unpolare bis polare Siliconderivate (Polysiloxane),
- unpolare, hochmolekulare Kohlenwasserstoffe und
- hochpolare Polyether.

Als unpolare bis polare stationäre Phasen werden heute vor allem Polysiloxane eingesetzt. Je nach Polysiloxanderivat gibt es verschiedene Polaritätsstufen, die auch untereinander vermischt werden können. Der Grundkörper aller Polysiloxane ist in Abb. 4-13 abgebildet.

Die verschiedenen Eigenschaften und Polaritäten ergeben sich aus der Variation der Restgruppen R im Grundkörper des Polysiloxans. Die Bandbreite geht dabei von den sehr unpolaren Methylpolysiloxanen ($R = -CH_3$) über die mittelpolaren Phenylpolysiloxane ($R = -C_6H_5$) bis zu den relativ polaren Cyanoalkylsiloxanen ($R = -CN$).

Beispiele für *Methylsiloxan-Phasen* (Auswahl):

OV-1, CP-SIL 5 CB, OV-101, SE30, SP 2100, SF 96, DC 200, OD-1, HP-1, BP1

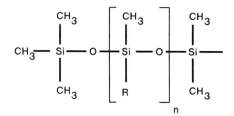

R	Name
$-CH_3$	Methylsilicon
$-C_6H_5$	Phenylsilicon
$-C\equiv N$	Cyanosilicon

Abb. 4-13. Polysiloxangrundkörper

Beispiele für *Phenylsiloxan-Phasen* (Auswahl):

OV 73, OV 3, OV 7, OV 61, OV 11, OV 17, OV 22, OV 25
(von 5 auf 75% Phenylanteil steigend), HP 17, CP SIL 8 CP
CP SIL 19 CP, CP SIL 43 CP, BPX 5

Beispiele für *Cyanosiloxan-Phasen* (Auswahl):

OV 105 (5%), AN 600 (25%), OV 275, SP 2340 (100%), BP 10 (14%),
BP 225 (50%)

Unpolare stationäre Phasen vom Kohlenwasserstoff-Typ sind z. B. Squalan und Apiezonfette, es handelt sich dabei um langkettige, gesättigte und verzweigte Alkane, die besonders unpolar sind.

Sehr polare Säulen können durch die Verwendung von Polyether als stationäre Phasen erzeugt werden. Grundkörper dieses Typs ist der Polyethylenglycol- (oder Polypropylenglycol) Baustein, welcher in Abb. 4-14 abgebildet ist.

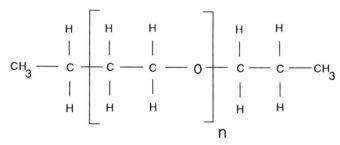

Abb. 4-14. Grundkörper Polyethylenglycol

Alle in der GC verwendeten Polyether unterscheiden sich nur in der molekularen Masse. Die Polyether werden unter den Firmenbezeichnungen „Carbowax", „Pluriol" und „CP-WAX" gehandelt. Bei der Zahl, die bei den Carbowaxtypen angegeben wird, handelt es sich um die mittlere molekulare Masse M. Zum Beispiel hat das Carbowax 4000 etwa eine molare Masse von $M = 4000$ g/mol und das Carbowax 20 M hat eine molare Masse von $M = 20000$ g/mol.

Ein interessantes System zur Säulenkennzeichnung wird von der Firma CHROMPACK [16] verwendet; denn im Produktnamen wird die Polarität

Tabelle 4-3. Polaritätsindex stationärer Phasen von CHROMPACK (Auswahl)

Art der stationären Phase	Polaritätsindex
Squalan	0 (unpolar)
CP-SIL-5 CB (Chrompack)	5
CP Sil- 8 CB (Chrompack)	8
CP Sil- 13 CB (Chrompack)	13
CP Sil- 19 CB (Chrompack)	19
CP Sil- 43 CB (Chrompack)	43
CP WAX- 52 CB (Chromapack)	52
CP WAX- 58 CB (Chrompack)	58
OV 275	100 (polar)

durch einen Index gekennzeichnet. Verwendet wird die sog. Reynolds-Skala, die von Re = 0 (unpolar) bis Re = 100 (polar) geht (Tab. 4-3). Vergleichssubstanzen sind Squalan (Re = 0) und die stationäre Phase mit der höchsten Polarität, OV 275 (Re = 100).

Viele Säulenhersteller haben für besondere Trennprobleme spezielle Säulen entwickelt, die in ihren Katalogen aufgeführt sind. Besonders in den Bereichen Umweltanalytik, Trinkwasser, Nahrungsmittelanalytik, Fettsäuren, Mineralöle, Lösemittel und Aromastoffe werden Kapillarsäulen mit speziellen stationären Phasen angeboten. Es empfiehlt sich, die Kataloge der Firmen (z. B. CHROMPACK, HEWLETT-PACKARD, SUPELCO, RESTEK, SGE usw., siehe Anhang) durchzuarbeiten und gegebenenfalls Kontakt mit einem Firmenvertreter aufzunehmen.

4.4.2.5 Maximale und minimale Säulentemperatur

Jede Säule hat, durch die chemische und physikalische Haltbarkeit der stationären Phase bedingt, eine obere Temperaturgrenze. Bei längerer Überschreitung der Maximaltemperatur tritt eine immer stärkere Vernetzung oder gar eine Crackung der Polymere ein. Da diese Zersetzung nicht schlagartig einsetzt, können Säulen durchaus für einige Zeit über eine bestimmte, kritische Temperatur beheizt werden. Wird die Säule aber länger bei dieser Temperatur betrieben, ist eine gewisse Zersetzung der stationären Phase zu erwarten. Deshalb wird in der Praxis eine Maximaltemperatur für den isothermen Gebrauch und eine Maximaltemperatur für den temperaturprogrammierten Verlauf angegeben, wobei letzte etwas höher ist.

Dem Anwender sollte aber klar sein, daß er die Lebensdauer einer Säule stark verkürzt, wenn er ständig bei hoher Temperatur arbeitet. Viele Säulenhersteller geben deshalb dem Anwender eine besondere Vergleichsgröße zur Beurteilung mit, nämlich die maximale *Arbeits*temperatur. Diese Größe gibt an, bei welcher Temperatur eine bestimmte, vom Hersteller vorgegebene Menge an stationärer Phase über eine festgelegte Zeit für die Chromatographie verloren geht, z. B. bei 220 °C gehen nach 6 Monaten 40% der stationären Phase verloren [16]. Die Bedingungen zur Ermittlung solcher Parameter sind herstellerabhängig.

Es gilt aber auch die *untere Mindesttemperatur* zu beachten. Unterhalb dieser Temperatur kann eine stationäre Phase nicht mehr vernünftig mit den Probenmolekülen in Wechselwirkung treten. Fur jede Trennsäule gibt es also eine untere Minimal- und eine obere Maximaltemperatur. Für einige stationäre Phasen sind die Werte in Tab. 4-4 aufgeführt.

Tabelle 4-4. Minimal- und Maximalwerte von stationären Phasen (Auswahl)

Stationäre Phase	Minimalwert (°C)	Maximalwert (°C)
OV 1	−25	300
OV 101	−25	280
OV 73	−25	300
OV 1701	−25	280
OV 17	−25	320
OV 225	40	200
Carbowax 1000	20	200
Carbowax 20 M	20	250
OV 351	30	250

Es spielt bei den oben genannten Temperaturen *keine Rolle*, ob die Phasen chemisch gebunden sind oder ob es sich um ungebundene Phasen handelt.

Das Nachlassen der Kapillarsäulenqualität macht sich in folgenden Symptomen bemerkbar:

- Die Trennleistung läßt sehr stark nach.
- Die stationäre Phase geht langsam in den Detektor über und erzeugt dort sog. Geisterpeaks, die Säule „blutet".
- Die stationäre Phase verharzt, die Retentionszeiten sind nicht mehr reproduzierbar.

Das „Ausbluten" der Säule ist außer von der Temperatur und außer von der stationären Phasenart noch von der Menge der stationären Phase und von der Filmdicke abhängig. Je größer die Filmdicke und die Menge an stationärer Phase ist, umso stärker kann die Säule „ausbluten".

Schließlich spielt beim Bluten der Säule noch der Gasfluß und sogar die Art des Trägergases eine gewisse Rolle. Bei den leichten Gasen Wasserstoff und Helium ist der Blutungsgrad der Säule stärker ausgeprägt als z. B. bei Stickstoff. Bei höheren Gasgeschwindigkeiten neigt die stationäre Phase ebenfalls zum Bluten.

Ob das Bluten und damit ein diffuses Signal am Detektor von der Säule oder z. B. vom Septum stammt, läßt sich leicht dadurch überprüfen, daß man eine Säule ohne stationäre Phase unter den gleichen Bedingungen und ohne Probe „fährt". Gibt es nun keine Geisterpeaks mehr, stammen die Blutungsprodukte eindeutig von der Säule.

Soll eine Säule gelagert werden, ist Sorge zu tragen, daß keine Luft in die Säule eindringt. Deshalb ist die Säule vor der Lagerung mit Stickstoff zu spülen und mit zwei passenden Septen zu verschließen. Wasserstoff oder Helium sollte man zum Spülen für die Lagerung nicht benutzen, da beide Gase sehr leicht durch das Material diffundieren.

4.4.2.6   Maximale Belastbarkeit von WCOT-Säulen

Unter der maximalen Belastbarkeit einer Säule versteht man die Menge an Komponente, die in die Säule gebracht werden kann, ohne daß es in der Säule zu Überladungserscheinungen kommt. Arbeitet der Injektor im Splitbetrieb, kann natürlich entsprechend mehr in den Injektor eingespritzt werden, weil ja nur ein geringerer Anteil des Einspritzvolumens in die Säule gelangt.

Eine Überladung ist bei WCOT-Säulen (Verteilungsgleichgewichtssäulen) mit einer Trennflüssigkeit als stationärer Phase relativ einfach am schleppenden Anstieg *vor* der Substanzfront, also am „Fronting" des Peaks erkennbar. Der Symmetriequotient T ist dabei um mehr als 10% verschoben.

Die maximale Belastbarkeitsmenge der Säule ist abhängig

- von der Filmdicke der Säule,
- von der Art der stationären Phase,
- von der verwendeten Gasgeschwindigkeit und
- von der Innenweite und Länge der Säule.

Es ist einleuchtend, daß die Belastbarkeit der Säule mit der Filmdicke an stationärer Phase in der Säule zunimmt. Die Belastbarkeit wird weiterhin mit einer größeren Länge und größerem Innendurchmesser zunehmen, weil die Gesamtmenge an stationärer Phase zunimmt. Aber auch die Art der stationären Phase entscheidet über die Belastbarkeit. Lösen sich die Probensubstanzen nicht so gut in der stationären Phase, wird die Belastbarkeit abnehmen, da die Wechselwirkung stationäre Phase/Probenmoleküle verringert ist. Es ist sehr schwierig, in der Praxis eine endgültige Belastbarkeitsgrenze aufzuzeichnen.

In der Tab. 4-5 sind Werte für ein Alkan in Abhängigkeit von der Schichtdicke und des Säuleninnendurchmessers aufgeführt, die zur ungefähren Orientierung des Anwenders dienen sollen.

Tabelle 4 5. Maximale Belastung von Säulen (Massen in ng)

Innenweite/Filmstärke	0,12 µm	0,4 µm	1,2 µm	2,0 µm
150 µm	10	50	–	–
250 µm	20	90	500	–
320 µm	50	200	300	1100
530 µm	–	450	1200	2000

Eine Kapillarsäule mit 320 µm Innendurchmesser und 0,4 µm Filmstärke kann also nach Tabelle 4-5 etwa 200 ng *einer* Alkankomponente eines Gemisches noch trennen, eine 530-µm-Säule mit 2,0 µm Filmstärke trennt aber bereits bis zu 2000 ng der Komponente. Beträgt z.B. die Probenkonzentration etwa 5 mg/mL pro Substanz (ca. 0,5%) und das Splitverhältnis 1:50, so gelangen bei einer 1 µL Injektion etwa 100 ng der Substanz in die Säule. Eine Säule mit mindestens 250 µm Innendurchmesser und mindestens 0,4 µm Filmdicke ist dann zu empfehlen. Es ist aber dabei auf den „dynamischen Bereich" des angeschlossenen Detektors zu achten, der Bereich darf besonders bei quantitativen Bestimmungen nicht überschritten werden. (Siehe Abschn. 4.5.1.3).

4.4.3 PLOT-Kapillarsäulen

Im Gegensatz zu den WCOT-Säulen, bei denen eine stationäre Phase in einem dünnen Film in der Säule untergebracht ist, enthält die Dünnschichtsäule (PLOT-Säule) eine feste Schicht um die Innenwandung der Säule. Die eigentliche Säule ist also ebenfalls „leer". Die Schichtdicke beträgt bei PLOT-Säulen zwischen 5 und 50 µm.

Bei einer festen Phase spielen Lösungsprozesse keine Rolle, es geschieht *keine* Aufnahme *in* die stationäre Phase. In den PLOT-Kapillaren der GC werden die Probenmoleküle von der Oberfläche der festen Schicht *ad*sorbiert und dann durch den Einfluß der Temperatur und durch den Trägergasfluß wieder desorbiert. Die Adsorption findet auf der Oberfläche der stationären Phase statt und ist somit stark von oberflächenaktiven Parametern abhängig. Auf dem Adsorptionsmittel werden die Stoffe in die Oberflächenporen aufgenommen. Dieser Vorgang ist sehr schnell, da die Probenmoleküle bereits in gasförmiger Form vorliegen. Leider gibt es in den Poren manchmal sogenannte *aktive Stellen,* die Probenmoleküle übermäßig binden und somit die Desorption nicht reproduzierbar verschleppen.

Als Adsorptionsschichten werden hauptsächlich verwendet:

- desaktiviertes Aluminiumoxid,
- synthetisch hergestellte, poröse Polymere und
- Molekularsieb.

Bei der Herstellung kann sowohl das aktive wie das passive Verfahren verwendet werden, wie es bei der Herstellung der WCOT-Säulen beschrieben wird. Zum Einsatz kommt hier eine Suspension der stationären Phase. Überwiegend wird das passive Verfahren benutzt. Die Reproduzierbarkeit der Säulen ist für die Hersteller der Säulen ein sehr großes Problem, denn diese Art der Säulen ist sehr schwierig herzustellen. Die Trennschicht muß möglichst gleichmäßig aufgetragen werden, die Schichtdicke soll überall gleich sein. Weiterhin muß die Korngrößenverteilung eine sehr kleine Bandbreite besitzen und die Porengröße der Teilchen soll möglichst konstant sein.

PLOT-Kapillarsäulen sind genauso belastbar wie WCOT-Kapillarsäulen. Eine Überlastung zeigt sich aber bei den PLOT-Säulen in einem starken Tailing und nicht in einem Fronting.

4.4.3.1   Aluminiumoxid als stationäre Phase

Aluminiumoxid als stationäre Phase besitzt sehr viele aktive Stellen an der Oberfläche, deshalb muß das verwendete Aluminiumoxid nach dem Aufbringen desaktiviert werden. Dies gelingt zum großen Teil mit einer Kaliumchloridlösung. Gelingt die Desaktivierung nicht, gibt es im Chromatogramm stark „getailte" Peaks.

Als Trägergas können Helium, Wasserstoff und Stickstoff verwendet werden.

Aluminium als stationäre Phase wird besonders bei der Trennung kurzer Kohlenwasserstoffe ($C_1 - C_{12}$) benutzt. Die minimale Temperatur wird mit ca. $-200\,°C$ und die Maximaltemperatur mit $+200\,°C$ beschrieben. Seit einiger Zeit gibt es PLOT-Säulen mit Aluminiumoxid als stationärer Phase, die aus unzerbrechlichem Säulenmaterial hergestellt sind. Durch eine bestimmte Desaktivierungsmethode ist das verwendete Metall (Ultimetall) so inert wie Fused-Silica. Dabei sind in der Säule keine Spurenelemente vorhanden, die unter Umständen irreversible Reaktionen mit ungesättigten Verbindungen hervorrufen können. Die Firma CROMPACK bietet z. B. solche Ultimetall-Al_2O_3-Säulen an (50 m × 0,5 mm), die mit Kaliumchlorid oder Natriumsulfat desaktiviert wurden. Diese Säulen werden für höchste Trennleistungen bei leichtflüchtigem Kohlenwasserstoff oberhalb der Raumtemperatur bei In-Prozeß-Kontrollen empfohlen sowie bei Proben, die besonders aggressive Stoffe beinhalten.

4.4.3.2 Poröse Polymere als stationäre Phase

Die porösen Polymere werden als vernetztes, dreidimensionales Copolymerisat von Divinylbenzol in Styrol hergestellt. Dabei wird die Erzeugung der notwendigen Poren von der Menge an monomerem Divinylbenzol gesteuert. Zum Beispiel stellt die Firma CHROMPACK solche Säulen unter den Bezeichnungen PoraPLOT Q her.

Da das Polymer mit polaren Stoffen nicht in Wechselwirkung tritt, können bei dieser Art der stationären Phase sehr gut Proben eingesetzt werden, die zum einen eine sehr niedrige molekulare Masse besitzen und zum anderen polar sind. Deshalb kann mit dieser Säulenart z. B. ein Gas, das aus Wasser, Schwefelwasserstoff, niedrigen Kohlenwasserstoffen, Kohlendioxid, Sauerstoff und Stickstoff (Luft) besteht, getrennt werden.

4.4.3.3 Molekularsiebe als stationäre Phase

Molekularsiebe bestehen aus Aluminiumsiliciumoxid, die sehr kleine Poren an der Oberfläche tragen. Durch geeignete Auswahl bestimmter Strukturen kann die Porengröße relativ genau eingehalten werden. In der Gaschromatographie werden Molekularsiebe mit etwa 5 Å Porendurchmesser verwendet. Ist ein Probenmolekül kleiner als 5 Å, kann es leicht in die Poren aufgenommen werden. Größere Moleküle haben somit keine Wechselwirkung in dieser Hinsicht mit der stationären Phase. Allerdings haben Stoffe mit hoher Polarität eine gewisse Wechselwirkung mit dem Material.

Als Trägergas können Wasserstoff, Helium und Stickstoff verwendet werden. Da Molekularsiebe auch als Trockenmittel benutzt werden, sollten die Trägergase absolut wasserfrei sein.

Zur Anwendung kommen Molekularsiebe bei der Trennung von unpolaren Molekülen mit sehr kleinem Moleküldurchmesser, z. B. Wasserstoff, Edelgase, Sauerstoff, Stickstoff, Kohlenmonoxid, Methan usw.

4.5   Detektoren

Die Aufgabe eines Detektors im gaschromatographischen System ist die Signalerzeugung für ein Chromatogramm, mit dem danach eine qualitative oder quantitative Auswertung durchgeführt werden kann. Immer dann, wenn eine andere Substanz als das Trägergas die Säule verläßt, soll eine der Komponentenmenge proportionale elektrische Signalgröße erzeugt werden, die dann dem Anzeigesystem zur Verfügung gestellt wird.

Die Signalgröße soll entweder der Konzentration der Komponente (z. B. in µg/mL Trägergas) oder direkt der Stoffmasse (z. B. in µg) des betreffenden Stoffes proportional sein. Das dazu erzeugte elektrische Signal wird nach einer elektronischen Verstärkung von geeigneten Anzeigegeräten (Analogschreiber, Integrator, PC-Auswertesystem) in Abhängigkeit zur Zeit aufgezeichnet, dabei entsteht das bereits erwähnte Chromatogramm mit den Substanzenpeaks. Aus dem entstehenden Chromatogramm kann am Maximum des Peaks entnommen werden, nach welcher Zeit die größte Menge der entsprechenden Substanz die Säule verlassen hat. Mit Hilfe dieser Bruttoretentionszeit kann indirekt auf die qualitative Zusammensetzung der Probe geschlossen werden.

Aus der Peakfläche oder der Peakhöhe des entsprechenden Substanzenpeaks kann über einen Standard auf die Menge der Substanz und damit auch auf die quantitative Zusammensetzung des ganzen Substanzengemisches geschlossen werden.

Seit der Einführung der Gaschromatographie wurden zahlreiche Detektoren entwickelt, die auf speziellen chemischen und physikalischen Effekten beruhen (Tab. 4-6).

Ein in der GC eingesetzter Detektor soll

- eine Substanz möglichst genau anzeigen,
- ein reproduzierbares Signal erzeugen,
- zuverlässig arbeiten und
- entweder alle Stoffe universell anzeigen oder
- nur einzelne, bestimmte Stoffe detektieren.

Tabelle 4-6. Aufzählung der gebräuchlichsten GC-Detektoren

Gaschromatographischer Detektor	Kurzbezeichnung
Wärmeleitfähigkeitsdetektor	WLD (TCD)
Flammenionisationsdetektor	FID
Stickstoff-Phosphor-Detektor	FID-NP
Elektroneneinfangdetektor	ECD
Flammenfotometrischer Detektor	FPD
Fotoionisationsdetektor	PID

Die oben aufgezählten Detektoren können die gestellten Forderungen nur in gewissen Grenzen erfüllen. Es sollen nun einige Begriffe aufgeführt werden, die über die Eignung des ausgewählten Detektors entscheiden [17].

4.5.1 Klassifizierungen der Detektoren

4.5.1.1 Massen- oder konzentrationsabhängige Detektoren

Bei Detektoren, die *konzentrationsabhängig* sind, hängt die Signalhöhe nicht nur von der Masse an Substanz im Detektor ab, sondern auch von dem betreffenden Volumen an Trägergas im Detektor. Es ergibt sich daraus eine Konzentrationsangabe in µg/mL oder ng/mL Trägergas. Bei dieser Art der Detektoren ist es erforderlich, daß während der Analyse der Trägergasstrom unbedingt konstant bleibt. Wird der Trägergasstrom verändert, driftet die Grundlinie am Analogschreiber, obwohl keine Substanz eingespritzt wurde. Solche konzentrationsabhängigen Detektoren sind z. B. der Wärmeleitfähigkeitsdetektor (WLD) und der Elektroneneinfangdetektor (ECD).

Bei Detektoren, die *massenabhängig* sind, wird die Höhe des Signals nur noch von der absoluten Masse des betreffenden Stoffes und von der Empfindlichkeit des Detektors bestimmt. Die Signalgröße ist weitgehend *unabhängig* von dem Fluß des Trägergases. Solche Detektoren sind z. B. der Flammenionisationsdetektor (FID), der Stickstoff-Phosphor-Detektor (FID-NP) und der Flammenfotometer-Detektor (FPD).

Eine Größe, die die Form des Peaks beeinflussen kann, ist die *Zeitkonstante* des Detektors. Die Zeitkonstante gibt an, wie schnell der Detektor auf die Massen- oder Konzentrationsänderung reagiert. Eine zu große Zeitkonstante kann die Peakform verfälschen.

Die Peakform kann auch durch ein zu großes Detektorvolumen verfälscht werden. Kann das Detektorvolumen nicht verringert werden, besteht die Möglichkeit, daß die notwendige höhere Gasgeschwindigkeit durch Zuspeisung eines separaten „Make-up-Gasstromes" erhöht wird. Die Verweilzeit der Komponenten wird dadurch im Detektor geringer.

4.5.1.2 Empfindlichkeit des Detektors und die Nachweisgrenze

Die Größe „Empfindlichkeit" wird in der Gaschromatographie durch den Proportionalitätsfaktor von Masse oder Konzentration der Komponente zum Detektorsignal beschrieben (Gl. (4-8) und Gl. (4-9)):

$$S = f_E \cdot \frac{m}{V} \tag{4-8}$$

$$S = f_E \cdot m \tag{4-9}$$

In Gl. (4-8) und Gl. (4-9) bedeutet:

V Volumen
m Masse an Komponente
S Signalhöhe
f_E Empfindlichkeit

Gl. (4-8) gilt für konzentrationsabhängige Detektoren (z. B. WLD), bei denen die Konzentration der Komponente im Detektorvolumen gemessen wird. Gl. (4-9) gilt für massenabhängige Detektoren (z. B. FID), bei denen das Signal nur von der Masse der Komponenten abhängt.

Als zweite Größe zur Charakterisierung des Detektors ist die „kleinste noch nachweisbare Menge" von Bedeutung. Diese Größe wird auch manchmal als *MDL* (minimal detektierbarer Level) gekennzeichnet. Bringt man das ganze Auswertesystem auf die empfindlichste Stufe und strömt aus der Säule nur noch reines Trägergas, wird es trotzdem keine völlig gerade „Grundlinie" im Chromatogramm geben. Es entsteht bei der Aufzeichnung des Chromatogramms eine mehr oder minder stark verwackelte Linie, die oft noch einer Drift unterworfen ist. Dieses Phänomen, welches aus der elektronischen Signalverarbeitung stammt, nennt man „Grundrauschen" oder „Noise". Zur Ermittlung des Grundrauschens nimmt man etwa während 15 Minuten ein Chromatogramm auf, eine Substanz wird dabei nicht injiziert. Man zieht nun

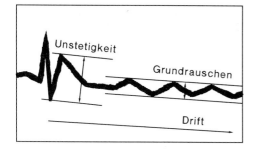

Abb. 4-15. Grundrauschen, Drift und Unstetigkeiten

zwei Geraden so parallel zum mittleren Verlauf der Chromatogrammkurve, daß die Unter- und Überspitzen des Rauschens davon erfaßt werden. Das „Grundrauschen" wird durch die schnellen Schwankungen erfaßt, die „Unstetigkeiten" werden aus dem Abstand der beiden Parallelen und die „Drift" aus der Steigung der mittleren Verlaufskurve erfaßt (Abb. 4-15).

Wird ein Peak identifiziert, *der mindestens doppelt so hoch wie das Grundrauschen ist,* so wird die betreffende absolute Menge der Substanz, die das Detektorsignal auslöst, als „kleinste noch nachweisbare Menge" bezeichnet. Manche Anwender bezeichnen die Angabe „dreimal Grundrauschen" als die „Nachweisgrenze".

Aber nur dann, wenn die Differenz zwischen Meßwert des Peaks und dem Mittelwert des Grundrauschens dreimal größer ist als die Standardabweichung des Grundrauschens, kann etwa mit der statistischen Sicherheit von 99% angenommen werden, daß der Meßpunkt kein Störsignal ist, sondern ein echtes Signal zur Substanzerkennung.

Meistens wird aber das doppelte Grundrauschen als Nachweisgrenze benutzt. Zur Bestimmung dieser Größe wird eine etwas größere Menge an Komponente als der zu erwartende Wert eingespritzt und die Rauschhöhe sowie die Peakhöhe der Komponente vermessen. Aus den Angaben (siehe Abb. 4-16, S. 70) kann dann mit Hilfe von Gl. (4-10) die „kleinste noch nachweisbare Menge" berechnet werden.

$$m_q = \frac{2 \cdot H_R}{m_E \cdot H_P} \tag{4-10}$$

In Gl. (4-10) bedeutet:

m_q kleinste noch nachweisbare Menge
H_P Höhe des Substanzpeaks

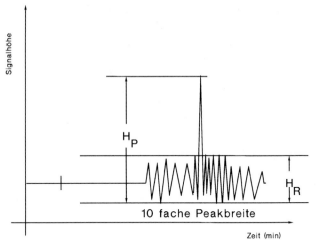

Abb. 4-16. Peakverhältnisse zur Berechnung der kleinsten noch nachweisbaren Menge.

H_R Höhe des Grundrauschens
m_E absolute Masse der Substanz

Zu beachten ist, daß die Angabe dieser Größe substanzbezogen ist. Je nach Detektor wird die Nachweisgrenze entweder durch eine Massenangabe (z. B. µg oder ng) oder durch eine Konzentrationsangabe (z. B. µg/mL) angegeben.

Je größer das Signal/Rausch(S/R)-Verhältnis eines Detektors ist, umso geringere Mengen einer Substanz können noch einwandfrei mit dem betreffenden Detektor nachgewiesen werden.

4.5.1.3   Linearität

Bei quantitativen Bestimmungen ist es notwendig, daß der Detektor ein massen- oder konzentrationsproportionales Signal erzeugt. Wird die Konzentration der zu bestimmenden Substanz z. B. halbiert, soll der Detektor auch die Hälfte der Signalgrößenmenge zeigen, d. h. die Peakfläche soll halbiert werden. Diese sogenannte Linearität ist nicht über den ganzen Meßbereich des Detektors gleich gut ausgeprägt. Nach unten wird die Linearität durch das Grundrauschen, nach oben durch die Detektorüberladung beschränkt. Den Konzentrationsbereich, bei dem die Abhängigkeit der Signalgröße von der Konzentration (oder Masse) der Probensubstanz noch streng linear verläuft, nennt man auch „dynamischen Bereich". Bei manchen Detektoren ist der dynamische Bereich sehr groß, bei anderen Detektoren er relativ klein. So reicht z. B. bei einem FID der dynamische Bereich praktisch von der Nachweisgrenze bis zur 10 000 000 fachen (10^7) Stoffmenge, während bei einem ECD der dynamische Bereich nur 1000 (10^3) Einheiten umfaßt.

Die Kenntnis des dynamischen Bereichs ist bei quantitativen Bestimmungen sehr wichtig, deshalb empfiehlt es sich immer, bei Methodenentwicklungen eine Linearitätsuntersuchung vorzunehmen. Dazu werden in dem von der Probe zu erwartenden Konzentrationsbereich steigende Mengen (Konzentrationen) der Substanz in den Gaschromatographen eingespritzt. Trägt man die sich ergebenden Peakflächen gegen die entsprechenden Massen des betreffenden Stoffes in einem Diagramm auf, muß eine Gerade entstehen. Viele Anwender definieren die Grenzen des linearen Verhaltens mit 3% Abweichung von der idealen Geraden.

Eine andere Möglichkeit zur Konzentrationseingrenzung des linearen Bereiches besteht in der Berechnung der Empfindlichkeit f_E für jede verwendete Konzentration in den eingesetzten Kalibrierungslösungen. Werden die Werte in ein Diagramm eingetragen, muß für den dynamischen Bereich eine Waagerechte entstehen (Abb. 4-17).

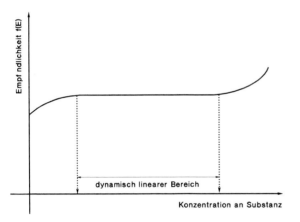

Abb. 4-17. Darstellung des dynamischen Bereiches

4.5.1.4 Selektivität des Detektors

Jeder Detektortyp ist unterschiedlich empfindlich für eine Stoffart. Zum Beispiel spricht der ECD-Detektor sehr gut auf Verbindungen an, die Halogene im Molekül enthalten. Für andere Verbindungen ist die Empfindlichkeit dieses Detektors relativ gering. Andere Detektoren (z.B. WLD) sind für viele Stoffe in etwa gleich empfindlich. Generell gibt es somit universelle und selektive Detektoren.

Die *universellen* Detektoren sprechen auf alle Stoffe mehr oder weniger gut an, die die Säule verlassen, sofern die Eigenschaften der Substanzen anders als die des Trägergases sind. Universelle Detektoren zu verwenden ist aber nicht immer sinnvoll. Zum einen sind sie meistens nicht sehr empfindlich; zum anderen können Substanzgemische, die nicht richtig getrennt wurden, bei der Verwendung von selektiven Detektoren durch scheinbare Unterdrückung einer Komponente vielleicht doch noch getrennt angezeigt werden. Weiterhin registrieren universelle Detektoren auch Stoffe, die beim „Ausbluten" der Säule oder des Septums entstehen. Ein solcher universeller Detektor ist z.B. der WLD.

Selektive Detektoren sind strukturselektiv oder elementselektiv. Zum Beispiel spricht der Flammenionisationsdetektor (FID) selektiv nur auf solche Verbindungen an, die in einer heißen Flamme zu Ionen dissoziieren. Da z.B. Wasser keiner Ionisierung bei den verwendeten Temperaturen unterliegt, wäre der FID zur Bestimmung von Wasser nicht geeignet. Der Fotoionisationsdetektor (PID) reagiert selektiv auf Verbindungen, die durch UV-Strahlen ionisiert werden. Der Thermoionisationsdetektor (TID) ist selektiv für organische Substanzen, die Stickstoff oder Phosphor enthalten. Der Elektroneneinfangdetektor (ECD) ist selektiv für halogenhaltige und metallorganische Verbindungen sowie Carbonylverbindungen.

4.5.2   Wärmeleitfähigkeitsdetektor (WLD)

Der WLD ist ein universeller Detektor, der wegen seiner Einfachheit und seiner geringen Kosten immer noch sehr gern benutzt wird.

In der WLD-Zelle befindet sich ein sehr feiner Heizdraht, heute meist aus einer Wolfram-Rhenium-Legierung, der mit einer Oxidschutzschicht versehen ist.

In älteren WLDs (sog. MacroWLDs) befindet sich je ein Heizdraht in zwei verschiedenen Gasströmen, die in einer Wheatstoneschen Brückenschaltung zusammen geschaltet sind (Abb. 4-18). Die Heizdrähte besitzen ganz spezielle elektrische Widerstände, die von der Temperatur des vorbeiströmenden Trägergases abhängig sind. Der eine Meßdraht befindet sich hinter dem Ausgang der Säule, der andere Vergleichsdraht befindet sich in einem separaten Referenzgasstrom. In diesen, separat hinzugefügten Gasstrom gelangt keine Probensubstanz. Wird keine Substanz aus der Säule eluiert, sondern nur reines Trägergas mit einer konstanten Temperatur, sind beide elektrischen Teilwiderstände des Heizdrahts konstant. Dadurch entsteht beim Abgriff an den Ecken der Brücke ein konstanter Strom (oder Spannung), der nur von der Temperatur der Trägergasteilströme abhängig ist.

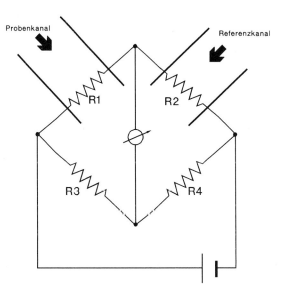

Abb. 4-18. Heizdrähte und Wheatstonesche Brückenschaltung

Eluiert nun eine andere Substanz als das Trägergas aus der Säule, so verändert sich die Zusammensetzung des Gases im Meßdrahtstrom, im Referenzkanal strömt weiterhin nur das reine Trägergas. Da der eingesetzte Wasserstoff oder das Helium eine sehr hohe Wärmeaufnahmefähigkeit besitzen, wird der Substanzpfropf fast immer eine niedrigere Wärmeleitfähigkeit für die Wärme haben als das reine Trägergas. Das bedeutet, daß der Meßheizdraht nicht mehr so schnell abkühlt und der elektrische Widerstand dieses Drahtes zunimmt. Dadurch wird das Gleichgewicht in der Wheatstoneschen Brücke verschoben, es entsteht ein anderer Gesamtwiderstand und damit eine veränderte Spannung (bzw. ein veränderter Strom). Die Veränderung wird aufgezeichnet und ergibt einen Peak. Das Zellvolumen dieser WLD kann bis zu 1 mL betragen, deshalb ist diese Art von Detektor für den Kapillarbetrieb nicht zu empfehlen.

Heute werden überwiegend *flußmodulierte WLDs* verwendet. Bei diesen MicroWLDs wird die Spannung direkt gemessen, die notwendig ist, einen Heizdraht auf eine bestimmte Temperatur zu beheizen. Strömt nur Trägergas mit hoher Wärmeaufnahmekapazität durch die Zelle, wird ein gewisser Heizstrom benötigt, um den Draht auf die Solltemperatur zu bringen. Eluiert eine andere Substanz aus der Säule, wird die Wärmeaufnahmefähigkeit des Gases sinken und der Heizdraht benötigt nicht mehr soviel Spannung um die Solltemperatur zu halten. Der Heizstrom (Heizspannung) wird aufgezeichnet und

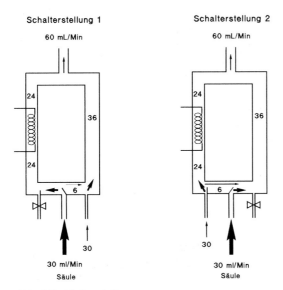

Abb. 4-19. Flußmodulierte WLD-Zelle mit Referenzkanal

ergibt das Signal. Sogar ein spezieller, zweiter Referenzkanal kann entfallen, da die Meßzelle aus zwei Kanälen besteht. Durch eine Umschaltvorrichtung wird der Gasstrom einmal in der linken, einmal in der rechten Hälfte gemessen. Die jeweils andere substanzleere Hälfte wird als Referenzzelle benutzt. Die Umschaltung geschieht etwa alle 100 Millisekunden und ist durch ein leises Tackergeräusch des Detektors zu identifizieren (Abb. 4-19). Ein solcher MicroWLD hat ein Volumen von etwa 3 μL [17].

Bei Säulen mit kleinem Innendurchmesser ist die Strömungsgeschwindigkeit des Trägergases zu gering, um die WLD-Zelle schnell zu füllen. Das Volumen des Detektors muß schnell aufgefüllt werden und ein Mindestgasstrom zur Erhaltung des Brückengleichgewichtes erreicht werden. Daher wird noch ein separater Beschleunigungsstrom dem Säulenkapillarstrom zugegeben. Diesen separaten Seitenstrom nennt man „Make-up-Gas". Durch diese „Verdünnung" mit Make-up-Gas wird allerdings die Nachweisgrenze des Detektors für eine Substanz verändert.

Bei der Auswahl der Detektortemperatur muß ein Kompromiß zwischen Empfindlichkeit des Detektors und Siedepunkt der Komponenten gefunden werden. Je geringer die Temperatur der WLD-Zelle ist, umso höher ist die Empfindlichkeit und um so größer ist die Lebensdauer der Zelle. Allerdings darf die Zelle nicht als „Kühlkondensator" wirken, die Temperatur ist so einzustellen, daß die Substanzen im gasförmigen Zustand gehalten werden können.

WLDs können sehr schnell zerstört werden, wenn sie ohne Trägergas betrieben werden. Die feinen Heizdrähte brennen dann durch. Weiterhin werden die Heizdrähte durch starke Säuren und halogenierte Stoffe direkt angegriffen. Auf größere Mengen an Sauerstoff im Trägergas reagieren die WLDs mit viel geringerer Empfindlichkeit, deshalb ist Sauerstoff unbedingt auszuschließen.

Die kleinste noch nachweisbare Menge mit einem Signal/Rauschverhältnis von 2 bei MicroWLDs beträgt z. B. für Propan etwa 400 pg/mL Trägergas. Der dynamische Bereich geht über die 100000fache (10^6) Konzentrationsbreite [17].

4.5.3 Flammenionisationsdetektor (FID)

Der Flammenionisationsdetektor besteht aus einem Brenner, der ein Gemisch von reinstem Wasserstoff und sehr reiner, synthetischer Luft (synthetisches Gemisch aus Stickstoff und Sauerstoff) bei relativ hoher Temperatur verbrennt. Zu dem Wasserstoff wird das Trägergas (Stickstoff, Helium oder Wasserstoff) aus der Säule zugemischt.

Die Leitfähigkeit der Flamme wird mit Hilfe zweier Elektroden gemessen. Dabei wirkt die Flammenspitze als Kathode und eine Kollektorelektrode über der Flamme als Anode. Fließt nur Trägergas ohne Substanz in den FID, entstehen keine Spaltprodukte in der Flamme und die Leitfähigkeit der Flamme ist praktisch Null. Werden aber aus der Säule Substanzen eluiert, die bei der Verbrennung in der Flamme Ionen entstehen lassen, wird die Leitfähigkeit der Flamme sprunghaft zunehmen. Zwischen dem Kollektor und der Flammenspitze wird sich ein elektrischer Strom ausbilden, der proportional zu der absoluten Masse der jeweiligen Substanz ist (Abb. 4-20, S. 76). Da das Trägergasvolumen hierbei keine Rolle spielt, ist diese Detektorart nicht konzentrationsabhängig.

Leider bilden nicht alle Stoffe in der Wasserstoffflamme eine genügend große Menge an Ionen aus, so daß der FID nicht universell ist. Besonders gut ionisieren Stoffe mit einer C—H- oder C—C-Bindung in der Flamme, daher wird der FID oft auch als „Organischer Detektor" bezeichnet.

Nicht so gut können dagegen organische Stoffe vermessen werden, die eine C—O, C—N oder eine C—S-Bindung besitzen.

Keine oder nur sehr geringe Detektion erfahren Stoffe wie z. B. Wasser, Kohlendioxid, Stickstoff, Wasserstoff, Schwefelwasserstoff, Stickstoffdioxid, Schwefelkohlenstoff und Tetrachlorkohlenstoff. Allerdings kann z. B. eine sehr große Menge Wasser die Flamme im Detektor zum Abkühlen bringen, daher resultiert dann doch ein kleines, aber nicht signifikantes Signal. Bei sehr stark

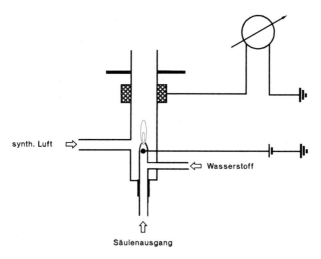

Abb. 4-20. Der Flammenionisationsdetektor (FID)

verdünnten wässrigen Lösungen ist daher manchmal ein kleiner „Wasserpeak" zu erkennen.

Die Empfindlichkeit des FIDs ist sehr hoch, die „kleinste noch nachweisbare Menge" beträgt ca. 10 bis 100 pg einer Substanz, abhängig von der Molekularstruktur [17]. Im FID-Detektor laufen in etwa folgende Reaktionen ab:

1. Pyrolyse in der Flamme, Bildung von kohlenstoffhaltigen Radikalen:

$$-CH-CH- \rightarrow CH_3^\circ + CH_2^\circ + CH^\circ + C^\circ$$

2. Aus Sauerstoffmolekülen entstehen angeregte Radikale:

$$\text{Angeregte Radikale } O_2^* \text{ und } OH^*$$

Die sauerstoffhaltigen Radikale befinden sich in einem angeregten Zustand und reagieren sofort mit den kohlenstoffhaltigen Radikalen. Dabei wird die Anregungsenergie auf die kohlenstoffhaltigen Radikalen übertragen. Das führt letztlich zur Ionisierung der nun gebildeten Oxidationsprodukte und zur Bildung von Elektronen:

3. Ionisierung:

$$\text{z. B. } CH^\circ + OH^* \rightarrow CH_2O^+ + e^-$$

Die Empfindlichkeit eines FIDs hängt von verschiedenen Faktoren ab. Zum einen spielt die chemische Struktur der zu vermessenden Substanz eine große Rolle. Je mehr $C-H$- oder $C-C$-Bindungen relativ in der Verbindung vorhanden sind, umso stärker wird das Detektorsignal sein. Zum zweiten ist die Flußeinstellung von Wasserstoff und Luft sehr wichtig. Optimal arbeitet fast jeder FID mit einem Wasserstofffluß von $20-30$ mL/min und einem 10fachen Luftfluß. Weiterhin ist die Detektorgeometrie entscheidend für eine höhere bzw. niedrigere Empfindlichkeit. Das schließt aus, daß FIDs zweier Hersteller direkt miteinander verglichen werden können.

Bei verschiedenen FIDs benötigen die Probenkomponenten zuviel Zeit, um aus der Säule dirckt in die Flamme zu gelangen. Der optimale Trägergasfluß für einen FID, der etwa bei $20-30$ mL/min liegt, kann durch die feine Kapillarröhre nicht transportiert werden. Daher wird auch beim FID und der Verwendung von Kapillarsäulen ein Make-up-Zusatzgas in den Detektor zugeschleust. Dieser Make-up-Gasstrom soll etwa 30 mL/min abzüglich dem Kapillarträgergasstrom (mL/min) betragen. Weiterhin sorgt das Make-up-Gas für eine Kühlung des Detektors und erhöht so die Lebensdauer des FIDs. Allerdings muß der FID über eine Temperatur von 100 °C betrieben werden, andernfalls würde sich Kondenswasser in der Zelle niederschlagen.

Der dynamische Bereich erstreckt sich beim FID über 10 000 000 fache (10^7) Masseneinheiten.

Da der FID mit Wasserstoff und Luft im „richtigen" Knallgasverhältnis betrieben wird, ist eine erhöhte Vorsicht angebracht. Es ist zu empfehlen, über dem FID einen Wasserstoffmelder anzubringen, der sofort Alarm schlägt, wenn die Flamme erlischt.

4.5.4 Phosphor-Stickstoff-Detektor (FID-NP)

Der FID-NP wird als Spurendetektor zum Nachweis von stickstoff- und phosphorhaltigen Substanzen verwendet und wird daher häufig in der Pestizidanalytik verwendet.

Ein FID-NP ist ähnlich aufgebaut wie ein FID. Zusätzlich befindet sich aber zwischen der Düse und der Kollektorelektrode eine Perle, bestehend meistens aus Rubidium oder Cäsium, eingebettet in einem Silicakristall, aufgezogen auf einen Platindraht. Die Perle wird von einem separaten Heizstrom auf eine bestimmte, vom Hersteller optimierte Temperatur gebracht. Treten aus der FID-Flamme stickstoff- oder phosphorhaltige Substanzen aus, werden diese an der Perle einer stärkeren Ionisierung unterworfen, d. h. es entstehen mehr Ionen aus N- oder P-haltigen Substanzen. Damit wird die Signalhöhe größer bzw. die Empfindlichkeit steigt (Abb. 4-21).

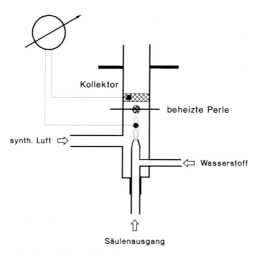

Abb. 4-21. Der FID-NP

Im Gegensatz zum normalen FID ist beim FID-NP die Menge an Wasserstoff (3 – 5 mL/min) und Luft (50 mL/min) sehr stark herabgesetzt. Schließlich soll die „normale" Ionisierung von C-H-Verbindungen reduziert werden, so daß der FID-NP spezifisch auf N oder P reagieren kann.

Kleine Änderungen der Flußraten können signifikante Empfindlichkeitsänderungen nach sich ziehen. Der FID-NP ist ein typischer Spurendetektor. Geringste Stickstoff- bzw. Phosphorverunreinigungen einer Substanz wird der Detektor registrieren, chlorhaltige Substanzen dagegen erniedrigen die Lebensdauer der Perle. Gelangt eine große Menge Lösemittel in den Detektor, kann sich die Perle zu stark abkühlen und es entsteht ein negativer Peak. Besonders kritisch reagiert die Perle auf Wassereintritt. Beim Lecksuchen mit einem flüssigen Lecksuchspray (Snoop) kann durch das Leck die wässrige Flüssigkeit des Sprays eingesaugt werden und die Perle im Detektor zerstören.

Die „kleinste noch nachweisbare Menge" beträgt 0,4 bis 10 pg einer stickstoffhaltigen organischen Substanz oder 0,1 bis 1 pg einer phosphorhaltigen Substanz [17]. Der dynamische Bereich erstreckt sich über 10000 (10^4) Masseneinheiten.

4.5.5 Elektroneneinfangdetektor (ECD)

Der ECD ist ein spezifischer Detektor zur Registration elektronegativer Teilchen, meist Halogene, in einem Molekül.

Das Trägergas, gewöhnlich eine Mischung aus Methan und Argon, wird im Detektor mit einer β-Strahlenquelle ionisiert. Das ionisierte Trägergas strömt zwischen zwei Elektroden und bildet einen konstanten „Hintergrundstrom". Das Methan wird von der β-Strahlungsquelle nicht ionisiert und wirkt so als „Puffer" zur Beseitigung störender Effekte. Ersatzweise kann auch Stickstoff als Trägergas benutzt werden, das Rauschen des Detektors bei der Stickstoffverwendung ist aber dann signifikant größer. Gelangen nun aus der Säule elektronegative Teilchen in den Detektor, so fangen die Teilchen gemäß Gleichung (4-11) Elektronen des ionisierten Trägergases ab.

$$C-X+e^- \rightarrow C-X^- +\text{Energie} \qquad (4\text{-}11)$$

Die Ionisierung des Trägergases schwächt sich durch den „Einfang" geringfügig ab und damit auch der elektrische Strom, der zwischen den Elektroden gebildet wird.

Für eine richtige Detektion ist es wichtig, sehr trockene und reine Trägergase zu verwenden (Reinheit $> 99,9995\%$). Die Kapillarsäule ist ein großes Stück vor dem ECD-Detektor zu konditionieren. Besondere Vorsicht ist beim Umgang mit den β-Strahlern angebracht, die gesetzlichen Bestimmungen sind einzuhalten!

Die „kleinste noch nachweisbare Menge" beträgt etwa 0,05 bis 1 pg einer halogenhaltigen Substanz. Der dynamische Bereich erstreckt sich nur über 10 000 (10^4) Masseneinheiten [17]. Allerdings ist das ECD-Ansprechverhalten sehr stark von der Struktur der halogenhaltigen Verbindung und der Anzahl der Halogenen im Molekül abhängig. So haben die Tri-Iodidverbindungen ein etwa um den Faktor 10 000 höheres Ansprechvermögen als die Mono-Chlor und Mono-Fluor-Verbindungen [17].

4.5.6   Flammenfotometrischer Detektor (FPD)

Diese Detektorenart detektiert recht selektiv schwefel- oder phosphorhaltige Substanzen.

In einer sehr wasserstoffreichen Flamme wird das schwefel- oder phosphorhaltige Gas aus der Kapillarsäule verbrannt, dabei entstehen angeregte $S = S$ oder $H - P = O$-Gruppen. Beim Durchgang durch eine zweite Flamme zerfallen diese metastabilen Gruppen zu weiteren Bruchstücken und senden durch Chemilumineszenz ein Licht spezifischer Wellenlänge aus. Ein optischer Filter analysiert das entstandene Licht, so daß ein nachgeschalteter Fotomultiplier das monochromatische Licht in seiner Intensität ausmessen kann. Probleme macht eine unerwünschte Lichtabsorption in der Flamme, besonders dann, wenn sehr viel Kohlenstoff in der Verbindung vorhanden ist und somit auch sehr viel Kohlenstoffdioxid bei der Verbrennung entsteht. Die Flußraten sind gemäß den Herstellerangaben genau einzustellen; die Detektortemperatur ist für die gewünschte Empfindlichkeit von entscheidender Bedeutung. Die Detektortemperatur soll mindestens 20 °C über der höchsten Ofentemperatur haben. Die Empfindlichkeit auf Schwefel nimmt mit erhöhter Detektortemperatur ab, die Phosphorempfindlichkeit nimmt dagegen zu. Das Auskondensieren von Wasser ist unbedingt zu verhindern, andernfalls beschlägt das Fotomultiplierfenster.

Die „kleinste noch nachweisbare Menge" beträgt etwa 20 pg einer S-haltigen und 0,9 pg einer P-haltigen Substanz. Der dynamische Bereich erstreckt sich nur über $1000-10000$ (10^3 für Schwefel und 10^4 für Phosphor) Masseneinheiten [17].

4.5.7   Fotoionisationsdetektor (PID)

Fotoionisationsdetektoren sind wegen Ihrer Empfindlichkeit für aromatische Kohlenwasserstoffe und verschiedene anorganische Stoffe sehr geschätzt. Ihre Funktionsweise beruht darauf, daß die von der Säule stammenden, oben genannten Verbindungen durch die Absorption von UV-Strahlen nach Gl. (4-12) ionisiert werden:

$$R + h\upsilon \; \rightarrow \; R^+ + e^- \tag{4-12}$$

Die dadurch entstehenden geladenen Teilchen werden zwischen 2 Elektroden analysiert. Die im Detektor verwendete UV-Lampe mit einer speziellen Wellenlänge bestimmt die Energie der entstehenden Photonen. Dadurch können ganz bestimmte Verbindungen nachgewiesen werden, die dem Potential entsprechen.

Die „kleinste noch nachweisbare Menge" beträgt etwa 1 bis 10 pg Substanz. Der dynamische Bereich erstreckt sich über 10000000 Masseneinheiten (10^7) und ist damit recht hoch [17].

4.6   Integratoren

Im einfachsten Falle kann hinter dem Detektor und Verstärker ein X-Y-Schreiber (Analoggerät) mit einem definierten Vorschub die Signale aufzeichnen.

Am Analogschreiber kann die Eingangsempfindlichkeit so ausgewählt werden, daß die entstehenden Signale optimal auf das Papierformat aufgezeichnet werden.

Dieses Verfahren hat aber drei Nachteile:

1. Die Retentionszeit ist nur sehr ungenau zu bestimmen, sie muß mit dem Zentimetermaß ausgemessen und in eine Zeiteinheit umgerechnet werden.
2. Die Darstellung ist nach dem Analysenlauf nicht mehr veränderbar. Falls die Peaks dem gewünschten Papierformat nicht entsprechen, muß der gesamte Analysenlauf wiederholt werden.
3. Die Flächenintegration ist über die Dreiecksmethode nur sehr ungenau und darüber hinaus sehr zeitaufwendig.

Daher wurden schon sehr frühzeitig Geräte entwickelt, die die Peakfläche und die Zeit des Peakmaximums selbständig bestimmen können. Solche Geräte nennt man *Integratoren*. Allerdings müssen solche Integratoren optimal vom Anwender eingestellt werden, sonst messen sie nicht mit der erforderlichen Genauigkeit. Es ist ein grundlegender Irrtum, daß Integratoren grundsätzlich und automatisch genau messen. Würden sie das tun, könnte man auf die bildliche Darstellung eines Chromatogrammes in Form eines Peaks verzichten. Das wäre aber für die Beurteilung eines Analysenverlaufes fatal.

Detektoren erzeugen ein zeitabhängiges, auf- und abschwellendes Spannungssignal, wie es in Abb. 4-22 gezeigt wird.

Diese Signale müssen durch den Integrator digitalisiert werden. Diese Aufgabe übernimmt ein sogenannter ADU (Analog-Digital-Umwandler), der eine

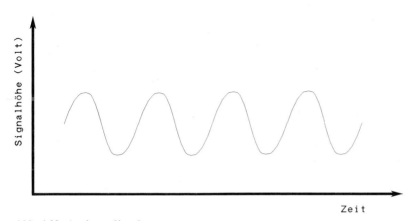

Abb. 4-22. Analoges Signal

Mindestauflösung von 20 bit besitzt. Dies bedeutet, daß jeder analoge Spannungswert zwischen 0 und 1 Volt des Detektors in eine 20 ziffrige Zahl mit den Elementen 1 und 0 übertragen wird. Jeder digitale Wert repräsentiert dabei die Höhe des Signals, die Startzeit und eine Vergleichsspannung. Die Aufnahme der Analogsignale und die Umwandlung in die entsprechenden digitalen Werte erfolgen mehrmals in der Sekunde, um auch ausreichend viele digitale Werte bei rascher Änderung des Signals zu erhalten. Jeder Meßpunkt wird mit dem vorherigen Wert verglichen und die Steigung der Punkte ermittelt.

Viele Integratoren benutzen eine Breite von 0,05 Sekunden, d. h. sie können pro Sekunde 20 digitale Meßpunkte registrieren. Peaks werden vom Integrator dadurch erfaßt, daß das Signal, das ja aus einer Serie von nun digitalisierten Daten besteht, mit einem internen, gespeicherten Muster verglichen wird. Wenn die Übereinstimmung von Muster und Aufnahme gut ist, liegt ein Peak vor. Oft stimmt die „Peakschablone" zwar in der Form, aber nicht in der Breite. Um diese Breitendiskrepanz zu beseitigen, kann entweder die Schablone enger oder der Peak schmäler gemacht werden. Meistens werden die Peaks rechnerisch schmäler gemacht, dabei wird die Peakfläche nicht verändert (Abb. 4-23).

Die Bündelung wird durch den Parameter *WIDTH* (oder PKWD) angegeben. Dabei wird die Breite des ersten Peaks in der halben Höhe (Halbwertsbreite) je nach Gerät in Minuten oder Sekunden angegeben.

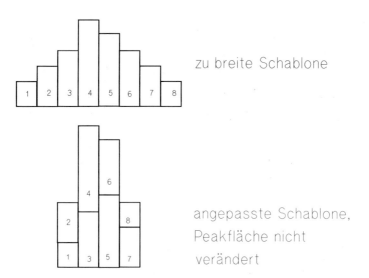

Abb. 4-23. Peakbreitenanpassung des Integrators

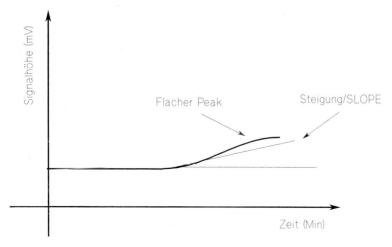

Abb. 4-24. SLOPE-Wert

Beim Abtasten der Daten überprüft der Integrator die Steigung der Daten, d. h. die Spannungsunterschiede zwischen zwei aufeinanderfolgenden sogenannten Bereichsscheiben. Solange die Bereichsänderung innerhalb der vom Anwender festgelegten Grenzen verbleibt, handelt es sich um die Basislinie. Wird die Grenze überschritten, kann es sich um den Anfang eines Peaks handeln. Mit dem *SLOPE*-Wert bzw. THRSH (Threshold)-Wert kann eine Mindeststeigung festgelegt werden (Abb. 4-24). Alle Steigungen, die über der Mindeststeigung liegen, werden als Peak erkannt. Dabei ist die Steigung als Quotient aus Spannungsunterschied (μV) und Zeitunterschied definiert.

Der Mindest-SLOPE-Wert kann in den meisten Fällen durch einen SLOPE-TEST automatisch bestimmt werden. Dabei wird in den Gaschromatographen keine Probe eingespritzt und so nur das Grundrauschen registriert. Dieses Grundrauschen wird dann später vom Integrator unterdrückt.

Um die genaue Spitze eines Peaks zu messen, nimmt der Integrator die größte Digitalscheibe sowie die beiden Scheiben links und rechts und setzt die Zeitwerte in eine integratorinterne, quadratische Formel um, die dann die genaue Retentionszeit vom Start bis zum Peakmaximum berechnet (Abb. 4-25).

Wenn vom Integrator der Peakanfang, das Peakende und die Peakspitze gefunden wurde, werden von internen, berechneten Punkten Lotlinien zur Basislinie gefällt. Dabei entsteht eine Serie von engen Zonen [18]. Die Flächen der zu Rechtecken umgewandelten Zonen werden addiert (Abb. 4-26).

Bestimmte Parameter müssen nun vom Anwender zur optimalen Peakverarbeitung eingestellt werden.

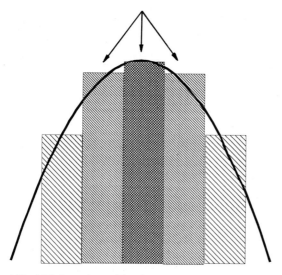

Abb. 4-25. Retentionszeitbestimmung

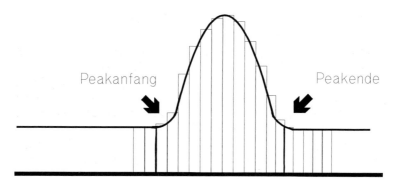

Peakanfang   Peakende

Abb. 4-26. Zonenaddition

So kann man mit der Angabe *MIN AREA* kleine Peaks „wegradieren".

Ein Integrator liefert als Ergebnis der elektronischen Flächenintegration „elektronische Einheiten" (Counts) als Ergebnis. Peaks mit weniger Counts als dem eingestellten MIN AREA-Wert werden eliminiert.

Mit der Angabe der Schreiberempfindlichkeit *(ATTENUATION oder AT-TEN)* kann die Peakgröße geregelt werden. Es gilt dabei Gl. (4-13):

$$\text{Ausgangsspannung} = \frac{\text{Eingangsspannung vom Verstärker}}{2^{\text{Attenuation}}} \quad (4\text{-}13)$$

Bei 500 mV Eingangsspannung und einem eingestellten ATTEN-Wert von 2 gilt:

$$\text{Spannung} = 500 \text{ mV}/2^2 = 125 \text{ mV Ausgangsspannung}$$

auf den Analogschreiber

Bei 500 mV Detektorspannung und einem eingestellten ATTEN-Wert von 3 gilt:

$$\text{Spannung} = 500 \text{ mV}/2^3 = 62{,}5 \text{ mV Ausgangsspannung}$$

auf den Analogschreiber

Das Signal auf den Analogschreiber wird also halbiert.

Um einen halb so großen Peak auf das Papier zu bekommen, kann ein Signal aus dem Verstärker mit einem um 1 Wert vergrößerten ATTEN-Wert am Integrator versehen werden. Sinngemäß gilt eine Verkleinerung der ATTEN-Einstellung bei der Peakverdoppelung. Allerdings ändert sich bei dieser Art der Empfindlichkeitsänderung an der Flächenintegration der Peaks nichts, die Peaks werden in dem betreffenden Chromatogramm nur optisch vergrößert.

Weiterhin können mit einem *LOCK*-Programm Peaks ausgeschlossen werden. Dazu wird mit Hilfe eines Zeitprogrammes eine Zeitstrecke so markiert, daß in dieser Zeit keine Integration vorgenommen wird. Unerwünschte Peaks (z. B. Lösemittelpeaks) werden so von der Integration ausgeschlossen. Jeder Integrator kann eine Vielzahl von Integrationswünschen befriedigen. Ein gründliches Studium des Integrator-Handbuches ist angeraten.

Moderne GC-Registratur-Systeme verwenden den PC als Meßdatenerfassungssystem mit integrierter, spezieller Software zur Steuerung des Gaschromatographen. Allerdings ist eine solche PC-Software-Einheit so komplex, daß im Rahmen dieser Abhandlung auf nähere Betrachtung verzichtet werden soll.

Beim Neukauf eines Integrators sollte man darauf achten, daß die Basislinie bestimmbar und einzeichenbar ist, sowie eine ausreichende Speichermöglichkeit besteht. Die Chromatogramme, die über Nacht aufgenommen werden, benötigen zur Datenspeicherung etwa 1,2 MByte Speichermenge auf einem Massenspeicher. Eine Festplatte ist dabei nicht unbedingt zu empfehlen, da die Daten doch wieder gelöscht werden müßten. Disketten sind dagegen einzeln archivierbar.

Ein Integrator muß extern gestartet werden können, sonst ist eine automatische Datenaufnahme nicht möglich.

Beim Beginn der Arbeiten mit einem Integrator sollte man immer mit einer Überprüfung des Systems beginnen. Es ist notwendig, die Funktion eines Integrators ständig kritisch zu überwachen. Bei richtigem Einsatz eines Integrators sind auch bessere Ergebnisse als bei einer manuellen Auswertung zu erwarten. Dagegen werden unplausible Ergebnisse oft nicht erkannt, wenn nicht eine ständige Überprüfung des Integrators erfolgt.

5 Optimierungen in der GC

Einen Gaschromatographen und die GC-Methode zu optimieren, bedeutet, daß das gesamte chromatographische System (z. B. Gasgeschwindigkeit, Injektion, Trennung, Detektion) vor der Durchführung der eigentlichen und endgültigen Analyse so eingestellt wird, daß alle Einstellungen die besten Ergebnisse liefern. Dazu sind im wesentlichen folgende Fragen zu klären:

1. Welches Trägergas? (Wasserstoff, Stickstoff, Helium etc.)
2. Welche Trägergasgeschwindigkeit?
3. Welches Einspritzsystem? (Split, On-Column etc.)
4. Welche Einspritzmenge und Einspritzmethode?
5. Welche Säule? (Abmessungen, Filmdicke, Art der stationären Phase)
6. Welche Ofentemperatur und Heizart? (Isotherm, temperaturprogrammiert)
7. Welcher Detektor? (WLD, FID, FID-NP etc.)
8. Welche Detektorbedingungen? (z. B. Brenngasströme)
9. Welche Anzeigebedingungen? (Integratorparameter)

Eine Optimierung im weitesten Sinne bedeutet natürlich auch die Vermeidung von Fehlern und Fehlerquellen, ein Punkt, der separat in den nächsten Kapiteln behandelt wird.

Viele der folgenden Benennungen und Maßnahmen wurden zwar bereits in den vorausgegangenen Kapiteln besprochen, im Sinne einer ganzheitlichen Optimierung werden einige Begriffe zur Vervollständigung nochmals erwähnt.

5.1 Optimierung der Trennung im GC-System

Ziel bei jeder gaschromatographischen Analyse ist es, daß die für die Untersuchung relevanten Komponentenpeaks getrennt in einer für den Anwender akzeptablen Zeit und in einer quantitativ und qualitativ verwertbaren Breite erscheinen. Das Ziel einer gaschromatographischen Trennung ist also:

- ausreichende Trennung (Selektivität),
- akzeptable Analysendauer (Retentionszeit) und
- ausreichende Trennleistung (Peakbreiten).

Idealerweise sind die Bedingungen und Parameter am Gaschromatographen so einzustellen, daß möglichst alle Probenkomponenten in einem Bereich von $k = 1$ bis $k = 5$ (von der einfachen bis zur 5 fachen Totzeit) optimal getrennt werden. Bei komplizierten Proben mit vielen Komponenten kann sich auch die Trennung bis $k = 100$ hinziehen. Dies ist aber eher die Ausnahme. Optimal getrennt sind zwei benachbarte Komponentenpeaks dann, wenn die Peaks bis zur Grundlinie herunter getrennt sind ($R > 1{,}3$). In vielen Fällen sind ganz so ideale Ergebnisse nicht erreichbar, der Anwender muß dann den besten Kompromiß finden.

Die Trennung im chromatographischen System wird hauptsächlich beeinflußt von den Parametern:

- Art der stationären Phase,
- Länge der Säule,
- Innendurchmesser der Säule,
- Filmdicke der stationären Phase,
- Ofentemperatur und
- Trägergasart und Trägergasgeschwindigkeit.

Leider wenden viele Anwender bei der Suche nach den optimalen Bedingungen eher zufällige Methoden (Trial and error) an. Manches bei der GC-Optimierung beruht tatsächlich auf Faustformeln und Erfahrungen, trotzdem sind die wichtigsten Parameter auch logisch abzuleiten.

5.1.1   Beeinflussung durch die stationäre Phase

Die genügende Auflösung (Resolution) von benachbarten Peaks ist im wesentlichen von zwei Prozessen abhängig:

1. Die Substanzen müssen mit der stationären Phase in Wechselwirkung treten können, damit sie in der Trennsäule verzögert werden (Auswirkung auf die Retentionszeit und k).

2. Die verschiedenen Komponenten müssen mit der stationären Phase *unterschiedlich* gute Wechselwirkungen eingehen, um eine Trennung zu erzielen. Die Phasengleichgewichte müssen sich individuell einstellen können (Auswirkung auf die Selektivität).

Zur Anwendung dieser Bedingungen gibt es einige Grundregeln für die Auswahl der geeigneten Säule mit den richtigen Abmessungen:

1. Die beste Trennung (Selektivität) wird erzielt, wenn die Siedepunkte der Komponenten weit auseinander liegen und die Polaritäten der Komponenten möglichst unterschiedlich sind.

2. Sind die Siedepunkte (Molekularmassen) der Komponenten relativ weit voneinander entfernt, sollte man eine Säule benutzen, deren stationäre Phase unpolar ist.

3. Sind die Siedepunkte (Molekularmassen) ziemlich ähnlich, z. B. bei Isomeren, sollte man eine stationäre Phase benutzen, die polar ist.

4. Entscheiden Sie sich für die am wenigsten polare Säule, die das Gemisch gerade noch gut trennt. Je polarer die stationäre Phase ist, umso geringer ist ihre Lebensdauer.

5. Gemische, deren Substanzen unterschiedlich starke Wasserstoffbrückenbindungen ausbilden, können meist mit Polyethylenglycol-Säulen optimal getrennt werden.

6. Als Universalsäule bietet sich für die meisten Trennungen eine ganz gering polare Säule (z. B. mit 5% Phenylsilicon) an.

7. Man verwendet für die ersten Trennversuche immer eine Dünnfilmsäule.
   Ist die Ofentemperatur nicht mehr weiter zu senken und man erhält Peaks, deren k-Werte zu klein sind, verwendet man eine Säule mit dickerem Film. Eine Erhöhung der Menge an stationärer Phase steigert zwar die Auflösung, andererseits führt die Steigerung der Menge an stationärer Phase auch zur Retentionszeitvergrößerung und zur Verbreiterung der Peaks.

8. Die Trennleistung einer Säulenlänge wächst nicht direkt proportional mit der Säulenlänge. So nimmt die Selektivität einer Trennsäule bei der Verdoppelung der Säulenlänge nur um den Faktor $f = \sqrt{2} = 1{,}41$ zu. Die Retentionszeit steigt aber direkt proportional mit der Länge. Eine Halbierung der Säulenlänge, und damit Halbierung der theoretischen Bodenzahl einer Säule, hat nur einen Verlust von etwa 30% der Auflösung als Folge. Daher ist die Säulenlänge erst zu vergrößern, wenn alle anderen Veränderungen erfolglos waren.

9. Säulen mit größerem Durchmesser haben eine größere Boden-höhe und damit eine schlechtere Trennleistung als Säulen mit geringen Durchmessern. Allerdings können in einer WIDEBORE-Säule (d_i = 0,53 mm) größere Mengen getrennt werden. In vielen Fällen reicht die Trennleistung einer solchen Widebore-Säule bereits aus.

10. Für die Trennung von Gasen und sehr niedrig siedenden Kohlenwasserstoffen ist es günstig, Dünnschichtkapillarsäulen (PLOT) einzusetzen.

Die meisten Hersteller von Säulen geben in Ihren Prospekten Applikationsbeispiele an, an denen man sich sehr gut bei der Auswahl der Säulen orientieren kann (z.B. von den Firmen SUPELCO, CHROMPACK, HEWLETT PACKARD, RESTEK-AMCHRO, SGE, J+W).

In der Tabelle 5-1 sind Säulen von den verschiedensten Herstellern mit ihren stationären Phasen, eingeteilt nach Polaritäten, aufgelistet.

Tabelle 5-1. Polarität verschiedener stationärer Phasen

Polarität	vergleichbare Säulenfabrikate (Auswahl)
Sehr unpolar	SP 2100, Apiezon, DC 11, DC 200
Stark unpolar	SPB 1, OV 1, OV 101, CP-SIL 5, HP-1, DB 1, BP1, SE 30, 007-1
unpolar	SPB 5, CP SIL 8 CB, DB 5, BP 5, SE 54, OV 73, 007-2
schwach polar	SPB 20, OV 7, DB 550, BP 10
mittelpolar	OV 17, HP 17, CP SIL 19, DB 17, BP 10
polar (Silicone)	DB 225, OV 225, BP 15, OV 225, SP 2300
polar (Waxe)	SUPELCOWAX 10, CP 52 C, CW 20 M, HP 10M, BP 225
stark polar	CARBOWAX 20 M, CP WAX 51, CP WAX 57 CP, BP 20
sehr stark polar	SP 2330, CP SIL 84, SH 60
sehr polar	SP 2340, CP SIL 88, OV 275

Als erstes soll ein Beispiel aus der Nahrungsmittelanalytik die oben genannten Optimierungsregeln verdeutlichen:

In der Nahrungsmittel- und Getränkeindustrie müssen häufig Fettsäurebestimmungen durchgeführt werden. Auch produzieren anaerobe Bakterien bestimmte langkettige Fettsäuren derart spezifisch, daß damit die Bakterien sogar identifiziert werden können. Leider haben die langkettigen Fettsäuren einen hohen Siedepunkt und sind stark polar, so daß sie nur mit sehr hoher Ofentemperatur durch die Trennsäule geschleust werden können. Die Peaks im

Chromatogramm sind dementsprechend schlecht aufgelöst und haben keine gute Form. Die Trennung dieser freien Fettsäurengemische ist in einer normalen Kapillarsäule sehr problematisch.

Durch eine Methylierung kann man aber aus den Fettsäuren die entsprechenden Fettsäuremethylester (FAME) herstellen. Die Fettsäuremethylester werden durch einen Schlüssel gekennzeichnet: zuerst wird die Anzahl der Kohlenstoffatome der Fettsäure angegeben, dann nach einem Doppelpunkt die Anzahl der Doppelbindungen im Molekül. So hat der Fettsäuremethylester mit der Kennzeichnung „C18:2" 18 Kohlenstoffatome und 2 Doppelbindungen im Molekül (Linolensäure). Die Fettsäuremethylester sind durch die Veresterung der Carboxylgruppen relativ unpolar geworden.

Liegen die Siedepunkte der FAMEs sehr weit auseinander, kann auch eine relativ unpolare Säule (z. B. SPB 5, CP SIL 8 CB, OV 7, OV 17, HP 17, BP 1, BP 5 oder DB 5) verwendet werden. Ein Gemisch aus den FAMEs C16:0, C18:0, C20:0 kann beispielsweise mit Hilfe der unpolaren Säulen über die *unterschiedlichen Siedepunkte* relativ einfach getrennt werden.

Wird aber ein Gemisch verwendet, welches z. B. aus den FAMEs C 16:0; C 18:0; C 18:1; C18:3 und C 20.0 besteht, gibt es bei der Auftrennung von C18:0 ; C18:1 und C18:3 mit der unpolaren Trennsäule Schwierigkeiten. Alle drei Fettsäureester haben eine ähnliche Polarität und einen fast identischen Siedepunkt. Eine Trennung mit einer unpolaren oder mittelpolaren Säule ist damit nicht möglich.

Durch die Verwendung einer hochpolaren Trennsäule sind die C18 FAMEs aber *über die Polaritäten* trennbar. Mit Hilfe der Phasen SP 2330, SP 2380, SPB-1 (SUPELCO), CP SIL 88 (CHROMPACK) oder BPX 70 (SGE) sind die FAMEs C18 zu trennen. Die Abb. 5-1 zeigt die Trennung von Bakterienfettsäuremethylester auf der unpolaren Säule (25 m × 320 µm × 1,0 µm) BP1 (Phasenvergleich OV1, HP 1, CP SIL 8) und die Trennung der Bakterienfettsäuremethylester auf einer hochpolaren Säule (25 m × 220 µm × 0,25 µm) BPX70. Die Abbildungen sind dem Chromatographiekatalog der Firma SGE, Weiterstadt, entnommen.

In der letzten Zeit haben viele Säulenhersteller Techniken und Kapillarsäulen zur Chromatographie schwerflüchtiger, freier Fettsäuren entwickelt, damit diese ohne vorhergehende Derivatisierung zu chromatographieren sind. Zum Beispiel zeigt RESTEK-AMCHRO [19] in einer Firmenbroschüre eine Trennung von 17 gesättigten und ungesättigten Fettsäuren auf einer 30 m hochpolaren STABILWAX-DA-Säule (ID 0,53 mm, 0,25 µm Film) mit einem Fluß von 50 cm/s Helium (5,2 cm^3/min) an (Abb. 5-2). Die Ofentemperatur wird von 100 °C (2 Minuten isotherm) bis auf 250 °C mit 8 Grad/min gesteigert. Die Injektor- und Detektortemperaturen betragen 280 °C. Es wird ein FID benutzt.

Ein anderes Beispiel zur Optimierung der stationären Phase nach der Polarität der Komponenten ist die Trennung der Isomeren des Xylols. Die Siede-

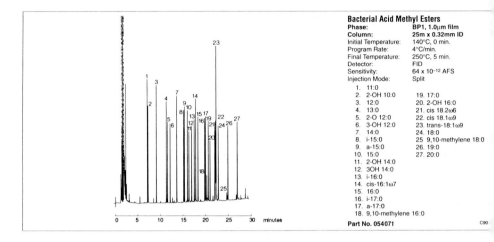

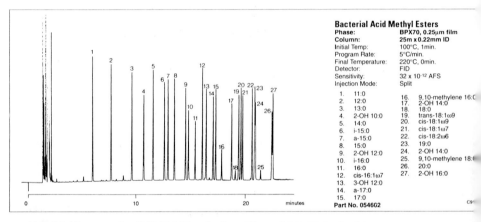

Abb. 5-1. Trennung der C-18 FAMEs mit einer BP1 und BPX70-Säule (SGE)

punktunterschiede der 3 Xylole (1,2-, 1,3- und 1,4-Dimethylbenzol) sind sehr gering. Mit einer unpolaren Säule (Trennung über Siedepunkte) kann ein Gemisch der 3 Xylole nur in 2 Einzelpeaks aufgetrennt werden. Setzt man dagegen eine polare Säule ein, trennt man also über die Polaritäten, kann das Xylolgemisch in alle 3 Einzelpeaks separiert werden. In Abb. 5-3 (Seite 93) werden die 3 Xylole sogar mit einer Wiedebore-Säule 25 m×0,53 mm×1,0 μm (BP 20 der Firma SGE, Weiterstadt) getrennt.

COMPOUNDS	
1	C2:0 - acetic acid
2	C3:0 - propionic acid
3	C4:0 - butyric acid
4	C5:0 - valeric acid
5	C6:0 - caproic acid
6	C7:0 - enanthic acid
7	C8:0 - caprylic acid
8	C10:0 - capric acid
9	C12:0 - lauric acid
10	C14:0 - myristic acid
11	C15:0 - pentadecanoic acid
12	C16:0 - palmitic acid
13	C16:1 - palmitoleic acid
14	C18:0 - stearic acid
15	C18:1 - oleic acid
16	C18:2 - linoleic acid
17	C18:3 - linolenic acid

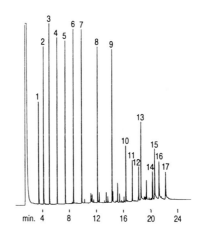

30m, 0.53mm ID, 0.25μm Stabilwax-DA (cat.# 11025)
0.5μl direct injection of a 5mg/ml standard.
Oven temp.: 100°C (hold 2 min.) to 250°C @ 8°C/min.
Inj. & det. temp.: 280°C
Carrier Gas: helium
Linear velocity: 40cm/sec (flow rate: 5.2cc/min.)
FID sensitivity: 8 x 10⁻¹¹ AFS

Abb. 5-2. Trennung der freien Fettsäuren über eine STABILWAX-DA-Säule (RESTEK-AMCHRO)

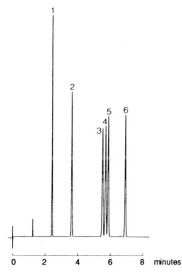

Aromatic Pollutants in Water

Phase:	BP20, 1.0μm film
Column:	25m x 0.53mm ID
Temperature:	Isothermal at 60°C
Detector:	FID
Sensitivity:	32 x 10⁻¹² AFS
Injection Mode:	Split

1. Benzene
2. Toluene
3. Ethylbenzene
4. p–Xylene
5. m–Xylene
6. o–Xylene

Part No. 054448

C34

Abb. 5-3. Trennung der Xylole mit einer BP20 Wideboresäule (SGE, Weiterstadt)

5.1.2   Beeinflussung über die Ofentemperatur

Die Retentionszeit einer Komponente ist unter anderem direkt von der Säulentemperatur, und damit auch von der Ofentemperatur, abhängig. Je höher die Temperatur ist, umso schneller wandert die Substanz durch die Säule und umso kürzer ist die Retentionszeit.

Es gilt die Faustregel, daß eine Erhöhung der Säulentemperatur um 15 – 20 °C den k-Wert von vielen Substanzen in etwa halbiert.

Allerdings wird eine zu hohe Temperatur die Auflösung zweier benachbarter Peaks unter Umständen negativ beeinflussen.

Im allgemeinen arbeitet man bei der *isothermen* Arbeitsweise mit Ofentemperaturen, die um 20 – 60 °C unter dem Siedepunkt der schwerstflüchtigen Komponente liegen.

Bei Proben, deren Komponenten Siedepunkte besitzen, die weit auseinanderliegen, ist eine isotherme Ofentemperatur nicht mehr optimal. Proben, die Niedrigsieder und Hochsieder nebeneinander enthalten, werden am besten über ein Temperaturprogramm getrennt. Bei dieser Methode wird ein steigender Temperaturverlauf einprogrammiert, der vom Gaschromatographen reproduzierbar „abgefahren" wird.

Allerdings sind bei der temperaturprogrammierten Methode die Retentionszeiten (und damit k) der Substanzen nicht mehr gut reproduzierbar, da beim Aufheizen der Säule durch Ausdehnungsprozesse und Veränderungen der Viskosität die lineare Geschwindigkeit der Trägergase natürlich zunimmt.

Bei einer Temperaturprogrammierung müssen folgende Parameter eingestellt werden:

1. Anfangstemperatur,
2. isotherme Anfangstemperaturzeit (optional),
3. Aufheizrate in Grad pro Minuten,
4. Endtemperatur und
5. isotherme Endtemperaturzeit (optional).

Zur Ermittlung der Parameter für eine Temperaturprogrammierung gibt es ein paar Faustregeln.

1. Man startet einen Testlauf mit dem Analysengemisch, wobei der Ofen so einprogrammiert wird, daß ein linearer Aufheizprozeß (5 Grad/min) von Raumtemperatur bis 20 Grad unter der Maximaltemperatur der Säule verläuft.
2. Ist die Trennung der *ersten* Komponente im Chromatogramm sehr schlecht, muß eine andere Säule mit dickerem Film genommen werden.

3. Ist die Trennung der *ersten* Komponente im Chromatogramm ausreichend gut, ist die Anfangstemperatur schrittweise um 10 Grad zu erhöhen.
4. Eluieren die *letzten* Komponenten erst nach Beendigung der Aufheizung, muß die Endtemperatur erhöht oder die Aufheizrate gesenkt werden.
5. Eluieren die *letzten* Komponenten vor dem Erreichen der Endtemperatur und ist die Trennung nicht befriedigend, ist die Aufheizrate zu senken.
6. Eluieren die *letzten* Komponenten lange vor dem Erreichen der Endtemperatur und ist die Trennung befriedigend, ist die Endtemperatur zu senken.
7. Eluieren die *letzten* Komponenten lange vor dem Erreichen der Endtemperatur und ist die Trennung unbefriedigend, ist die Aufheizrate zu senken.

Eine zu hohe Aufheizrate von über 30 Grad pro Minute ist aber in den meisten Fällen nicht sinnvoll und sollte nur in Ausnahmefällen benutzt werden.

Es ist im allgemeinen günstig, zuerst eine Trennung mit Hilfe der isothermen GC zu versuchen und zu optimieren, zum Schluß kann über ein geeignetes Temperaturprogramm die Analysenzeit unter Umständen verringert werden.

5.1.3 Trägergasart und Trägergasgeschwindigkeit

Das Trägergas und der Trägergasstrom beeinflußt die Trennung in der Säule. Aus der H/v-Abhängigkeit der Van-Deemter- und Golay-Gleichung [4] [5] (siehe dazu Abschn. 4.1) ist folgendes zu entnehmen:

1. Es gibt eine optimale Geschwindigkeit eines Trägergases, bei der die Bodenhöhe H am geringsten und damit die Trennleistung am höchsten ist.
2. Das Optimum liegt bei den in Frage kommenden Gasen bei unterschiedlichen linearen Gasgeschwindigkeiten.
3. Es ist besser, eine etwas größere Gasgeschwindigkeit als eine zu geringe zu wählen, da der Anstieg der Bodenhöhe nach dem Optimum nicht mehr so steil ist.
4. Bei Wasserstoff liegt das H/v-Optimum am weitesten rechts, das bedeutet, daß beim Einsatz von Wasserstoff als Trägergas die höchsten linearen Gasgeschwindigkeiten eingestellt werden können. Die Auswirkung auf die Analysengeschwindigkeit ist von Vorteil. Da Wasserstoff eine sehr niedrige Viskosität (Zähigkeit) besitzt, kann mit relativ niedrigen Vordrücken gearbeitet werden.

Die lineare Gasgeschwindigkeit (in cm/min) und der Volumenstrom in (mL/min) hängen unmittelbar zusammen und werden durch die Abmessungen der Säule bestimmt (Gl. (5-1)):

$$V = \frac{d^2 \cdot \pi}{4} \cdot v \qquad (5\text{-}1)$$

In Gl.(5-1) bedeutet:

V Volumenstrom (mL/min)
d Durchmesser der runden Trennsäule (cm)
v lineare Gasgeschwindigkeit (cm/min)

Wie aus der van-Deemter- und Golay-Gleichung (Gl.(4-1)) zu ersehen ist, hat die lineare Geschwindigkeit einen großen Einfluß auf die Trennwirkung der Säule. Eine genaue Aufnahme der Bodenhöhe in Abhängigkeit von der Geschwindigkeit könnte sich unter Umständen lohnen. Für normale „Standardtrennungen" machen aber die Säulenhersteller Angaben der optimalen linearen Gasgeschwindigkeit oder des Volumenstromes, die in der Regel direkt übernommen werden können. Oft wird der Vordruck speziell für das verwendete Gas vom Hersteller angegeben, unter dem sich dann die richtigen Bedingungen einstellen können. In Tab. 5-2 wird der Volumenstrom in Abhängigkeit von dem Säulendurchmesser aufgeführt, der bei vielen Applikationen zu akzeptablen Ergebnissen führt. Mit Hilfe von Gl. (5-1) kann die lineare Gasgeschwindigkeit berechnet und mit der über die Totzeit bestimmten Gasgeschwindigkeit verglichen werden. In den meisten Fällen ist eine lineare Gasgeschwindigkeit von $30-45$ cm/min bei Helium und Stickstoff richtig.

Tabelle 5-2. Säulendurchmesser und Volumenstrom (mL/min)

Säulendurchmesser	Helium	Wasserstoff	Stickstoff
0,15 mm	0,5 mL/min	0,6 mL/min	0,2 mL/min
0,25 mm	0,8 mL/min	1,2 mL/min	0,5 mL/min
0,32 mm	1,0 mL/min	1,6 mL/min	0,6 mL/min
0,53 mm	$2-9$ mL/min	$3-12$ mL/min	$1-5$ mL/min

Es ist von außerordentlich großer Bedeutung, daß die lineare Gasgeschwindigkeit des Trägergases während des GC-Laufes absolut konstant und reproduzierbar eingehalten wird.

5.2 Optimierung durch PC-Software

In der letzten Zeit haben einige Hersteller von Gaschromatographen und Säulen in ihrem Angebot auch Softwareprodukte, die die GC-Methodenentwicklung vereinfachen sollen.

Eine solches Programmpaket ist z. B. ezGC [19], das von RESTEK-AMCHRO vertrieben wird.

Bei dieser Software-Methode wird der Verteilungskoeffizient K mit der Gibbs'schen freien Enthalpie von Gasen in Lösung über eine Gleichung verbunden. Durch Ableitung dieser Gleichung entsteht eine Geradengleichung, die von der Software in einen Computeralgoritmus eingebunden wird. Dadurch werden nach Herstellerangaben Retentionszeiten mit einem Fehler von unter 2% vorhersagbar.

Die genaue Totzeit muß ermittelt und die Probe einmal bei einem langsamen und bei einem schnellen Temperaturprogramm eingespritzt werden.

Nach Eingabe aller Retentionszeiten der beiden Chromatogramme in das Programm werden die erforderlichen Parameter berechnet.

Danach können vom Anwender die Retentionszeiten bei veränderten Temperatureinstellungen, Gasgeschwindigkeiten, Säuleninnendurchmessern, Filmdicken oder Säulenlängen durch Simulation am PC ermittelt werden.

Bei der Optimierung mit einer solchen Software können zwei Wege beschritten werden. Zum einen können die Bedingungen am Gaschromatographen eingegeben werden und das Programm sagt die Retentionszeiten der Komponenten in Tabellenform voraus. Sogar die Darstellung eines simulierten Chromatogramms ist möglich. Zum anderen können gewünschte Temperaturverläufe in das Programm eingegeben werden. Das Programm bestimmt den besten Temperaturverlauf und listet sequentiell die nächstbesten Temperaturverläufe auf.

Die Erfahrungen, die mit dem Programm gemacht werden konnten, sind überwiegend positiv. Voraussagen durch das Programm haben sich in den meisten Fällen bestätigt.

5.3 Optimierung der Injektion

Bei gepackten Systemen und bei vielen Applikationen mit Wideboresäulen kann die mit einem leicht flüchtigen Lösemittel verdünnte Komponentenlösung ohne Probleme direkt in den Injektor eingespritzt werden, der keinem

Tabelle 5-3. Splitverhältnisse und Säuleninnendurchmesser

Durchmesser (μm)	150	250	320	530
Mindestverhältnis	1 : 80	1 : 40	1 : 10	1 : 5
Maximalverhältnis	1 : 1000	2 : 200	1 : 100	1 : 30

Splitbetrieb unterworfen ist. Bei Kapillarsäulen mit kleinen Durchmessern und dünnen Filmen darf nur sehr wenig an Komponentenmaterial in die Säule gelangen, so daß eine Probenteilung mit einem Splitbetrieb unbedingt erforderlich ist.

Daher ist bei diesen Säulen ein Splitsystem notwendig. In Tab. 5-3. sind nochmals die empfehlenswerten Splitverhältnisse in Abhängigkeit von dem Innendurchmesser aufgeführt.

In den meisten Fällen kommt man bei der Verwendung von Kapillarsäulen (innerer Durchmesser < 530 μm) mit einem Splitverhältnis von 1 : 40 bis 1 : 80 aus.

Proben, die in Splitinjektoren eingespritzt werden, sind manchmal einer *Diskriminierung* unterworfen. Verhindern kann man den Vorgang der Diskriminierung prinzipiell nicht, aber durch eine gute Konstruktion des Splitinjektors und eine genügend hohe Einspritztemperatur kann der Anteil der Diskriminierung sehr stark verringert werden. Eine Untersuchung, wie sich der eingebaute Injektor hier verhält, ist unerläßlich und wird im Kapitel 13.7 beschrieben.

Bei der *Split/Splitless-Injektortechnik* können Spuren von leicht verdampfbaren Substanzen in hochverdünnten Lösungen untersucht werden. Die Konzentration jeder Komponente im Lösemittel soll etwa den Bereich von 0,01 – 200 ppm umfassen; eingespritzt werden meistens 1 – 2 μL der Probenlösung. Dabei wird natürlich eine relativ große Menge Lösemittel und sehr wenig Probenkomponente in den heißen Injektor eingespritzt, der Splitbetrieb ist dabei unterbrochen. Die *On-Column-Methode* wird ebenfalls bei sehr stark mit niedrig siedenden Lösemitteln verdünnten Proben verwendet. Das Lösemittel sollte idealerweise einen Siedepunkt besitzen, der um bis zu 100 °C niedriger ist, als der der Probenkomponenten. Die Probenlösung muß sehr stark verdünnt sein, sonst kommt es zu deutlichen Überladungen der Säule. Konzentrationen von 0,01 bis 200 ppm pro Komponente sind zu bevorzugen.

Bei der *On-Column-Methode* wird die Probe in flüssiger Form langsam und *direkt* in den Säulenanfang appliziert.

Um ein gutes, reproduzierbares Chromatogramm zu erhalten, muß auch die *Einspritztechnik* optimiert werden. Bei der „*gefüllten Nadeltechnik*" wird die Probenflüssigkeit in den Spritzenkörper, und damit auch in die Kanüle aufgezogen. Der Inhalt der Kanüle und der Spritze wird schnell und vollständig in

den Injektor eingeschossen. Bei der *„leere-Nadel-Technik"* wird die Probenflüssigkeit hochgezogen und dann anschließend noch gerade soviel Luft, daß
die Kanüle nur noch mit Luft gefüllt ist. Die Nadel wird schnell durch das Septum eingestoßen, die Luft und dann die Flüssigkeit schnell in den Injektor injiziert. Bei der *„Luftpfropf-Technik"* wird die Flüssigkeit in den Spritzenkörper
gezogen und danach noch etwa 2−3μL Luft. Es ist ein Luftpfropf in dem
Spritzenzylinder zu sehen. Bei der Injektion stößt man die Kanüle durch das
Septum, stößt dann den Kolben sehr schnell herunter und zieht die Kanüle in
einem fließenden Vorgang wieder aus dem Septum. Bei der *„Spül-Technik"*
wird die Spritze nacheinander mit 1−2μL Lösemittel, 1μL Luft, mit der Probe
und wieder mit 1μL Luft gefüllt. Bei der *„Sandwich-Technik"* wurde die „Spül-
Technik" noch verfeinert. Dabei wird wie folgt in den Spritzenkörper aufgezogen: 1−2μL Lösemittel, 1μL Luft, Probe, 1μL Luft und wieder 1−2μL Lösemittel. Allerdings schließt die große Einspritzmenge eine Verwendung dieser
Technik für das On-Column-Verfahren aus.

5.4 Auswahl des Detektorsystems

Die Signalhöhe des Detektors soll möglichst der Konzentration oder der absoluten Masse des betreffenden Stoffes proportional sein.

Der Anwender muß weiterhin entscheiden, ob er einen universellen Detektor
(z. B. WLD) oder ob er einen selektiven Detektor (z. B. FID-NP) einsetzen will.
Weiterhin müssen Detektoren mit großer Empfindlichkeit und kleiner Nachweisgrenze beim Einsatz in der Spurenanalytik Verwendung finden (z. B. FID,
ECD, FID-NP). Sind in einer Probe Komponenten mit großer Konzentrations-
spannweite enthalten, ist es wichtig, daß ein Detektor mit großem linearem Bereich verwendet wird (z. B. WLD, FID).

Der *WLD* ist ein universeller Detektor, der wegen seiner Einfachheit und seiner geringen Kosten immer noch sehr gern benutzt wird. Der *FID* ist ein Detektor, der besonders auf Verbindungen anspricht, die viele C−H- oder C−C-
Bindungen besitzen. Nicht so gut können dagegen organische Stoffe vermessen
werden, die eine C−O, C−N oder eine C−S-Bindung besitzen. Keine Detektion erfahren dabei Stoffe wie z. B. Wasser, Kohlendioxid, Stickstoff, Wasserstoff, Schwefelwasserstoff, Stickstoffdioxid, Schwefelkohlenstoff und Tetrachlorkohlenstoff. Der *FID-NP* wird als Spurendetektor zum Nachweis von
stickstoff- und phosphorhaltigen Substanzen verwendet und daher häufig in
der Pestizidanalytik eingesetzt.

Der *ECD* ist ein spezifischer Detektor zur Detektion elektronegativer Teilchen, meist Halogene in einem Molekül.

Der *flammenfotometrische Detektor (FPD)* detektiert selektiv schwefeloder phosphorhaltige Substanzen.

5.5   Optimierung der sonstigen Geräteparameter

Auf die Leistung des ganzen GC-Systems haben die in den Abschnitten 5.1 bis 5.4 beschriebenen Einstellungen besonders großen Einfluß. Daneben gibt es aber noch weitere Parameter, die ebenso die Leistung des ganzen Systems verschlechtern können. Dazu gehört das nie völlig zu vermeidende Totvolumen im Injektor und im Detektor. Durch geometrische und bauliche Maßnahmen ist jede übermäßige Zunahme des Totvolumens zu vermeiden. Der Trägergasstrom ist so zu bemessen, daß eine ausreichende Durchströmung des Detektors erfolgen kann. Ist dies direkt nicht möglich, ist eine Gasbeschleunigung in dem Detektor durch einen zusätzlichen Make-up-Gasstrom einzubauen. Ein weiterer Grund zur Systemverschlechterung kann bei den Säulenanschlüssen liegen. Sind diese nicht richtig desaktiviert oder stimmt die Einbautiefe der Säulenenden nicht, kann es zu starken Trennleistungsverminderungen kommen. Ein gründliches Studium des Gerätehandbuches ist unbedingt anzuraten.

6 Qualitative GC

Aufgabe der qualitativen GC ist es, in einem Probengemisch unbekannte oder zu vermutende Stoffe sicher zu identifizieren. Die Konzentrationen der zu identifizierenden Stoffe können sich im Makrobereich als auch im Bereich sehr niedriger Konzentrationen bewegen. Im Bereich sehr niedriger Konzentrationen werden die gesetzlichen Begriffsbestimmungen durch den DIN-Normenentwurf (1992) DIN 32645 festgelegt.

6.1 Nachweisgrenze x_{NG}

Zur Berechnung und Bestimmung der Nachweisgrenze x_{NG} wird in der GC ein sogenannter kritischer Signalschwellenwert des Detektors ermittelt. Erst dann, wenn das Detektorensignal y über den kritischen Schwellenwert gelangt, wird das Signal als „realistisch" anerkannt. Eine solche Signalgröße kann die Peakfläche oder die Peakhöhe im Chromatogramm sein.

Weiterhin muß die Abhängigkeit der Signalhöhe von der Konzentration bekannt sein. Dazu werden definierte Lösungen des Stoffes chromatographiert, die jeweils steigende Konzentrationen aufweisen. Trägt man in einem Diagramm die Peakfläche (oder Peakhöhe) in Abhängigkeit von der Konzentration auf, ergibt die Funktion bei geltenden Konzentrationsbereichen (dynamischer Detektorbereich) eine Gerade mit der Geradengleichung Gl. (6-1)

$$y = m \cdot x + b \tag{6-1}$$

In Gl. (6-1) bedeutet:

y Signalhöhe
x Konzentration
m Steigungsfaktor
b absolutes Glied

Aus den Werten kann man durch das mathematische Verfahren der „linearen Regression" die beiden Parameter Steigung m und absolutes Glied b erhalten. Die lineare Regression einer Geraden kann mit jeder Tabellenkalkulation (z. B. LOTUS 1-2-3, EXCEL, MULTIPLAN, STARPLANER etc.) vorgenommen werden. Siehe dazu auch Kapitel 9, Angewandte Statistik in der Chromatographie.

Durch Einsetzen des Signalschwellenwertes $y(s)$ in die umgeformte Geradengleichung kann man die Nachweisgrenze x_{NG} ermitteln (Gl. (6-2)):

$$x_{NG} = \frac{y(s) - b}{m} \tag{6-2}$$

In Gl.(6-2) bedeutet:

x_{NG} Nachweisgrenze
$y(s)$ kritischer Schwellenwert
b absolutes Glied, erhalten aus der Regression
m Steigungsfaktor, erhalten aus der Regression

6.2   Erfassungsgrenze x_{EG} und Bestimmungsgrenze x_{BG}

Die Angabe der Nachweisgrenze x_{NG} stellt sich in den meisten Fällen als zu niedrig heraus, die Irrtumswahrscheinlichkeit wäre zu hoch. Als *Erfassungsgrenze* x_{EG} schlägt daher die DIN 32645 mindestens die doppelte Nachweisgrenze vor (Gl. (6-3)):

$$x_{EG} = 2 \cdot x_{NG} \tag{6-3}$$

In Gl. (6-3) bedeutet:

x_{EG} Erfassungsgrenze
x_{NG} Nachweisgrenze

Um auch quantitative Aussagen zu machen, sind Konzentrationsbestimmungen in der Größenordnung Erfassungsgrenze x_{EG} zu unsicher, auch hier ist die Irrtumswahrscheinlichkeit zu hoch.

Um die für quantitative Bestimmungen wichtige *Bestimmungsgrenze* x_{BG} festzulegen, werden mehrere Analysen durchgeführt. Erst wenn der relative

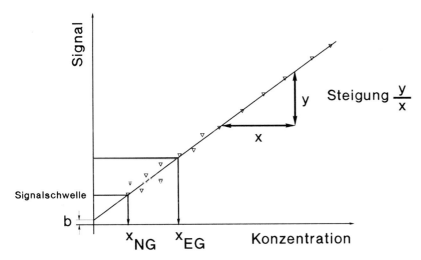

Abb. 6-1. Konzentrationsverhältnisse bei Bestimmung der Analysengrenzen

Fehler Δx *kleiner* wird als das betreffende durch 3 dividierte Meßergebnis x, wird die Konzentration als *Bestimmungsgrenze* x_{BG} bezeichnet.

In Abb. 6-1 sind die entsprechenden Konzentrationsverhältnisse zu ersehen. Ein PC-Programm zur Bestimmung und Berechnung dieser Werte ist von A. Bahr, Fachhochschule Aalen [20], veröffentlicht worden.

Eine zweite, eher praktisch orientierte Möglichkeit der Nachweis- und Bestimmungsgrenze wird über die Bestimmung des Signal/Rausch-Verhältnisses vorgenommen. Dabei wird pragmatisch über die 10 fache Peakbreite das Rauschen des Detektors bei der höchsten Empfindlichkeit des gesamten Verstärkungssystems aufgenommen. Anschließend wird dann eine Kalibrierlösung, die eine sehr niedrige Konzentration der betreffenden Komponenten besitzt, chromatographiert.

Die Konzentration, bei der das Signal/Rauschverhaltnis (S/R) gerade noch 2 bis 3:1 beträgt, wird Nachweisgrenze genannt. Die Konzentration, bei der das Signal/Rauschverhaltnis z. B. 5:1 beträgt, nennt man pragmatisch Bestimmungsgrenze.

Ein drittes Verfahren nach EN 45 000 [21] orientiert sich an der Höhe des Variationskoeffizienten $V(\%)$ der Peakflächen bei Mehrfacheinspritzungen (siehe dazu Kap. 9, Angewandte Statistik in der Chromatographie). Die Höhe des zulässigen Variationskoeffizienten wird vom Auftraggeber der Analyse bestimmt.

Man erstellt dazu Kalibrierlösungen mit verschiedenen Konzentrationen des betreffenden Stoffes durch separate Verdünnungsoperationen und chromato-

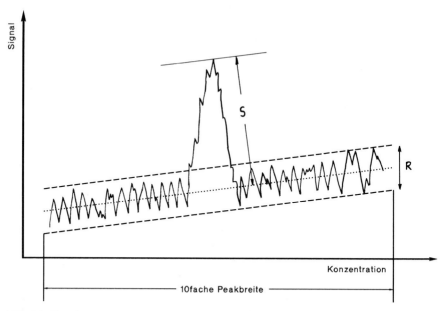

Abb. 6-2. Signal/Rauschverhältnis

graphiert jede dieser Lösungen mindestens 6 mal. Aus den 6 Peakflächen einer Verdünnung berechnet man jeweils den Variationskoeffizienten V (in%), der dann gegen die betreffende Konzentration in einem Diagramm aufgetragen wird.

Man erhält eine typische Kurve (Abb. 6-3). Mit Hilfe des von dem Auftraggeber der Analyse maximal zulässigen Variationskoeffizienten (in%) kann dann die Bestimmungsgrenze extrapoliert werden.

6.3   Identifizierung durch chromatographischen Vergleich

Bei der Vergleichsmethode wird die Retentionszeit der zu identifizierenden Komponente in der Probe und die Retentionszeit einer Referenzsubstanzlösung unter gleichen chromatographischen Bedingungen bestimmt. Bei übereinstimmenden Retentionszeiten ist die betreffende Komponente mit einer gewissen

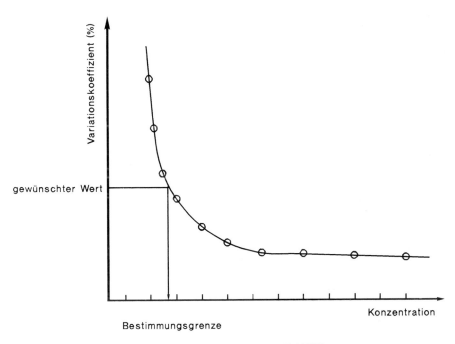

Abb. 6-3. Variationskoeffizient und Bestimmungsgrenze (EN 45 000)

Wahrscheinlichkeit in der Probe enthalten. Der Nachteil der Methode besteht darin, daß die nachzuweisende Komponente bereits chemisch bekannt und als reine Referenzsubstanz im Labor vorhanden sein muß.

Vor der eigentlichen qualitativen Bestimmung sollte dabei sichergestellt sein, daß für die Trennung eine Säule verwendet wird, die das Gemisch in einer akzeptablen Zeit in alle wichtigen Komponenten auftrennt. Ist eine vollständige Trennung *nicht* möglich, sollte die Säule gerade den Elutionsbereich des Gemisches besonders gut auftrennen, in dem voraussichtlich die nachzuweisende Substanz eluiert wird.

Es empfiehlt sich nach der ersten vorläufigen Identifizierung, eine Säule mit anderer Selektivität (und Polarität) zu verwenden, die Anfangstemperatur und die Aufheizrate zu verändern, so daß möglichst viele Komponenten aus dem Gemisch sicher erkannt werden.

Zur Identifizierung einer Komponente durch den chromatographischen Vergleich wird die chemisch bekannte Referenzsubstanz in den Injektor unter den gleichen chromatographischen Bedingungen eingespritzt und chromatographiert. Sind die Nettoretentionszeiten t_N oder die Kapazitätsfaktoren k der unbekannten Komponente und von der Referenzsubstanz gleich, ist die Wahrscheinlichkeit relativ hoch, daß die Referenzsubstanz und die unbekannte Komponente identisch sind.

Ein eindeutiger Nachweis ist aber der Vergleich der Kapazitätsfaktoren k noch nicht. Um das Ergebnis sicherer zu machen, vermischt man einen Teil der Probe mit der reinen Referenzsubstanz (Aufstockung) und chromatographiert das neue Aufstockgemisch unter den optimierten Bedingungen. Bildet sich im betreffenden Peak keine „Schulter" oder ergibt sich keine Aufsplittung des Peaks, wird unter den gleichen Bedingungen die Probe nochmals ohne die Aufstockung chromatographiert.

Aus beiden Chromatogrammen bestimmt man die Halbwertsbreiten $b_{1/2}$. Sind die Halbwertsbreiten der beiden Peaks in den zwei Chromatogrammen gleich, so ist die Wahrscheinlichkeit sehr hoch, daß die Kalibriersubstanz und die unbekannte Komponente identisch sind. Als weitere Absicherung dient die Messung der beiden Halbwertsbreiten bei anderen chromatographischen Bedingungen (Temperatur, Polarität der Säule, anderer selektiver Detektor etc.). Verändern sich die Halbwertsbreiten der Chromatogrammpaare (Vergleich, Probenkomponente) bei allen Bedingungsänderungen nicht, ist eine hohe Sicherheit der Identitätsgleichheit von Vergleichssubstanz und Probenkomponente gegeben.

Die größte Sicherung ergibt jedoch eine GC-MS-Kopplung, bei der das Gas/Substanz-Gemisch nach der gaschromatographischen Trennung massenspektrometrisch vermessen wird. Eine GC-IR-Kopplung ist ebenfalls gebräuchlich. Näheres dazu in Kapitel 8.

6.4   Identifizierung mit Retentionsindices nach Kovats

Das Retentionsindexsystem nach Kovats [22] beruht auf einem Vergleich von unbekannten Komponentenpeaks mit solchen Peaks, die von unverzweigten Alkanen stammen. Dazu wird bei gleichbleibender Ofentemperatur (isotherm) ein Gemisch von unverzweigten Alkanen in den Gaschromatographen eingespritzt. Das Alkangemisch (z. B. von C_5 bis C_{16}) und die Ofentemperatur müssen so gewählt werden, daß der zu identifizierende Probenkomponentenpeak zeitlich zwischen zwei Alkanpeaks zu liegen kommt. Die Kohlenstoffzahl dieser beiden Alkanpeaks ist zu bestimmen. Dazu wird zuerst das Alkangemisch allein in den Gaschromatographen eingespritzt, dann mit der Probe vermischt

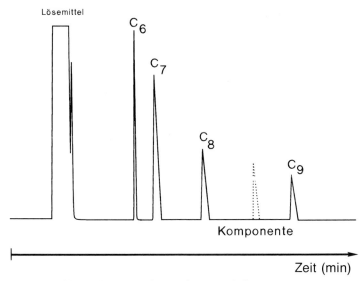

Abb. 6-4. Alkanpeaks zur Ermittlung des Kovatsindex

und das Gemisch dann nochmals in den Gaschromatographen bei gleichen Bedingungen eingespritzt. (Abb. 6-4)

Der Versuch wird mit einer Säule mit sehr unpolarer stationärer Phase (Squalan oder ersatzweise 100% Methylsilicon) und mit einer sehr polaren Säule (Carbowax 20 M) durchgeführt.

Nach jedem Chromatographielauf ist die genaue Totzeit durch mehrere Methan-Injektionen zu bestimmen. Da Methan bei den obigen Bedingungen („heiße Säule") so gut wie nicht zurückgehalten wird, repräsentiert der Methanpeak ziemlich genau die Totzeit des Systems.

Um den Kovats-Index zu berechnen, benötigt man die Bruttoretentionszeit und die Kohlenstoffzahl des *letzten* Alkanpeaks vor dem betreffenden Probenkomponentenpeak, die Bruttoretentionszeit des Probenkomponentenpeaks sowie die Bruttoretentionszeit und die Kohlenstoffzahl des *folgenden* Alkanpeaks. Von allen Bruttoretentionszeiten ist zur Ermittlung der Nettoretentionszeiten die Totzeit zu subtrahieren. Mit den ermittelten Nettoretentionszeiten und der Kohlenstoffzahl des dem Komponentenpeak vorgelagerten Alkans ist der Kovatsindex nach Gl. (6-4) zu berechnen.

$$I = 100 \cdot C + 100 \cdot \frac{\lg t_N(\text{Komp}) - \lg t_N(C)}{\lg t_N(C+1) - \lg t_N(C)} \qquad (6\text{-}4)$$

In Gl. (6-4) bedeutet:

I Kovats-Index
C Kohlenstoffzahl des Alkanpeaks *vor* der Komponente
t_N(Komp) Nettoretentionszeit des Komponentenpeaks
$t_N(C)$ Nettoretentionszeit des Alkans *vor* dem Komponentenpeak
$t_N(C+1)$ Nettoretentionszeit des Alkans *nach* dem Komponentenpeak

Nach der Definition des Kovats-Index wächst dieser bei jedem zusätzlichen Kohlenstoffatom um den Wert $I = 100$, Hexan mit $C = 6$ hätte den Wert 600 und Dodecan mit $C = 12$ hätte den Wert $I = 1200$.

Eine Komponente, die zwischen zwei Alkanen eluiert wird, bekommt somit einen Kovats-Index zugeordnet, der einer Kohlenstoffzahl von unverzweigten Alkanen entspricht.

Der Index-Wert repräsentiert dabei sowohl die entsprechende funktionelle Gruppe der unbekannten Probenkomponente als auch die Wechselbeziehung der Substanz mit der stationären Phase. Bei einer vollständigen Kovats-Untersuchung werden zwei Index-Werte benötigt, nämlich der I-Wert in einer polaren Säule und der I-Wert in einer unpolaren Säule. Bildet man die Differenz beider I-Werte (Gl. (6-5)), erhält man eine aussagefähige Beziehung, die eine Substanz recht gut repräsentieren kann.

$$\Delta I = I(p) - I(u) \tag{6-5}$$

In Gl. (6-5) bedeutet:

ΔI Indexdifferenz
$I(p)$ Kovats-Index in der polaren Säule
$I(u)$ Kovats-Index in der unpolaren Säule

Es ist für den Analytiker von hohem Interesse, die Abhängigkeit der Retentionszeiten und Indices von der chemischen Struktur zu kennen. So können Isomere und Substanzgruppen mit ähnlicher Polariät unter Umständen erkannt werden.

Nach Kovats gibt es in seinem Retentionsindexsystem zwei Betrachtungsweisen.

Zum einen vergleicht man direkt die Index-Werte, die man in einer stationären Phase gemessen hat, und zum anderen zieht man eine Indexdifferenz nach Gl. (6-5) heran.

Folgende Tabelle zeigt den Einfluß der Struktur und der Polarität auf die Indices. Als unpolare stationäre Phase wurde eine 30 m Methylsiliconsäule (OV 1) verwendet, als polare Säule wurde eine 30 m Carbowax-Säule (M 40) verwendet. Die Werte (Tab. 6-1) für die „unpolare" Säule weicht etwas von den zu erwartenden Werten ab, da die verwendete stationäre Phase OV 1 nicht ganz unpolar ist. Bessere Werte erreicht man mit gänzlich unpolaren, verzweigten hochmolekularen Alkanen als stationäre Phase (z. B. Squalan).

Tabelle 6-1. Kovats-Index-Werte für verschiedene Verbindungen mit C = 6

Verbindung	I (unpolar)	I (polar)	I-Differenz
n-Hexan	600	600	0
1-Hexen	581	612	31
Cyclohexan	623	657	34
Benzol	664	789	125
1-Hexanal	741	891	150
2-Hexanon	745	898	144
1-Hexanol	792	1214	422

Aus den Ergebnissen ist folgendes abzuleiten:
Je größer die Polarität einer Verbindung ist, umso größer ist auch die Differenz zwischen dem polaren und dem unpolaren Kovats-Index. Grund dieser Differenz ist vor allem die starke Wechselwirkung von stationärer Phase und Probenkomponente in der polaren Säule. Die I-Differenz des Benzols ist z. B. durch eine Inkrementbildung in etwa voraussagbar. Benzol besteht *formal* aus einem zyklischen Ring mit 3 Doppenbindungen. Addiert man die entsprechenden Kovats-Indices-Differenzen unter der Berücksichtigung der Anzahl der Doppelbindungen, ergibt sich die berechnete Kovats-Index-Differenz von Benzol mit

$$I(\text{Benzol}) = 3 \cdot (\text{Doppelbindung}) + 1 \cdot \text{Cyclohexan}$$
$$I(\text{Benzol}) = 3 \cdot 31 + 34$$
$$I(\text{Benzol}) = 127$$

Die gemessene Kovats-Index-Differenz für Benzol ist 125. Ein Unterschied der gefundenen und berechneten Werte läßt sich durch die Konjugation im Benzolring erklären.

Die Verbindungen, die eine Carbonylgruppe beinhalten (hier Aldehyd und Keton), haben in etwa die gleiche Kovats-Index-Differenz.

Durch die Ermittlung der Indices können also gewisse Voraussagen über die Struktur der Verbindung gemacht werden. Unter Umständen hilft die Ermittlung der Indices bei der Auswahl geeigneter stationärer Phasen für den optimalen Einsatz von GC-Säulen.

7 Quantifizierende GC

7.1 Richtigkeit und Präzision

Richtigkeit und Präzision einer Analyse hängen stark von den gerätetechnischen und personellen Gegebenheiten ab. Erst wenn die Einheit „Anwender-Gaschromatograph-Auswertesystem" optimal ist, werden sich Analysenergebnisse einstellen, die akzeptabel sind. Der wirtschaftliche Erfolg eines Unternehmens oder die Funktionalität eines Prüfinstituts hängt wesentlich von der Qualität seiner Produkte und Dienstleistungen ab, die produzierte Qualität ist aber hauptsächlich von der Leistung und der Motivation der Mitarbeiter abhängig.

Nach DIN ISO 58936 [23] ist Qualität „die Gesamtheit der Merkmale und der Merkmalswerte eines Gegenstandes (z. B. einer Methode, eines Gerätes, eines Meßergebnisses) bezüglich ihrer Eignung, festgelegte und vorausgesetzte Erfordernisse zu erfüllen". Damit produzierte Qualität erhalten oder vielleicht sogar verbessert wird, hat sich der Begriff „Qualitätssicherung" etabliert. Dieser Begriff geht dabei weit über eine bloße Kontrolle hinaus. Besonders der vorzeitigen und vorausschauenden Erkennung von Fehlern wird dabei der Vorrang eingeräumt. Genau definiert die DIN ISO 58936 [23] den Begriff „Qualitätssicherung" mit „Gesamtheit aller Tätigkeiten des Qualitätsmanagements, der Qualitätsplanung, der Qualitätslenkung und der Qualitätsprüfung".

Genaueres über das Thema ist im Kapitel 10 über die systematische Fehlersuche, und im Kapitel 12 über die Qualitätssicherung, beschrieben.

Die deutsche Industrienorm DIN 55350 [24], die unter anderem auch bindende Definitionen von Genauigkeit und Qualität umfaßt, definiert den Begriff „Genauigkeit" als „Ausmaß der Annäherung von Ermittlungsergebnissen an den Bezugswert". Unter Bezugswert wird der wahre und richtige Wert verstanden. Die Kenngrößen für den Oberbegriff „Genauigkeit" sind dabei die beiden Begriffe „Richtigkeit" und „Präzision". Wird die Genauigkeit verfehlt, sind Fehler aufgetreten. Als Maß für die „Richtigkeit" wird pragmatisch die relative Abweichung von Ergebnissen vom Mittelwert $\bar{x}$ definiert (Gl. 7-1):

$$R_i = \frac{(\bar{x} - x_i)}{\bar{x}} \tag{7-1}$$

In Gl. (7-1) bedeutet:

R_i Maß für die Richtigkeit
$\bar{x}$ Mittelwert aller Messungen
x_i Einzelwert

Als Maß für die Präzision kann die Standardabweichung s oder der Variationskoeffizient V dienen. Der „wahre" Mittelwert liegt mit ca. 68% Wahrscheinlichkeit dabei im Bereich

(Mittelwert – Standardabweichung) bis

(Mittelwert + Standardabweichung).

Siehe dazu auch Kapitel 9, Angewandte Statistik.

7.2   Apparative Voraussetzungen

Die geforderte Präzision und Richtigkeit verlangen am Gaschromatographen gerätetechnische Voraussetzungen, die konsequent erfüllt sein müssen.

Zuvor muß das Problem der *Probenentnahme* gelöst sein. Es nützt nichts, wenn der Analytiker eine optimale GC-Analyse liefert, das Ergebnis aber nicht die Verhältnisse in der Gesamtheit der Probe wiederspiegelt. Gerade die Fehler, die hier gemacht werden, sind nie mehr gutzumachen. Folgende Grundregeln der Probenentnahme [25] sind zu beachten:

- Die Probe muß homogen sein.
- Die Probe muß die Gesamtheit des Systems widerspiegeln. Eine Probe muß so oft „gezogen" werden, daß Differenzen sofort erkennbar werden.
- Die Proben sind mit geeigneten Hilfsmitteln und Geräten aus der Gesamtheit zu ziehen und in geeigneten Behältern aufzubewahren.
- Verwendete Gassammelbehälter müssen dicht sein.
- Bei dem Probentransport von Gasen muß darauf geachtet werden, daß keine vorzeitige Kondensation auftritt.

Eine Probe ist dann repräsentativ für die Gesamtheit, wenn die Differenz zwischen gefundenem Wert und dem tatsächlichem Wert nur noch von zufälliger

Bedeutung ist. Ist die Gesamtmenge bereits homogen, kann durch eine einstufige Auswahl die Probe bestimmt werden.

Ist die Gesamtheit dagegen inhomogen, kann durch mehrstufige Entnahme eine „Durchschnittsprobe" entnommen werden. Wird eine solche inhomogene Wirkstoffmischung auf ihren durchschnittlichen Gehalt untersucht, kann durch Ziehen von 8 oder 12 Proben an verschiedenen, gleichmäßig voneinander entfernten Stellen und anschließendes „Doublieren", durch Teilen und anschließendem Vermischen der Teilproben, eine Durchschnittsprobe erhalten werden (Abb. 7-1).

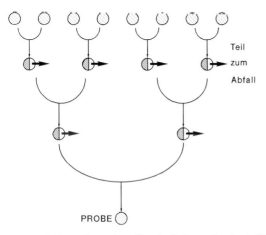

Abb. 7-1. Herstellung einer Durchschnittsprobe durch Doublieren

Selbstverständlich sind ständig Kontrollmessungen zur Überprüfung der Richtigkeit bei der Probenentnahme durchzuführen.

Beim *Einbringen der Probe* in den Gaschromatographen müssen bestimmte Voraussetzungen erfüllt sein. Die Proben müssen in unveränderter Form aus der Spritze in die Säule überführt werden. Das dazu verwendete Dosierverfahren muß sehr kritisch auf reproduzierbare und richtige Werte untersucht werden. Besonders bei der Verwendung von Split-Injektoren ist auf eine Diskriminierung der Komponenten zu prüfen. Folgende Arbeitsweisen sind bei der Dosierung geboten:

- Alle Verbindungen im Gaschromatographen sind auf Dichtheit zu überprüfen.
- Kolben und Kolbendichtungen der Spritze sind auf Dichtheit zu überprüfen.

- Die Probeneingabe hat dem Injektionsverfahren angepaßt (schnell oder langsam) zu erfolgen.
- Die Spritzen müssen sauber gespült sein.
- Die Spritzenkörper und die Kolben dürfen keine Substanzen der Probe ad- oder absorbieren.

An die Trennsäule sind folgende Anforderungen zu stellen:

- Länge, Innendurchmesser und stationäre Phase sind den Probenkomponenten anzupassen. Die Peaks sollen möglichst schmal und symmetrisch sein.
- Trägergas, Trägergasstrom, Säule und Ofentemperatur sind so einzustellen, daß die Komponenten optimal getrennt werden.
- Die stationäre Phase muß eine gute thermische Stabilität in dem gewählten Temperaturbereich besitzen.

An den Detektor und das Signalauswertungssystem werden bei quantitativen Analysen besondere Anforderungen gestellt. So sind im Umgang mit dem Auswertesystem folgende Punkte zu beachten:

- Das Auswertesystem muß eine ausreichend hohe Empfindlichkeit mit geringem Störpegel aufweisen.
- Die Spezifität und damit die Auswahl des Detektors ist dem Problem anzupassen.
- Die Quantifizierung der Komponenten muß im linearen Bereich des Detektors vorgenommen werden.
- Bei der Verwendung von Kapillarsäulen muß auf ausreichende Strömungsgeschwindigkeit des Gases im Detektor geachtet werden. Oft ist dazu ein separates Make-up-Gas notwendig.
- Bei der Verwendung eines Integrators oder eines PC-Auswertesystemes müssen die richtigen Auswerteparameter (Abschwächung, Rauschunterdrückung etc.) eingestellt werden.

Sind alle Geräteparameter optimal eingestellt und ist die richtige Bauteilauswahl vorgenommen, liefert die GC richtige, präzise und reproduzierbare Ergebnisse. Das Kapitel 10, Fehlersuche, wird sich mit den Fehlerursachen in der GC noch näher beschäftigen.

7.3   Quantitative Auswertemethoden

Probengemische können in der GC durch verschiedene Methoden quantifiziert werden:

1. Quantifizierung ohne Kalibrierung,
2. Quantifizierung mit Normierung,
3. Quantifizierung durch externen Standard,
4. Quantifizierung durch internen Standard,
5. Quantifizierung durch die Aufstockmethode.

Als Meßgröße für die Quantifizierung kann die Peakfläche oder unter Umständen die Peakhöhe dienen.

Für die quantitative Auswertung über die Peakhöhe gilt, daß die Peakhöhen im Chromatogramm extrem von der Retentionszeit abhängig sind. In Abb. 7-2 ist ein Alkangemisch chromatographiert, welches jeweils aus Alkanen mit gleichen Massenanteilen besteht.

Weiterhin stören bereits die geringsten Verzerrungen und Asymmetrien der Peaks das Peakhöhenverfahren. Daher ist bei der Verwendung der Peakhöhen zur Quantifizierung jeder Substanzpeak zu kalibrieren. Relativ gute Ergebnisse liefert die Auswertung nach der Peakhöhenmethode, wenn zwei direkt benachbarte Peaks nicht richtig aufgelöst ($R < 1,3$) sind und die Peaks auch noch sehr unterschiedliche Höhen aufweisen (Abb. 7-3).

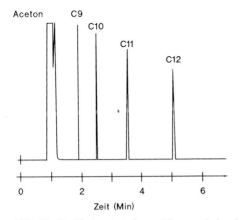

Abb. 7-2. Peakhöhen bei einem Alkangemisch mit gleichen Massenanteilen.

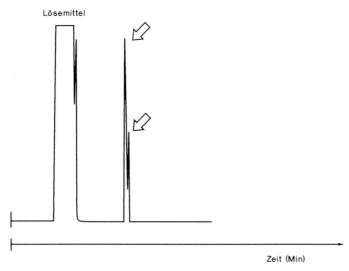

Abb. 7-3. Vorteilhafte Auswertung mit Peakhöhen

Die Peakhöhe kann direkt mit einem Lineal aus dem Gaschromatogramm vermessen werden.

Im Regelfall wird aber eine Quantifizierung nach der Peakfläche vorgenommen. Im Gegensatz zur Peakhöhe ist die Peakfläche in weiten Grenzen nicht retentionszeitabhängig. Allerdings dürfen die Peaks bei der Peakflächenmethode nicht durch sehr starkes Tailing oder Fronting verzerrt sein.

7.3.1 Bestimmung der Peakfläche

Zur Bestimmung der Peakfläche können verschiedene Methoden dienen.

1. Ausschneiden der Peaks und Bestimmung der Masse des ausgeschnittenen Peaks auf einer Analysenwaage,
2. Bestimmung über die Halbwertsbreite $b_{1/2}$,
3. Bestimmung über die Breiten in 15% und 85% der Peakhöhe und
4. Peakflächenbestimmung mit elektronischen Systemen.

Die Ausschneide- und Wiegemethode ist nicht mehr zeitgemäß und sollte nur noch im Notfall verwendet werden.

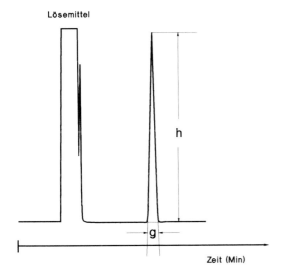

Lösemittel

h

g

Zeit (Min)

Abb. 7-4. Peakflächenbestimmung durch eine Dreiecksberechnung

Ist eine Trennsäule nicht überladen und die Säule richtig eingebaut, werden die Peaks eine symmetrische Form annehmen. Ist das der Fall, kann die Fläche des Peaks über die *Dreiecksmethode* bestimmt werden. In diesem Fall wird angenommen, daß der Peak die Form eines gleichschenkligen Dreiecks besitzt; die Fläche wird mit der Berechnungsformel des Dreiecks bestimmt, siehe dazu Gl. (7-2) und Abb. 7-4.

$$A = \frac{g \cdot h}{2} \qquad (7\text{-}2)$$

In Gl.(7-2) bedeutet:

A Peakfläche
g Grundlinienlänge
h Peakhöhe

Leider ist durch ein leichtes Tailing oder Fronting die Grundlinienlänge g nicht exakt zu bestimmen. Unter idealen Bedingungen ist ein Peak identisch mit dem Kurvenverlauf einer Gauß-Verteilung (siehe Kap. 9, Angewandte Statistik). Ohne direkt auf diese Funktion einzugehen, kann man aus der Funktion einen Zusammenhang zwischen der Grundlinienlänge und der Breite des Peaks

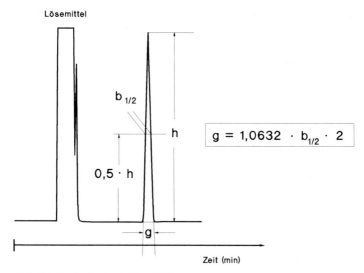

Abb. 7-5. Breite in der halben Höhe

in der halben Höhe (der sogenannten „Halbwertsbreite $b_{1/2}$") entnehmen, siehe dazu Gl. (7-3) und Abb. 7-5:

$$g = 1{,}0632 \cdot b_{1/2} \cdot 2 \tag{7-3}$$

In Gl. (7-3) bedeutet:

    g Grundlinienlänge des Dreiecks
    $b_{1/2}$ Breite des Peaks in der halben Höhe (Halbwertsbreite)

Setzt man Gl. (7-3) in die Berechnungsgleichung des Dreiecks (Gl. (7-2)) ein, erhält man bei symmetrischen Peaks die Berechnungsgleichung Gl. (7-4):

$$A = 1{,}0632 \cdot b_{1/2} \cdot h \tag{7-4}$$

In Gl. (7-4) bedeutet:

    A Peakfläche (mm^2)
    $b_{1/2}$ Halbwertsbreite (mm)
    h Peakhöhe (mm)

Sind die Peaks sehr stark geteilt, kann eine Beziehung verwendet werden, die von Condal-Bosch [26] entwickelt wurde. Dazu vermißt man die Breite der Peaks in 15% und 85% der Höhe mit einem Fadenzähler und setzt die Werte in die Gleichung Gl. (7-5) ein:

$$A = \frac{h \cdot (b_{0,15} + b_{0,85})}{2} \tag{7-5}$$

In Gl.(7-6) bedeutet:

A Peakfläche (mm^2)
h Peakhöhe (mm)
$b_{0,15}$ Peakbreite in 15% der Peakhöhe
$b_{0,85}$ Peakbreite in 85% der Peakhöhe

Mit der Gl. (7-5) kann man relativ gut die Peakflächen bestimmen.

Für die graphische Aufnahme der Peaks konnte früher hinter Detektor und Verstärker nur ein X-Y-Analogschreiber mit einem definierten Vorschub eingesetzt werden. Am Analogschreiber kann die Eingangsempfindlichkeit so gewählt werden, daß die entstehenden Signale optimal auf das Papierformat aufgezeichnet werden.

Dieses Verfahren hat aber drei Nachteile:

1. Die Retentionszeiten der Peaks sind nur sehr ungenau zu bestimmen, sie müssen mit dem Zentimetermaß gemessen und mit dem Schreibervorschub umgerechnet werden.
2. Die Darstellung ist nach dem Analysenlauf nicht mehr veränderbar. Falls die Peaks dem gewünschten Format nicht entsprechen, muß der Analysenlauf wiederholt werden.
3. Die Flächenintegration ist über die Dreiecksmethode oder die Condal-Bosch-Methode relativ ungenau und darüber hinaus sehr zeitaufwendig.

Daher hat man schon sehr frühzeitig Geräte entwickelt, die die Peakfläche und die Retentionszeit des Peakmaximums selbständig bestimmen können. Solche Geräte nennt man *elektronische Integratoren*. Allerdings müssen Integratoren optimal vom Anwender eingestellt werden, sonst messen sie nicht mit der erforderlichen Genauigkeit. Es ist ein Irrtum anzunehmen, daß Integratoren grundsätzlich und automatisch genau messen. Würden sie das tun, könnte man auf die bildliche Darstellung eines Chromatogrammes in Form eines

Peaks verzichten. Das wäre aber für die Beurteilung eines Analysenverlaufes fatal.

7.3.2 Responsefaktor R

Wird die Komponentenmenge, die in den Detektor gelangt, innerhalb seines linearen Bereiches registriert, gilt generell die Proportion

$$m \cong A \quad \text{oder}$$
$$m \cong H \tag{7-6}$$

In der Proportion (7-6) bedeutet:

m Masse der Komponente
A Peakfläche
H Peakhöhe

Um aus einer Proportion eine Gleichung zu bilden, wird die Konstante R in die entsprechende Proportionalbeziehung eingeführt. Diese Konstante R regelt die Abhängigkeit der Peakfläche (oder der Höhe) von der Komponentenmenge und wird auch Responsefaktor genannt. Diese Betrachtungen gelten nur für massenabhängige Detektoren (z. B. FID), für konzentrationsabhängige Detektoren (z. B. WLD) kann sinngemäß die Konzentration (Masse/Volumen) in die Gleichung eingeführt werden (Gl. (7-7) und Gl. (7-8)):

$$m = R \cdot A \tag{7-7}$$

$$c = R' \cdot A \tag{7-8}$$

In Gl. (7-7) und Gl. (7-8) bedeutet:

m Komponentenmenge im Detektor
A Peakfläche
R, R' Responsefaktoren (Proportionalitätsfaktoren)
c Konzentration der Komponente

Jede Substanz besitzt für das verwendete Detektorensystem einen separaten Responsefaktor. Verbindungen, die chemisch und physikalisch ähnlich sind, besitzen auch im allgemeinen ähnliche Responsefaktoren.

Sind die Responsefaktoren der Einzelkomponenten bekannt, kann von der Peakfläche nach Gl. (7-7) und Gl. (7-8) direkt auf die entsprechende Komponentenmasse oder -konzentration im Detektor geschlossen werden.

Viel bedeutender als die Bestimmung einer absoluten Stoffmenge ist für den Anwender die Bestimmung des Massenanteils einer Komponente (%) in dem Probengemisch. Zur Berechnung des Massenanteils w (%) in einem Probengemisch dient Gl. (7-9:

$$w(\text{K}1) = \frac{m(\text{K}1)}{m(\text{K}1) + m(\text{K}2) + m(\text{K}3) + \dots} \cdot 100\% \qquad (7\text{-}9)$$

In Gl. (7-9) bedeutet:

w (K1) Massenanteil der Komponente 1 in%
m(K1) Masse der Komponente 1 im Detektor
m(K2) Masse der Komponente 2 im Detektor usw.

Ersetzt man in Gl. (7-9) die Massen m(K1)$\dots m$(K3) durch die die entsprechenden Produkte aus R und A, erhält man Gl. (7-10)

$$w(\text{K}1) = \frac{R1 \cdot A1}{R1 \cdot A1 + R2 \cdot A2 + R3 \cdot A3 \dots} \cdot 100\% \qquad (7\text{-}10)$$

In Gl. (7-10) bedeutet:

W(K1) Massenanteil der Komponente 1 in%
$A1$ Peakfläche der Komponente 1
$R1$ Responsefaktor der Komponente 1
$A2$ Peakfläche der Komponente 2
$R2$ Responsefaktor der Komponente 2 usw.

Das Problem in der quantitativen GC besteht im allgemeinen darin, die entsprechenden Responsefaktoren aller Komponenten der Mischung hinreichend exakt zu bestimmen. In den folgenden Abschnitten sollen die dazu notwendigen Quantifizierungverfahren näher beschrieben werden.

7.3.3 Quantifizierung ohne Kalibrierung und Normierung

Aus der Gl. (7-10) kann man entnehmen, daß jede Komponente einen eigenen Responsefaktor R zur Berechnung des Massenanteils benötigt. Hat man im

Probengemisch nur Substanzen, die eine große chemische und physikalische Ähnlichkeit zueinander aufweisen, kann die Quantifizierungsgleichung (Gl. 7-10) vereinfacht werden. Die Responsefaktoren von Substanzen aus einer homologen Reihe sind normalerweise so ähnlich, daß sie praktisch gleich gesetzt werden können. Bei der Verwendung eines FIDs haben z.B. alle unverzweigten Alkane den gleichen Responsefaktor R. Deshalb gilt dann:

$$R1 \cong R2 \cong R3 \tag{7-11}$$

und durch Kürzen des gemeinsamen Responsefaktors in Gl. (7-10) erhält man Gl. (7-12)

$$w(K1) = \frac{A1}{A1+A2+A3\ldots} \cdot 100\% \tag{7-12}$$

In Gl. (7-12) bedeutet:

$w(K1)$ Massenanteil der Komponente 1 in%
$A1$ Peakfläche der Komponente 1
$A2$ Peakfläche der Komponente 2
$A3$ Peakfläche der Komponente 3

Zur Bestimmung des Massenanteils von nur einer Komponente im Gemisch müssen daher *alle* im Chromatogramm entstehenden Peakflächen berücksichtigt werden, was die Prozedur zeitaufwendig machen kann!

Natürlich muß sichergestellt sein, daß bei den gegebenen gaschromatographischen Bedingungen die Responsefaktoren auch wirklich so ähnlich sind, daß Gl. (7-12) gelten kann. Leider wird diese Gleichstellung der Responsefaktoren in der Praxis nicht sehr oft vorkommen, so daß diese Quantifizierungsmethode nur gelegentlich eingesetzt werden kann.

7.3.4 Quantifizierung durch Normierung

Diese Methode folgt der Gleichung Gl. (7-13), wobei mit Hilfe eines Kalibriergemisches ein spezifischer Korrekturfaktor T für jede Substanz bestimmt wird.

$$w(K1) = \frac{T1 \cdot A1}{A1+A2+A3} \cdot 100\% \tag{7-13}$$

In Gl. (7-13) bedeutet:

$w(K1)$ Massenanteil der Komponente 1
$A1$ Peakfläche der Komponente 1
$T1$ Korrekturfaktor der Komponente 1
$A2$ Peakfläche der Komponente 2 usw.

Zur Bestimmung der Responsefaktoren wird ein externes Kalibriergemisch hergestellt, dessen quantitative Zusammensetzung (Massenanteile in %) durch sehr genaues Einwiegen und anschließende Berechnung ermittelt wird. Die Massenanteile der „künstlich" hergestellten Kalibrierlösung soll in etwa der Zusammensetzung der später zu bestimmenden Probenlösung entsprechen. Durch einen Vergleich des im Chromatogramm erhaltenen Flächenanteils mit dem tatsächlich durch Einwiegen bestimmten und dann berechneten Massenanteil ($w1$ (Einwaage)), kann der Korrekturfaktor T berechnet werden (Gl. (7-14)):

$$T(1) = \frac{w1 \text{ (Einwaage)}}{w1 \text{ (aus Flächenbestimmung)}}$$
(7-14)

In Gl.(7-14) bedeutet:

$T(1)$ Korrekturfaktor der Substanz 1
$w1$ (Einwaage)   Massenanteil, definiert und berechnet durch Einwaage
$w1$ (aus Flächenbestimmung) Massenanteil aus dem resultierenden Chromatogramm

Für jede weitere Komponente im Gemisch wird analog verfahren. Heute ist jeder Integrator in der Lage, solche Kalibrierungen nach dem Normierungsverfahren vorzunehmen.

Für alle in der Probe enthaltenen Komponenten muß der jeweilige Korrekturfaktor T ermittelt werden. Daher müssen natürlich alle in Frage kommenden Komponenten auch bekannt sein. Sind alle Korrekturfaktoren T bestimmt, kann das reine Probengemisch chromatographiert werden. Aus den Peakflächen und den Korrekturfaktoren wird dann der entsprechende Massenanteil nach Gl. (7-15) berechnet:

$$w(K1) = \frac{T1 \cdot A1}{T1 \cdot A1 + T2 \cdot A2 + T3 \cdot A3} \cdot 100\%$$
(7-15)

In Gl. (7-15) bedeutet:

w(K1) Massenanteil der Komponente 1
A1   Peakfläche der Komponente 1
T1   Korrekturfaktor der Komponente 1
A2   Peakfläche der Komponente 2
T2   Korrekturfaktor der Komponente 2 usw.

Diese Methode ist sehr aufwendig; sie wird auch zu falschen Ergebnissen führen, wenn nicht alle Komponenten des Probengemisches aus der Säule eluiert werden.

7.3.5 Quantifizierung mit einem externen (äußeren) Standard

Diese Quantifizierungsmethode wird in der Gaschromatographie selten angewendet. Man spritzt von der zu bestimmenden Komponente separat hergestellten Kalibrierlösungen mit steigenden Konzentrationen in den Gaschromatographen ein und erfaßt die jeweilige Peakfläche der zu messenden Komponenten. Dabei muß sichergestellt sein, daß von jeder Lösung immer das gleiche Volumen an Kalibrierlösung in den Injektor eingespritzt wird. Da mit einer

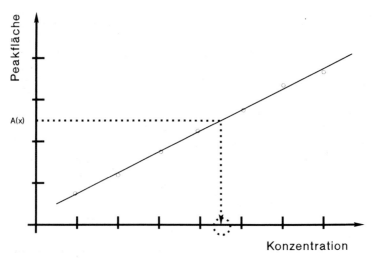

Abb. 7-6. Methode des externen Standards

Handinjektion die Forderung nur mit Schwierigkeiten zu erfüllen ist, wird die Methode überwiegend nur bei der Verwendung von automatischen Injektorsystemen (Autosampler) verwendet.

Die Abhängigkeit der Peakfläche von der Konzentration der Komponente wird graphisch aufgetragen. Aus der Funktion kann entnommen werden, ob die Abhängigkeit der Peakfläche von der Konzentration noch linear ist. Gegebenenfalls ist eine Untersuchung auf Linearität durchzuführen (siehe Kap. 9, Angewandte Statistik).

Anschließend wird das gleiche Volumen an Probenlösung unter absolut gleichen Bedingungen in den Gaschromatographen eingespritzt. Die nun erhaltene Peakfläche der Komponente wird in die Kurve eingetragen und durch Extrapolation die entsprechende Konzentration der Komponente bestimmt (Abb. 7-6).

7.3.6   Quantifizierung mit Hilfe des inneren Standards

Diese Quantifizierungsart wird dann benutzt, wenn nur von wenigen Komponenten in einem Probengemisch der Massenanteil bestimmt werden muß. Die Methode wird sehr häufig angewendet und liefert gute Ergebnisse. Sie wird in 3 Teilschritten durchgeführt:

1. Suche nach einer Standardsubstanz,
2. Methodenfaktorbestimmung und
3. Komponentenbestimmung.

Zuerst wird die zu untersuchende Probenlösung in den Injektor des Gaschromatographen eingespritzt und die zu quantifizierende Komponente durch Retentionszeitvergleich mit einer reinen Komponentenlösung identifiziert (Siehe Kap. 6, Qualitative GC).

Anschließend muß eine Substanz gefunden werden,

- die in der Probenlösung *nicht* vorhanden ist,
- die an einer freien Stelle möglichst nahe am zu quantifizierenden Komponentenpeak registriert wird,
- die in etwa den gleichen Dampfdruck wie die Komponente besitzt, so daß beim Splitbetrieb keine Diskriminierung auftritt,
- die keine Zersetzungsneigung besitzt und
- die man gut einwiegen kann.

Oft werden dazu Substanzen verwendet, die aus der gleichen homologen Reihe stammen wie die zu quantifizierende Probenkomponente. Eine solche Substanz nennt man „innere Standardsubstanz".

Anschließend wird von der Probenkomponente und von der inneren Standardsubstanz eine Kalibriermischung durch sehr genaues Einwiegen so zusammen gemischt, daß sie in etwa die späteren Konzentrationsverhältnisse in der Probenlösung repräsentiert.

Die so hergestellte Kalibrierlösung wird chromatographiert und man erhält im Chromatogramm von der eingewogenen Masse der Komponentensubstanz ($= m(\text{Ko})$) und von der Masse des Standards ($= m(\text{St})$) die Peakflächen der Komponente ($= A(\text{Ko})$) und die Peakfläche des Standards ($= A(\text{St})$). Mit Hilfe der Gl. (7-16) kann der Methodenfaktor $f(\text{Methode})$ berechnet werden.

$$f(\text{Methode}) = \frac{A(\text{St}) \cdot m(\text{Ko})}{A(\text{Ko}) \cdot m(\text{St})} \tag{7-16}$$

Nun wird eine bestimmte Masse der eigentlichen Probe eingewogen ($= m(\text{Probe})$) und zu dieser Menge eine bestimmte Masse Standardsubstanz ($= m(\text{St})$) zugewogen. Die Massen sind durch einen Vorversuch so auszuwählen, daß im späteren Chromatogramm die beiden Peaks in etwa gleich groß sind. Ist die Konzentration des Standards *viel* höher als die der gesuchten Komponente, wird deren gemessene Konzentration zu niedrig sein.

Das Proben-Standard-Gemisch wird unter den gleichen GC-Bedingungen chromatographiert und man erhält die Peakfläche von der Standardsubstanz $A(\text{St})$ und die Peakfläche von der Probenkomponente $A(\text{Ko})$. Die Berechnung des Massenanteils der Probenkomponente geschieht nach Gl. (7-17):

$$w(\text{Ko}) = \frac{f(\text{Methode}) \cdot A(\text{Ko}) \cdot m(\text{St}) \cdot 100\%}{m(\text{Probe}) \cdot A(\text{St}) \cdot m(\text{Ko})} \tag{7-17}$$

Für jede zu quantifizierende Komponente ist diese Standardisierung vorzunehmen. Daher wird diese recht genaue Methode nur für einzelne Komponenten im Probengemisch bevorzugt. Die Einspritzvolumen der Analysenläufe müssen nicht genau gleich sein, da nur das Verhältnis von Standard zu Komponente gemessen wird. Daher werden die Nachteile, die z. B. bei der Methode mit Normierung auftreten, vermieden.

7.3.7   Quantifizierung durch die Aufstockmethode

Die Quantifizierungsmethode durch Aufstockung wird gewöhnlich in der Spurenanalytik und bei Untersuchungen zur Wiederfindungsrate angewendet. Um den Einfluß stoffspezifischer Faktoren zu begrenzen, wird eine bestimmte Menge der gesuchten Komponente dem Probengemisch zusätzlich zugeführt

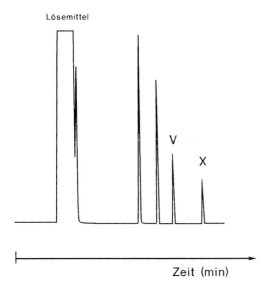

Lösemittel

V

X

Zeit (min)

Abb. 7-7. Originalprobe vor der Aufstockung

(„aufgestockt") und der Peakflächenzuwachs gemessen. Um von dem eingespritzten Volumen in bestimmten Grenzen unabhängig zu werden, verwendet
man einen Begleitpeak (eine stabile Verunreinigung) in der Probe, der in der
Nähe des Probenkomponentenpeaks eluiert wird, als Referenzpeak. Aus den
Abb. 7-7 und Abb. 7-8 kann man die Veränderung der Probe durch die Aufstockung erkennen.

Die Berechnung des Massenanteils der Probenkomponente erfolgt nach Gl.
(7-18)

$$w(X) = \frac{A\,(X/\mathrm{Orig}) \cdot m\,(\mathrm{Aufstock}) \cdot 100\%}{m\,(\mathrm{Probe}) \left[\dfrac{A\,(\mathrm{REF/Orig})}{A\,(\mathrm{REF/Aufst})} \cdot A\,(X/\mathrm{Aufst}) - A\,(X/\mathrm{Orig}) \right]} \qquad (7\text{-}18)$$

In Gl. (7-18) bedeutet:

$w(X)$	Massenanteil der gesuchten Probenkomponente in %
$A\,(X/\mathrm{Orig})$	Peakfläche der Probenkomponente in der Orginal-probe
$A\,(X/\mathrm{Aufst})$	Peakfläche der Probenkomponente nach der Auf-stockung

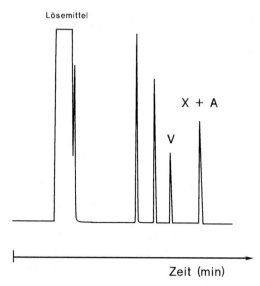

Abb. 7-8. Probe nach der Aufstockung

A (REF/Orig)	Peakfläche des Referenzpeaks in der Originalprobe
A (REF/Aufst)	Peakfläche des Referenzpeaks nach der Aufstockung
m (Probe)	Masse der eingewogenen Probe
m (Aufstock)	Masse der zugewogenen Aufstocksubstanz

8 Erweiterte GC-Maßnahmen

Manchmal reichen die bisher beschriebenen Möglichkeiten der GC nicht aus, um ein Gemisch chromatographisch zu trennen oder die Probenkomponenten sicher zu identifizieren. Nur mit Hilfe bestimmter, erweiterter GC-Maßnahmen kann ein solches Problem eventuell doch mit Erfolg gelöst werden.

So sind z. B. manchmal die Matrices von Proben, die aus natürlichen Wachstumsprozessen stammen, so komplex, daß das Chromatogramm durch eine Vielzahl von Peaks und Peakgruppen schnell unübersichtlich und darüber hinaus die Trennung sehr erschwert wird. In diesem Fall kann eine gezielte Headspace-Analyse eventuell zum Erfolg führen.

Weiterhin kann, wie in Kap. 6 erläutert wurde, die Identifizierung eines Probenpeaks so schwierig sein, daß eine Kopplung der gaschromatographischen Trennung mit einer weiteren Identifizierungsmethode, z. B. Massenspektroskopie oder FT-IR, notwendig sein wird.

8.1 Headspace-Probenaufbereitung

Die gaschromatographische Headspace-Vorbereitung [27] ist eine besondere Art der Probenaufarbeitung und Probenverarbeitung. Hierbei werden ausschließlich die Dämpfe, die sich über einer flüssigen oder festen Probe gebildet haben, verwendet, um eine gaschromatographische Analyse anzufertigen. Die Menge an Substanz, die in der Dampfphase nach ausreichend langer Standzeit über der Probe enthalten ist, ist im Gleichgewicht mit der Menge, die sich in der Probe befindet. Die Probe wird dabei keinem besonderem Erhitzungs- oder Reinigungsprozeß ausgesetzt. Dadurch ist Headspaceanalytik bei solchen Proben beliebt, bei denen die Probensubstanzen während der Probenvorbereitung durch die komplizierten physikalischen Aufarbeitungsprozesse verändert werden könnten. Eine Überladung der Trennsäule und des Detektors durch eine zu große Lösemittelmenge ist bei der Methode „Headspace" ausgeschlossen.

Headspace-Probevorbereitung wird beispielsweise eingesetzt:

- bei der Bestimmung des Blutalkohols,
- bei der Analyse von Aromastoffen in Lebensmitteln,
- bei der Bestimmung der Weichmacherverflüchtigung aus Kunststoffen,
- bei der Lösemittelabgabe von Klebfilmen,
- bei der Wasseranalytik (org. Lösemittel) etc.

Im einfachsten Fall der Headspace-Vorbereitung wird mit Hilfe einer gasdichten Spritze ein aliquoter Teil des Dampfraums über einer Probe entnommen und direkt in den Injektor des Gaschromatographen eingespritzt. Manche Anwender legen noch ein schwaches Vakuum über die geschlossene Probe an, um die betreffenden Substanzen besser in den Dampfraum zu überführen. Oftmals stören bei dieser Vakuum-Vorbereitung weitere leichtverdampfbare Bestandteile der Probe (z. B. das Lösemittel), welche dann auch verstärkt in den Dampfraum übergehen.

Eine andere Methode der Headspace-Vorbereitung besteht darin, daß die in den Dampfraum ausgegasten Stoffe an ein hochwirksames Adsorbens gebunden werden. Das Adsorbens befindet sich in besonderen Speichersäulen, die die betreffenden Substanzen aus dem Dampfraum binden. Von dieser Speichersubstanz wird eine hohe Adsorptionsfähigkeit und thermische Belastbarkeit verlangt. Die adsorbierten Substanzen werden dann für die eigentliche Analyse bei relativ hoher Temperatur wieder aus dem Adsorbens ausgetrieben. Solche Speichersubstanzen sind z. B. graphitisierte Aktivkohle, bestimmte Polystyrene und Polysiloxane [27].

Eine weitere Methode, um die flüchtigen Probenbestandteile in den Dampfraum überzuführen, besteht in der sogenannten Ausgastechnik (gasphasestripping). Dazu durchpulst ein ständiger Gasstrom (z. B. Helium oder Stickstoff) die flüssige Probe und bringt die darin gelösten, flüchtigen Spuren in den Dampfraum. Dabei bildet sich aber meist kein Gleichgewicht zwischen Flüssigkeits- und Dampfphase aus. Das Stripping-Gas wird über ein Adsorbens geleitet, welches die dampfförmigen Substanzen aufnimmt. Durch Erhitzen des Adsorbens werden die angereicherten Probensubstanzen wieder in den Dampfraum überführt und können dann in den Gaschromatographen eingebracht werden.

Bei quantitativen Headspace-Analysen kann die Aufstockmethode (siehe Kap. 7, Quantitative GC) angewendet werden, bei der die betreffende Probensubstanz durch eine zugewogene Menge der gleichen Substanz „aufgestockt" wird und eine andere, ebenfalls flüchtige Substanz als Vergleichs-Peak benutzt wird. Eine quantitative GC-Analyse mit einer Headspace-Aufbereitung wird immer mit einer Standardsubstanz durchgeführt, die auch der Headspace-Vorbereitung unterworfen wird.

8.2 Festphasenextraktion (SEC)

Die Festphasenextraktion ist eine Probenvorbereitungsmethode, die auf dem Prinzip der Säulenchromatographie beruht. Ihre Bedeutung erlangte diese Methode ab 1980, als leistungsfähige RP-Adsorbensmaterialien zur Verfügung standen, die auch in etwas veränderter Form in der HPLC eingesetzt wurden. Festphasenextraktionen werden entweder angewendet, um aus sehr verdünnten Lösungen bestimmte Komponenten für die eigentliche Analyse anzureichern oder um bei der Analyse störende Begleitstoffe aus dem Probenmaterial herauszulösen.

Eine Festphasenextraktionssäule besteht aus dem Säulenkörper aus Glas oder aus sehr reinem, weichmacherfreiem Polypropylen, einer Filterfritte aus Polyethylen, aus dem Sorbensmaterial und aus einer weiteren Fritte, die die Kartusche nach unten abschließt. Das Kartuschenende ist ein handelsüblicher LUER-Anschluß, wie man ihn auch von Einmalspritzen kennt (Abb. 8.1).

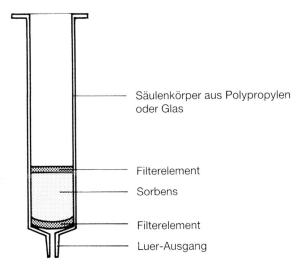

Säulenkörper aus Polypropylen
oder Glas

Filterelement

Sorbens

Filterelement

Luer-Ausgang

Abb. 8-1. Festphasenextraktionssäule.

Tabelle 8-1. Adsorbens auf modifizierte Silicagel- und Ionenaustauscherbasis

Unpolar	Polar	Ionenaustauscher
n-Octadecyl C18	Cyanopropyl-Silicagel (CN)	Benzylsulfonsäureaustauscher (SCX)
n-Octyl C8	2,3-Dihydroxypropoxypropyl (DIOL)	Propysulfonsäureaustauscher (PRS)
n-Ethyl (C2)	Aminopropyl (NH2)	Carboxypropyl (CBA)
Cyclohexyl (CH)	unmodifiziertes Silicagel (SI)	Aminopropylaustauscher (NH2)
Phenyl (PH)		Triaminopropylaustauscher (SAX)

Als Adsorbens können verschiedene Phasen ausgewählt werden (Tab. 8-1). Das am meisten verwendete Adsorbensmaterial ist ein irreguläres modifiziertes Silicagel, welches eine Korngröße zwischen 40 und 60 µm und eine Porenweite von etwa 60 Angström besitzt. Das Sorbensmaterial hat eine Oberfläche von bis zu 600 Quadratmetern pro Gramm. Das verwendete Silicagel hat eine hohe spezifische Oberfläche, ist hochporös, erfährt keine Quellung oder Schrumpfung und kann in vielen Variationen und Modifikationen hergestellt werden. Modifiziertes Silicagel wird durch Umsetzung der Silanolgruppen des Silicagels mit Monochlorsilan oder Trichlorsilanen (Abb. 8-2) erhalten.

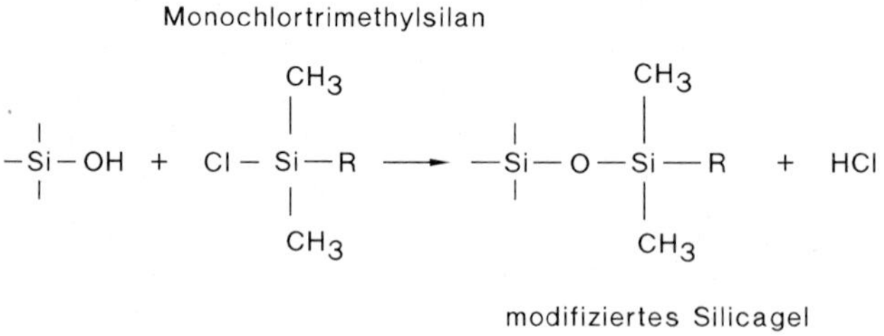

Monochlortrimethylsilan

$$-Si-OH \; + \; Cl-\underset{\underset{CH_3}{|}}{\overset{\overset{CH_3}{|}}{Si}}-R \; \longrightarrow \; -Si-O-\underset{\underset{CH_3}{|}}{\overset{\overset{CH_3}{|}}{Si}}-R \; + \; HCl$$

modifiziertes Silicagel

Abb. 8-2. Umsetzung der Silanolgruppen mit Silanen

Die trichlorsilanmodifizierten Silicagele sind räumlich vernetzt und werden überwiegend in der RP-HPLC eingesetzt (Siehe „RP-HPLC für Anwender" in dieser Buchreihe). Alle Silanolgruppen sind durch den Silanisierungsprozeß nicht umsetzbar, es bleiben aus sterischen Gründen noch viele Silanolgruppen unumgesetzt. Um einen Teil dieser unbesetzten Gruppen ebenfalls mit Silanen umzusetzten, kann der Hersteller mit kleinkettigen Silanen (z. B. kurzkettige Monochlortrimethylsilanen) eine Nachsilanisierung durchführen. Das Produkt nennt man dann Endcapped-Material (EC).

Ein wichtiges Kriterium zur Klassifizierung ist der Kohlenstoffgehalt des Materials (Unmodifiziertes Silicagel ist kohlenstofffrei!). Je höher der Kohlenstoffgehalt ist, umso höher ist die Beladungsmöglichkeit des Absorbens mit Material. Allerdings sinkt die Benetzbarkeit des Adsorbens für eine Flüssigkeit mit steigendem Kohlenstoffgehalt. Es muß also ein Kompromiß zwischen Beladung und Benetzbarkeit des Materials gefunden werden, der Kohlenstoffgehalt liegt daher für die meisten Adsorbensmaterialien zwischen 11 und 22%. Endcapped-Material hat etwa einen um 1% höheren Kohlenstoffgehalt als nicht endgecappedes Material.

Der Ablauf der Festphasenextraktion ist immer gleich:

1. Waschen der Säule mit Hexan
2. Trockensaugen der Säule im Stickstoffstrom
3. Vorkonditionieren der Festphasenextraktions-Säule
4. Aufgabe der Probe
5. (Trockensaugen der Säule unter Stickstoffstrom)
6. Spülen der Säule, um Begleitstoffe zu entfernen
7. (Trockensaugen der Säule unter Stickstoffstrom)
8. Elution der gewünschten Substanz mit einem geeigneten Lösemittel

Das 1. Waschen der Säule mit Hexan ist nur bei sehr aufwendigen Analysen notwendig. Ein gründliches Trockenblasen mit Stickstoff ist dann aber unbedingt erforderlich. Das Vorkonditionieren mit einem polaren Lösemittel (z. B. Methanol) dient zur Solvatisierung des Sorbens und einer besseren Benetzung durch die Probenflüssigkeit. Normalerweise reicht dazu das einmalige Füllen des Probenresevoirs der Säule. Anschließend wird die Probenlösung durch die Säule hindurchgesaugt. Dies geschieht mit speziell eingerichteten Absaugbänken oder mit Hilfe einer einfachen Saugflasche. Das Vakuum ist so einzustellen, daß bei einer 1 ml Säule ein Fluß von etwa 1 mL/min an Probenlösung durchgesaugt wird. Bei einer 6 mL Säule ist ein Fluß von 10 bis 20 mL/min einzustellen. Eine Mindestmenge an Flüssigkeit ist sicherzustellen.

Sollen nur kleine Mengen an Flüssigkeit durch die Säule geschleust werden, kann man die Säule in ein Zentrifugenglas geben und bei 300 bis 400 Umdrehungen pro Minute zentrifugieren. Manche Firmen bieten Adapter an, mit denen man die Flüssigkeit durch die Proben pressen kann. Ist die Säule verstopft, verliert sie sofort an Wirksamkeit, reproduzierbare Ergebnisse sind damit nicht mehr zu erzielen.

Ist die Probenflüssigkeit wie z. B. Hexan sehr unpolar, empfiehlt es sich, zur Probenlösung bis maximal 1% Isopropanol hinzuzufügen, um die Solvatisierung des Absorbens aufrecht zu erhalten, ein zusätzlicher Elutionsprozeß ist bei der geringen Menge an Alkohol nicht zu erwarten.

Sollen nun unerwünschte Begleitstoffe aus der Säule extrahiert werden, muß ein geeignetes Lösemittel gefunden werden, das die Probensubstanz nicht eluiert. Ist das Extraktionslösemittel mit der ursprünglich aufgebrachten Probenlösung nicht mischbar, muß nach dem Probendurchlauf am besten unter einem Stickstoffstrom trockengesaugt werden. Das Extraktionslösemittel wird langsam durch die Säule gesaugt und entfernt die unerwünschten Begleitstoffe. Danach muß unter Umständen wieder trockengesaugt werden. Nun folgt die Elution der später zu analysierenden Komponenten aus der Säule mit einem geeigneten Lösemittel.

Die Gesamtmenge, die die Säule binden kann, hängt zum einen von der Art der Substanzen ab, zum anderen natürlich von der Menge an stationärer Phase in der Säule. In Tabelle 8-2 ist die Abhängigkeit der Maximalbindungsmenge von der Masse an stationärer Substanz angegeben. Man sollte aber deutlich unter dieser angegebenen Maximalmenge bleiben (Tab. 8-2).

Tab. 8-2. Mindestvolumen und Maximalbeladung an Probenmaterial

Menge an stationärer Phase	50 mg 1 mL Röhre	100 mg 3 und 10 mL Röhre	200 mg 3 und 10 mL Röhre	500 mg 3, 6 und 10 mL Röhre
Maximalmenge	2,5 µg	5 µg	10 µg	25 µg
Mindestvolumen	125 µL	250 µl	500 µL	1,2 mL

Es kann nach einer guten Methodenentwicklung mit einer sehr hohen Wiederfindungsrate der Substanzen gerechnet werden. Trotzdem ist es immer empfehlenswert, eine definierte Menge eines Standards mit in die Probe zu geben, aufzubereiten und das Verhältnis Komponente zu Standard in der Analyse auszumessen. (siehe Kapitel 7, quantitative GC)

Lösemittel, Elutionsmittel, Menge an stationärer Phase, Laufgeschwindigkeit und Art der stationären Phase sind den Probenkomponenten anzupassen. Alle großen Hersteller bieten solche Festphasenextraktionssäulen an (z. B. ICT-ASS, SUPELCO, CHROMPACK usw.). Es ist zweckmäßig, bei Festphasenextraktions-Applikationsproblemen mit den Herstellern der Säulen Kontakt aufzunehmen und eine Beratung zu erbitten.

Ursachen für mangelnde Wiederfindungsraten sind:

1. falsche Säulenkonditionierung,
2. zu hohe Flußraten,
3. Weiterbearbeitung trotz Verstopfung der Säule,
4. zu geringe Trocknungszeiten,
5. falsche Einstellung des pH-Wertes,
6. zu hohe oder zu niedrige Temperatur,
7. schlechte Lösemittelqualität.

Es ist zu bedenken, daß einigen Lösemitteln zur Stabilisierung andere Stoffe zugemischt werden, die dann ein anderes Elutionsverhalten besitzen. Zum Beispiel enthält Chloroform zur Stabilisierung bis zu 5% Ethanol.

Zum Schluß dieser Ausführung ein Beispiel zur Aufkonzentrierung von chlororganischen Pestiziden und Herbiziden aus Wasser mit Hilfe der Festphasenextraktion und anschließender qualitativer und quantitativer Analyse mit Hilfe der GC:

Säule:	z.B. ENVI-18 Festphasenextraktionsröhrchen (SUPELCO) mit 500 mg Adsorbensmaterial, 6 mL Röhrchen.
Konditionierung:	2×6 mL mit einer Mischung aus 6 mL Methanol und 6 mL Wasser
Probenauftrag:	250 mL Wasser, ab pH 2, Flußrate bis 10 mL/min
Trocknen:	10 Minuten unter Stickstoffstrom
Elution:	2×1,5 mL mit einer Mischung aus Hexan und Ethylether (Volumenverhältnisse 1 : 1)

Eine anschließende GC trennt die chlororganischen Pestizide mit den Bedingungen:

Säule:	PTE-5 mit 30 m Länge, 0,25 mm Innendurchmesser und 0,25 µm Filmstärke (SUPELCO)
Temperaturprogramm:	150 Grad für 2 Minuten und dann bis 275 Grad mit 10 Grad pro Minute
Gasgeschwindigkeit:	Stickstoff 36 cm/min
Detektor:	ECD
Einspritzvolumen:	1 µL

8.3   Kopplung der GC mit der FT-IR-Spektroskopie

Bei der konventionellen IR-Spektroskopie wird ein Strahl definierter Wellenlänge aus dem Infrarot-Wellenbereich durch eine Probe geschickt. Die Wellenlänge der IR-Strahlung wird langsam mit einer vorher definierten Geschwindigkeit von einer kürzeren Wellenlänge zu einer längeren Wellenlänge
„gescant".

Die Moleküle der Probensubstanz nehmen bei bestimmten Wellenlängen einen Teil der eingestrahlten Lichtenergie auf, um Teile des Moleküls in Schwingung oder Rotation zu bringen. Die Energieübertragung „Lichtschwingung −
mechanische Schwingung" geschieht dann besonders gut, wenn die Schwin-
gungsfrequenzen der betreffenden Molekülzonen und der des Lichtes übereinstimmen. Man spricht dann von Resonanz. Wenn aber Energie der IR-Strahlung zum Molekül zur Schwingungsbildung übertragen wurde, fehlt diese dem
Licht nach dem Probendurchgang. Die Absorptionsgröße in Abhängigkeit von
der Wellenlänge wird als aussagefähiges IR-Spektrum in der qualitativen Analytik und zur Strukturaufklärung von Molekülen oft gebraucht.

Bei der Kopplung von der Gaschromatographie und der IR-Spektroskopie
müssen sehr schnelle Spektren aufgenommen werden. Deshalb findet praktisch nur die FT-IR Methode (Fouriertechnik) Anwendung. Das Spektrum, das
bei einer solchen Messung entsteht, ist aber im Prinzip mit einem herkömmlichen IR-Spektrum zu vergleichen.

Dem FT-Verfahren liegt die sogenannte Fourier-Transform-Messung zu
Grunde [28].

Von einem HeNe-Laser (Wellenlänge λ = 632,8 nm) wird Licht *einer* Wellenlänge erzeugt (monochromatisches Licht) und auf einen teildurchlässigen
Strahlenteiler geworfen. Der Strahlenteiler läßt die Hälfte des Lichtes in Richtung eines auf einer Achse beweglichen Spiegels durch, die andere Hälfte des
Lichtes wird auf einen feststehenden Spiegel gelenkt. Als Strahlerteilungsmate-
rial wird meistens Cäsiumiodid verwendet.

Das Licht, vom beweglichen Spiegel wieder reflektiert, wird am Strahlenteiler in Richtung Fotozelle reflektiert. Das vom feststehenden Spiegel reflektierte
Licht wird vom Strahlenteiler durchgelassen und mit dem anderen Teillicht ver-
einigt. Sind beide Spiegel vom Strahlungsteiler gleich weit entfernt, so werden
beim Zusammenleiten der beiden Teilstrahlen Wellenberge und Wellentäler zusammentreffen und sich wieder ergänzen.

Verschiebt man nun den einen Spiegel soweit, daß die Entfernung zwischen
Strahlenteiler und Spiegel größer wird, so werden nicht mehr genau Wellenberge und Wellentäler beim Zusammenleiten zusammentreffen. Wird die Entfernung richtig gewählt, können z. B. phasenrichtig Wellen*berge* und Wellen*täler*

der beiden Teilstrahlen aufeinandertreffen. Eine totale Auslöschung des Gesamtstrahles wäre die Folge. Diesen Effekt nennt man in Optik und Akustik „negative Interferenz".

Wird die Streckendifferenz der beiden Spiegel zum Reflektor gemessen und multipliziert man diese Streckendifferenz mit 4, so kann nach optischen Gesetzen die anliegende Wellenlänge des Lichtes exakt berechnet werden.

Wenn aber der verschiebbare Spiegel während der Messung mit einer sehr genau definierten Geschwindigkeit auf seiner Achse verschoben wird, erhält der Detektor ein Lichtsignal, welches von der Wellenlänge des ausgesendeten Lichtes und von der Verschiebungsgeschwindigkeit des Spiegels abhängig ist. Ist die Verschiebungsgeschwindigkeit des Spiegels bekannt, kann man die Frequenz des Lichtes berechnen.

In den FT-IR-Geräten werden Strahler eingesetzt, die ein Licht aussenden, das aus sehr vielen Wellenlängen zusammengesetzt ist (*polychromatisches Licht*). Wenn eine Probe vor den Strahlungsteiler gesetzt wird, muß die Probe bestimmte Wellenlängen absorbieren und nicht zum Strahlenteiler durchlassen. Durch Überlagerung der dann noch vorhandenen Interferenzen kann das Gerät sofort die Frequenzen der beteiligten Wellenlängen berechnen. Diese Arbeitsweise verlangt besonders intensive Rechenverfahren.

Bei dispersiven Geräten entspricht jeder Meßwert einer Transmission bei einer genau definierten Wellenlänge. Das Meßsignal bei der FT-IR-Technik enthält aber zu jedem Meßmoment *alle* Informationen über das Probenspektrum. Aus dieser Informationsvielfalt muß ein leistungsfähiges Rechenprogramm alle Daten berechnen. Es muß die entsprechende Wellenzahl und die dazugehörige Transmission gefunden werden. Dazu benötigt man die von JEAN B. FOURIER gefundene Methode der Fourier-Transformation. Diese besagt, daß jeder Kurvenzug von sehr vielen Sinus- oder Cosinus-Kurven dargestellt werden kann, deren Frequenzen sich wie die Verhältnisse 1:2:3:4 etc. verhalten. Mit Hilfe von Fourierkoeffizienten kann dann die Signalintensität in Abhängigkeit von der Frequenz und damit auch von der Wellenlänge bzw. von der Wellenzahl ermittelt werden.

Der Vorteil der FT-IR-Methode liegt in der sehr hohen Schnelligkeit bei der Messung, für eine Spektrumsaufnahme benötigt ein Gerät viel weniger als eine Sekunde. Daher können auch zügig ablaufende Reaktionen oder gaschromatographische Trennungen mit schnellen Durchläufen beobachtet werden.

Bei der Kopplung der IR-Spektroskopie mit der Gaschromatographie treten allerdings oft noch Probleme auf. Um eine ausreichende Lichtabsorption, und damit eine hohe Signalhöhe, zu erzielen, muß der Lichtweg des IR-Lichtes durch die Küvette möglichst lang sein. Dies geschieht durch Mehrfachreflexion. Dadurch nimmt das Volumen des „IR-Detektors" sehr stark zu. Mit Hilfe eines Beschleunigungsgases kann die Vergrößerung an Volumen teilweise ausgeglichen werden, doch dadurch nimmt auch die Intensität des IR-Signals signifikant ab. Man muß daher zwischen der Intensität und der hohen Auflösung des Chromatogramms einen Kompromiß suchen.

8.4   Kopplung der GC mit der Massenspektroskopie (MS)

Die Ankopplung eines Massenspektrometers bietet eine sehr große Hilfe bei der direkten Identifizierung unbekannter Substanzen.

Die Massenspektroskopie ist eine Analysenmethode, bei der eine quantitative Registrierung von Atommassen, Molekülmassen und Molekülbruchstückmassen möglich ist. Dazu werden die Moleküle oder Atome im Vakuum mit elektrischen Ladungen beschossen. Durch den Beschuß entstehen Ionen, Molekülbruchstücke oder sonstige geladene Teilchen, die in einem elektrischen Feld beschleunigt werden. Senkrecht zu diesem elektrischen Feld wird noch zusätzlich ein magnetisches Feld angelegt, welches die geladenen Teilchen ablenkt. Die Ablenkung ist umso größer, je kleiner die Masse und je größer die Ladung des geladenen Bruchstückes ist. Vom Gerät wird die Größe der Ablenkung bestimmt und somit das Verhältnis von Masse und Ladung registriert.

Für die Kombination der GC mit dem Massenspektrometer muß das Gas, welches die Säule verläßt, direkt in die Ionenquelle des Massenspektrometers geführt werden. Da die Ionenquelle sehr gut evakuiert ist, muß die zusätzlich über den Gaschromatographen eingeführte Gasmenge von der Vakuumpumpe schnell entfernbar sein. Daher kann nur eine Kapillar-Trennsäule mit Volumenströmen von etwa 1–2 mL/min Verwendung finden.

Bei der *direkten Kopplung* der GC mit dem Massenspektrometer wird das Ende der Trennsäule in den Eingang des Spektrometers eingeführt. Das gesamte Trägergas und somit auch das gesamte Eluat gelangt in den Massenspektrometer. Leider besteht zwischen Säulenausgang und Ionenquelle ein sehr großer Druckunterschied, der abgefangen werden muß. Das Säulenende muß daher sehr gut isoliert sein.

Bei der „offenen Splitkopplung" wird das Säulenende offen in einen Splitauslaß eingeführt. In ca. 1 mm Entfernung von dem offenen Röhrenausgang wird eine Kapillare positioniert, die in die Ionenquelle führt. Die Kapillare wirkt als Drosselventil. Der Splitausgang ist ummantelt und wird mit Helium durchgespült, dadurch wird ein Eindringen von Luft verhindert. Es besteht somit keine direkte Verbindung von Trennsäule und Ionenquelle. Das Trennsäulenende ist von der unter Vakuum stehenden Ionenquelle getrennt. Die Temperatur zwischen Drosselkapillare und Ionenquelle muß außerordentlich konstant gehalten werden.

Eine Neuentwicklung auf dem Gebiet der GC-Kopplungen ist der „Elektronenstoß-Ionisationsdetektor" (EID), wie ihn z. B. Hewlett Packard als sogenanntes GCD-System produziert. Es handelt sich um ein Detektorsystem, bei dem neben dem Intensitäts/Zeit-Chromatogramm gleichzeitig ein Massenspektrum aufgenommen wird. Der zum System gehörige Gaschromatograph muß zusätzlich noch mit einer elektronischen Drucksteuerung versehen werden, damit der Volumenstrom durch die Säule auf dem eingestellten Wert konstant gehalten wird und der EID zuverlässig arbeiten kann. Gegenüber einer herkömmlichen GC-MS-Kopplung ist das vorgestellte Detektorsystem GCD viel preiswerter und handlicher zu bedienen. Von der Empfindlichkeit her ist der GCD in etwa mit dem FID zu vergleichen. Die Verdampfbarkeit der Probensubstanz muß bei maximal 450 C genügend hoch sein. Wasserstoff als Trägergas wird von dem System unterstützt.

Leider ist der GCD-Detektor bisher nur in der Lage, Stoffe zu detektieren, die eine molare Masse unter 425 g/mol besitzen. Derivatisierungsprodukte, bei denen bei der Ausgangssubstanz eine Zunahme der molaren Masse über 425 g/mol erfolgt ist, sind damit nicht zu detektieren. Der Detektor ist sowohl qualitativ als auch quantitativ einzusetzen. Es können zur Quantifizierung die Signalstärken von bis zu 2 Ionen benutzt werden.

Mit einer geeigneten Meßdatenerfassung und einer leistungsfähigen Software sind mit dem System erstaunliche Ergebnisse zu erzielen.

Neben der Darstellung des gesamten Chromatogrammes, Chromatographieauschnitte und des Massenspektrums eines ausgewählten Peaks kann das Softwaresystem einen schnellen Spektrumsvergleich mit einer externen Spektrenbibliothek (auf CD-ROM oder Festplatte) durchführen und die Substanz sicher identifizieren. Gleichzeitig liefert die Software dem Anwender einen Hinweis auf die molare Masse der Substanz. Eine weitere Einsatzmöglichkeit besteht in der Auffindung einer Co-Eluierung, d. h. der Überprüfung, ob sich mehrere Substanzen unter einem Peak verbergen. Durch einen komplizierten Algorithmus wird im Chromatogramm die Peakform auf Schultern und sonstige Unregelmäßigkeiten untersucht und gegebenenfalls auf die Möglichkeit der Co-Eluierung hingewiesen.

Bei dem neuen Detektorsystem handelt es sich um einen preiswerten und leistungsfähigen dritten Weg zwischen den herkömmlichen, nur den Intensität/Zeit liefernden Detektoren und einer echten MS-GC-Kopplung.

In Abb. 8-3 sind ein Chromatogramm und die dazu gehörigen Massenspektren der Peaksubstanzen abgebildet.

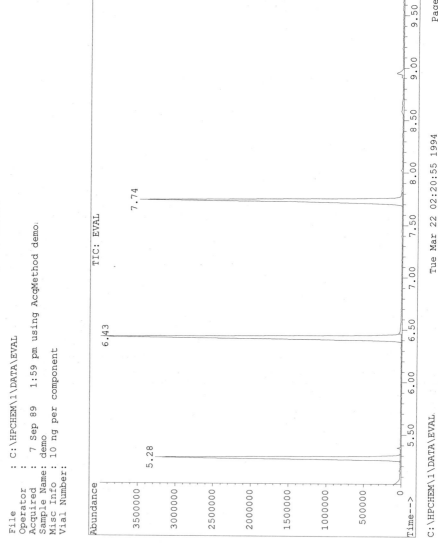

Peak   1 at Retention Time   5.28

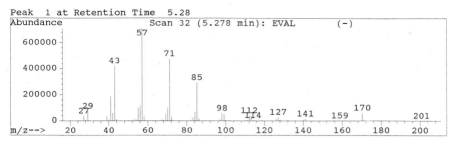

Peak   2 at Retention Time   6.43

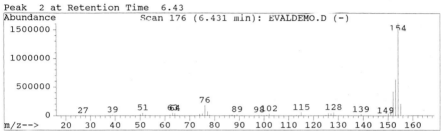

Peak   3 at Retention Time   7.74

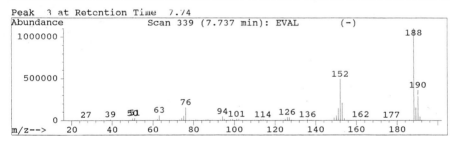

Peak   4 at Retention Time   9.77

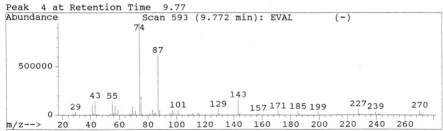

Abb. 8-3. Teil 2. Chromatogramm und Massenspektren mit einer GCD-Detektor (Hewlett-Packard)

9 Angewandte Statistik in der Chromatographie

Die Statistik ist eine wissenschaftliche Methode zur Erfassung, Auswertung und Interpretation von anfallenden Daten [25].

Bereits im 18. Jahrhundert begann sich die Statistik als selbständiger Bereich der Mathematik zu etablieren, als Mathematiker versuchten, den Zustand des Staates durch statistische Methoden zu beschreiben. Aus dem lateinischen „Status" wurde letztendlich der Begriff „Statistik". Aber erst in diesem Jahrhundert begann man mit Hilfe der Wahrscheinlichkeitsrechnung die Zusammenhänge zu entdecken und zu interpretieren.

Dabei versucht die wissenschaftliche, mathematische Statistik aus einer kleinen Probenanzahl eine Aussage mit einer vorher zu definierenden Genauigkeit über die Gesamtheit der Menge zu gewinnen. Es ist hier zu beachten, daß die Statistik keine Aussagen über *einen* besonderen Wert erlaubt, sondern die gewonnenen Aussagen erstrecken sich über die Gesamtheit aller Daten. Weiterhin sind keine Aussagen über kausale Zusammenhänge aus der Statistik entnehmbar.

Damit eine richtige Aussage über die Gesamtheit einer Probe gemacht werden kann, müssen besonders die Bedingungen zur richtigen Probennahme genau eingehalten werden:

- Die Stichprobe muß repräsentativ sein,
- systematische Fehler müssen vermieden werden und
- die Stichprobe muß zufällig sein, d.h. für jedes vorhandene Molekül muß die gleiche Wahrscheinlichkeit vorhanden sein, in die Probe zu gelangen.

Die aus der Gesamtheit ermittelten Stichproben werden analysiert und liegen nun als Vielzahl von Einzelergebnissen vor.

Die Einzelergebnisse kann man als Häufigkeitsverteilung in Klassen zusammenfassen. Dabei wird die Anzahl der Klassen mit der Gleichung (9-1) berechnet:

$$n = \sqrt{N}$$

(9-1)

In Gl. (9-1) bedeutet:

   n Anzahl der Klassen
   N Anzahl der Einzelmessungen

Dazu ein Beispiel:

Bei einer quantitativen gaschromatographischen Bestimmung wurde der Gehalt einer durch exaktes Einwiegen hergestellten Kalibrierprobe mehrmals bestimmt und der gefundene Wert mit dem aus den Einwaagen berechneten Gehalt verglichen. Es wird diese Findungsrate als Quotient aus Ist- und Sollwert berechnet (Gl. (9-2)):

$$\text{Findungsrate} = \frac{\text{Gehalt bestimmt durch den Versuch}}{\text{Gehalt berechnet durch die Einwaage}} \qquad (9\text{-}2)$$

Definitionsgemäß sollte die Findungsrate möglichst nahe bei 1,00 liegen und kann durchaus auch etwas größer als 1,00 sein.

In dem folgenden Beispiel wurden 32 Versuche zur Bestimmung der Findungsrate mit Octan in Decan durchgeführt, die Ergebnisse sind in der Tabelle 9-1 aufgeführt.

Tabelle 9-1. 32 Findungsraten nach Gl. (9-2)

0,99	1,02	1,00	1,03	0,98
1,00	1,00	1,00	1,02	1,01
0,99	0,99	0,97	0,99	1,04
1,07	0,95	0,98	0,98	0,95
0,98	1,01	1,02	1,01	1,02
1,06	1,04	0,94	0,99	0,98
0,99	1,00			

Es werden 5 Klassen nach der Gleichung $n = \sqrt{32}$ gebildet und die Häufigkeiten in die 5 Klassen zwischen dem Minimal- und dem Maximalwert gleichmäßig verteilt:

   Klasse 1: 0,93 – 0,95 =   3 Bestimmungen
   Klasse 2: 0,96 – 0,98 =   5 Bestimmungen
   Klasse 3: 0,99 – 1.01 = 14 Bestimmungen
   Klasse 4: 1,02 – 1,04 =   7 Bestimmungen
   Klasse 5: 1,05 – 1,06 =   3 Bestimmungen

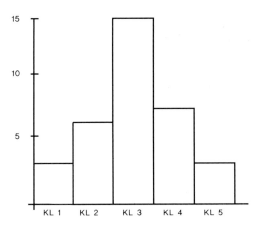

Abb. 9-1. Häufigkeitsverteilung der Findungsrate

Eine Häufigkeitsverteilung dieser Reihe kann aus Abb. 9-1 entnommen werden.

9.1   Die Normalverteilung

Auffällig in dem Findungsraten-Diagramm (Abb. 9-1) ist die hohe Verteilung der Werte in der Mitte der Grafik; an den Rändern flacht dagegen die Kurve stärker ab.

Dieses äußere Bild wird von den meisten natürlichen Meßwertreihen erfüllt, daher nennt man diese Verteilung eine „Normalverteilung". Der Mathematiker Gauß beschrieb eine Funktionsgleichung, mit der eine solche Normalverteilung beschrieben werden kann (Gl. (9-3)):

$$y = \frac{1}{\sigma\sqrt{2\pi}}\, e^{-(x-\mu)^2/2\ \sigma^2} \tag{9-3}$$

In Gl. (9-3) bedeutet

y Ordinatenwert
σ Standardabweichung aus unendlich vielen Messungen
e Eulersche Zahl 2,718

x Abszissenwert
μ Mittelwert aus unendlich vielen Messungen
π Kreiskonstante pi = 3,14.

In Abb. 9-2 wird der Kurvenverlauf ersichtlich.

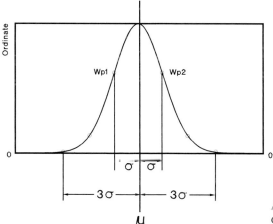

Abb. 9-2. Verteilung mit Hilfe der Gauß-Funktion

Das Kurvenmaximum liegt an der Stelle μ, die beiden Wendepunkte der Kurve liegen bei $Wp_1 = \mu - \sigma$ und $Wp_2 = \mu + \sigma$.

Die Kurve hat den Ordinatenwert 0, wenn $x = +\infty$ oder $x = -\infty$ ist. Jedoch ist bei $\mu - 3\sigma$ und bei $\mu - 3\sigma$ der Ordinatenwert so klein, daß er für die Praxis vernachlässigbar ist.

Durch Integration der Gauß-Verteilungsfunktion in den Grenzen von $+\infty$ bis $-\infty$ und der graphischen Darstellung erhält man eine typische Kurvenform, die der Gaußkurve gegenübergestellt wird (Abb. 9-3, S. 146).

Den Verlauf der Integralkurve macht man sich bei der Untersuchung auf das Vorhandensein einer Normalverteilung nutzbar, indem man die Summenhäufigkeit der Klassen in ein sogenanntes „Wahrscheinlichkeitspapier" einträgt. Im Wahrscheinlichkeitspapier wird die Ordinate nach dem Gaußschen Integral eingeteilt, damit kann der Kurvenverlauf linearisiert werden.

Aus den Werten der Tabelle 9-1 werden die Häufigkeiten aufsummiert und die prozentuale Summenverteilung berechnet (Tab. 9-2, S. 146):

Wird die Summenhäufigkeit in % gegen den Klassenanfang in das Wahrscheinlichkeitspapier eingetragen, entsteht ein Kurvenverlauf (Abb. 9-4, S. 147),

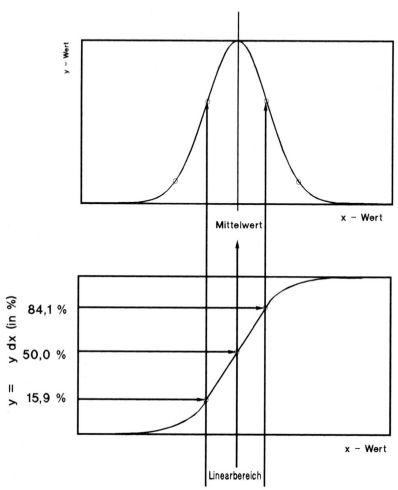

Abb. 9-3. Gaußkurve und Integralkurve

Tabelle 9-2. Aufsummierung der Klassenwerte

Klasse:	Häufigkeit	Summe	Summenhäufigkeit
Klasse 1: 0,93 =	3	3	8,8%
Klasse 2: 0,96 =	6	9	26,5%
Klasse 3: 0,99 =	15	24	70,6%
Klasse 4: 1,02 =	7	31	91,2%
Klasse 5: 1,05 =	3	34	100,0%

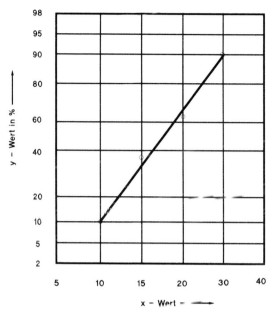

Abb. 9-1. Werte im Wahrscheinlichkeitspapier

der nicht mehr als 10% von dem Verlauf einer Geraden abweicht. Deshalb wird die Verteilung als „Normalverteilung" akzeptiert. Neben der Normalverteilung gibt es noch andere mathematische Modelle zur Beschreibung von Verteilungen, z. B. die Poisson-Verteilung und die Binomialverteilung. Auf eine Darstellung dieser Verteilungen wird im Rahmen dieses Buches verzichtet.

Die Faktoren σ (Standardabweichung) und μ (Mittelwert) der Gaußschen Funktionsgleichung beruhen auf „unendlich" vielen Werten. In unseren Versuchsreihen für die Analytik ist die Anzahl der Proben natürlich endlich. Daher wird der Wert σ in den praktischen Beziehungen durch das Zeichen s und der Wert μ durch das Zeichen $\bar{x}$ ersetzt. Der Wert s wird *angenäherte Standardabweichung* genannt und der Wert $\bar{x}$ ist der endliche *Mittelwert* aller Proben. Die Verteilung der Werte innerhalb der Normalverteilung ergibt folgende Ergebnisse:

im Bereich von $\bar{x}+1$ s und $\bar{x}-1$ s befinden sich 68,3% aller Werte
im Bereich von $\bar{x}+2$ s und $\bar{x}-2$ s befinden sich 95,5% aller Werte
im Bereich von $\bar{x}+3$ s und $\bar{x}-3$ s befinden sich 99,7% aller Werte

In Abb. 9-5 sind die Zusammenhänge nochmals graphisch vorgegeben:

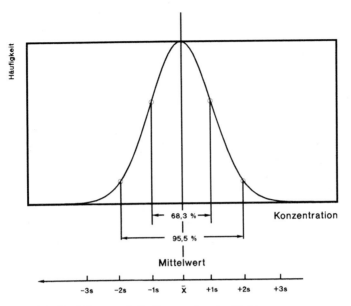

Abb. 9-5. Gauß-Kurve und die Spannweiten der Werte.

Die angenäherte Standardabweichung s einer normalverteilten Meßreihe kann nach der Gleichung (9-4) berechnet werden:

$$s = \sqrt{\frac{\sum (x_i - \bar{x})^2}{N-1}} \qquad (9\text{-}4)$$

In Gl.(9-4) bedeutet:

s Standardabweichung
x_i Einzelwert
$\bar{x}$ Mittelwert
N Anzahl der Messungen

Der in der Gleichung (9-4) verwendete Mittelwert $\bar{x}$ wird mit Hilfe der Gl. (9-5) ermittelt:

$$\bar{x} = \frac{\sum x_i}{N} \qquad (9\text{-}5)$$

In Gl.(9-5) bedeutet:

Σ Summenzeichen
$\bar{x}$ Mittelwert
x_i Einzelwert
N Anzahl der Daten

Zur Berechnung der Standardabweichung s wird also zuerst der Mittelwert $\bar{x}$ berechnet, dann jeder Einzelwert vom Mittelwert subtrahiert und jede so gebildete Differenz quadriert. Die Summe der Abweichungsquadrate wird durch die Anzahl der Messungen, vermindert um 1, dividiert und aus dem Quotient die Quadratwurzel gezogen.

Wissenschaftliche Taschenrechner und besonders die Tabellenkalkulationsprogramme wie z. B. LOTUS 1-2-3 oder EXCEL sind in der Lage, schnell und exakt den Mittelwert $\bar{x}$ und die Standardabweichung s zu berechnen.

Für unser normalverteiltes Beispiel wird berechnet:

Mittelwert $\bar{x}$	1,0000
Standardabweichung s	0,0288

Im Bereich von $1,000 \pm 0,0288$ werden demnach 68% aller Werte aus der Meßreihe liegen.

Ein weiterer wichtiger Wert für die Begutachtung von Proben ist der Variationskoeffizient V (in%). Er gibt das Verhältnis von Standardabweichung s und Mittelwert $\bar{x}$ an (Gl. 9-6):

$$V\ (\%) = \frac{s}{\bar{x}} \cdot 100\% \qquad (9-6)$$

In Gl.(9-6) bedeutet:

V (%) Variationskoeffizient in %
s Standardabweichung
$\bar{x}$ Mittelwert.

Der Variationskoeffizient wird u. a. zur Begutachtung und Klassifizierung von Abweichungen in der Chromatographie benutzt. So kann zum Beispiel der Variationskoeffizient der Bruttoretentionszeit und der Variationskoeffizient der Peakfläche (aus mindestens 6 Chromatogrammen) eine Kenngröße zur Begutachtung der Gasgeschwindigkeitskonstanz und des gesamten Einspritzvorgangs in der GC und in der HPLC sein.

Alle bisher verwendeten Gleichungen Gl. (9-4) bis Gl. (9-6) gelten für ausreichend viele Wiederholungsmessungen ($N > 30$). In der Praxis fehlt gewöhnlich die Zeit, um so viele Messungen durchzuführen. Bei wenigen Wiederholungsmessungen wird eine Verteilung nicht die Idealform der Gauß-Verteilung einnehmen. Um die Verteilung der Einzelmessungen zu berücksichtigen, wird ein Faktor in die Berechnung eingeführt, der „Student-t-Faktor" genannt wird und aus einer Tabelle (siehe Anhang 15.3) entnommen werden kann. Der t-Faktor ist abhängig von der Anzahl der Wiederholungsmessungen N und von der geforderten Sicherheit P der Aussage ($P = 95\%$, 99% oder $99{,}9\%$). Der Bereich, in dem *Einzelmessungen* streuen, wird durch die Gleichung Gl. (9-7) beschrieben:

$$x_{1,2} = \bar{x} \pm t \cdot s \qquad (9\text{-}7)$$

In Gl. (9-7) bedeutet:

$\bar{x}$ Mittelwert
t *Student-t-Faktor* (N, P)
s Standardabweichung

Zum Beispiel für 10 Messungen und einer statistischen Sicherheit von 95% würde nach der t-Tabelle der t-Wert 2,228 verwendet werden.

Für den Praktiker ist eine andere Bezugsgröße, die „*Vertrauensbereich des Mittelwertes*" genannt wird, wichtiger. Der Vertrauensbereich des Mittelwertes berechnet sich mit Gl. (9-8):

$$x_{1,2} = \bar{x} \pm \frac{s \cdot t}{\sqrt{N}} \qquad (9\text{-}8)$$

In Gl. (9-8) bedeutet:

$\bar{x}$ Mittelwert
s Standardabweichung
t Student-t-Faktor (N, P)
N Anzahl der Messungen

Der Mittelwert der Meßreihe wird mit der gewünschten statistischen Sicherheit in den Grenzen von $\bar{x} \pm \dfrac{s \cdot t}{\sqrt{N}}$ liegen.

Eine Einengung des Bereiches kann durch zusätzliche Messungen oder durch ein genaueres Meßverfahren erreicht werden.

9.2 Standardisierung bei Kalibriergeraden

In der instrumentellen Analytik fallen viele Meßergebnisse in Form von Signalwerten oder von Meßgrößen an. Es gilt, aus diesen Meßgrößen mit Hilfe einer indirekten Auswertung über eine Kalibrierkurve das interessierende Analysenergebnis zu erhalten. In der Kalibrierkurve wird die Meßgröße (z. B. Peakfläche) in Abhängigkeit von der betreffenden Ausgangsgröße (z. B. Konzentration) aufgetragen.

Es entsteht in vielen Fällen eine Gerade, aus der dann die Konzentration einer zu bestimmenden Lösung durch Extrapolieren der Probenmeßgröße herausgelesen werden kann (Abb. 9-6).

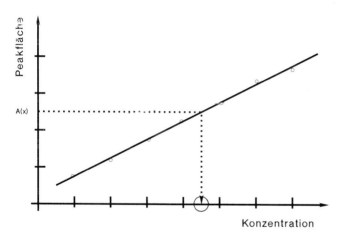

Abb. 9-6. Konzentrationsbestimmung mit Hilfe einer Kalibriergeraden

Gerade bei der Erstellung und Validierung eines neuen Analysenverfahrens muß die Qualität einer aufgestellten Kalibriergeraden beurteilt und bewertet werden [29]. Drei Begriffe sind für die Bewertung einer Kalibriergeraden von ausschlaggebender Wichtigkeit:

1. die Untersuchung auf Varianzhomogenität (erste Voraussetzung),
2. die Untersuchung auf Linearität (zweite Voraussetzung) und dann
3. die eigentliche lineare Regression (abschließende Bewertung).

Zur Verfahrensbewertung müssen die beiden Vorausetzungen „Varianzhomogenität" und „Linearität" durch statistische Tests geprüft werden. Erst dann ist die Bewertung durch eine „lineare Regression" sinnvoll.

Als Voraussetzung für Anwendbarkeit eines statistischen Modells gilt, daß alle Eichproben voneinander völlig unabhängig sein müssen. Bei der Herstellung der notwendigen Konzentrationsverdünnungen muß also darauf geachtet werden, daß alle Lösungen aus *voneinander unabhängigen* Herstellungsvorgängen stammen. Ist dieser Vorgang zu aufwendig, dann ist gerade noch in Kauf zu nehmen, daß die notwendigen Verdünnungen aus einer Stammlösung durch *voneinander unabhängige* Verdünnungsschritte hergestellt werden. Die Herstellung von Kalibrierlösungen durch hintereinandergeschaltete, sukzessive Verdünnung der Stammlösung ist wegen der Fehlerfortpflanzung nicht statthaft. Jede Kalibrierlösung muß dann dem vollständigen Analysengang unter immer gleichen Bedingungen unterworfen sein.

9.2.1 Wahl des Konzentrationsbereiches

Soll eine Linearitätsuntersuchung durchgeführt werden, muß zuerst der gültige Konzentrationsbereich festgelegt werden. Die Wahl des Konzentrationsbereiches, der in die Untersuchung aufgenommen wird, richtet sich nach den folgenden 4 Kriterien:

1. Der Konzentrationsbereich soll der praktischen Anwendung angepaßt sein. Auf eine genügend breite Anwendung muß geachtet werden.
2. Die am häufigsten zu erwartende Konzentration soll in die Mitte des Konzentrationsbereiches gelegt werden.
3. Der gewählte Konzentrationsbereich soll realistisch sein. Es hat z. B. keinen Sinn, die festzulegende Konzentrationsgrenze unter die Bestimmungsgrenze zu legen.
4. Alle Kalibrierlösungen müssen fehlerfrei herstellbar sein.

9.2.2 Überprüfung auf Varianzhomogenität

Zur Überprüfung der Varianzhomogenität werden je 10 Proben der niedrigsten Konzentration und je 10 Proben der höchsten Konzentration des gewählten Arbeitsbereiches *völlig unabhängig voneinander* unter den gleichen Bedingungen analysiert. Für beide Gruppen mit je $n = 10$ wird nach Gl. (9-5) und Gl. (9-4) der Mittelwert $\bar{x}$ und die beiden Varianzen s_u^2 (für die untere Grenze) und s_o^2 (für die obere Grenze) berechnet. Mit Hilfe des sogenannten F-Testes [30] werden dann die Streuungen an den Grenzen des gewählten Konzentrationsintervalles auf Unterschiede untersucht. Aus den beiden Varianzen s_u^2 und s_o^2 wird die Prüfgröße *PG* berechnet (Gl. (9-9)):

$$PG = \frac{s_o^2}{s_u^2} \quad \text{oder} \quad PG = \frac{s_u^2}{s_o^2} \tag{9-9}$$

In Gl. (9-7) bedeutet:

PG Prüfgröße
s_o^2 Varianzen der 10 Werte an der oberen Grenze
s_u^2 Varianzen der 10 Werte an der unteren Grenze

Es ist diejenige Teilgleichung (9-9) zu verwenden, die einen Wert gleich oder größer 1 ergibt.

In einer *F*-Tabelle [41] (siehe Anhang) sind Werte nach den Freiheitsgraden f_1 und f_2 und der statistischen Sicherheit geordnet. Dabei wird der Freiheitsgrad als Anzahl der Messungen, vermindert um 1, definiert (Gl. (9-10)).

$$f = N - 1 \tag{9-10}$$

In Gl. (9-10) bedeutet:

f Freiheitsgrad
N Anzahl der Messungen

Für die Untersuchung auf Varianzhomogenität genügt es, eine statistische Sicherheit von 99% zu Grunde zu legen. Aus der *F*-Tabelle [29] ergibt sich für jeweils 9 Freiheitsgrade (10 Messungen) und mit einer statistischen Sicherheit von 99% der Tabellenwert 5,35.

Die nun aus der Gl. (9-9) ermittelte Prüfgröße PG wird mit dem Tabellenwert 5,35 verglichen.

Es gelten folgende Bedingungen zur Bewertung [30]:

1. Ist die Prüfgröße deutlich kleiner als der Tabellenwert, so ist der Unterschied zwischen der Varianz „unterer Wert" und „oberer Wert" auf natürliche Schwankungen zurückzuführen. Die erforderliche Homogenität ist gegeben.
2. Ist die Prüfgröße größer als der Tabellenwert, so ist die erforderliche Varianzhomogenität nicht mehr gegeben. Der Konzentrationsbereich muß dann evtl. eingeengt und neu definiert werden.

Ein Beispiel soll das beschriebene Rechenverfahren verdeutlichen:
Von einer Lösung soll die Komponente A mit Hilfe einer externen Kalibrierung quantitativ bestimmt werden. Die Komponente A kann in dem Konzentrationsintervall von 30% bis 60% in der Probenlösung enthalten sein. In diesem Intervall werden gleichmäßig verteilt 11 Lösungen mit steigender Konzentration der Komponente A hergestellt und immer unter den gleichen Bedingungen chromatographiert. Jede Kalibrierlösung wird 3 mal chromatographiert und die Peakflächen gemittelt. Mit Hilfe eines Autosamplers ist sichergestellt, daß das gleiche Volumen an Kalibrierlösung eingespritzt wird. Die entstehenden, gemittelten Peakflächen werden notiert.

Weiterhin werden von der niedrigsten Konzentration (hier also 30%) 10 Kalibrierlösungen unabhängig hergestellt und alle 10 Lösungen unter den gleichen Bedingungen chromatographiert. Anschließend wird der Vorgang mit 10 unabhängig voneinander hergestellten Kalibrierlösungen mit der höchsten Konzentration (hier also 60%) wiederholt.

Die Messungen zeigen folgende Ergebnisse (Tab. 9-3):

Tabelle 9-3. Untersuchung auf Varianzenhomogenität

Nummer	Peakfläche (Counts)		
	bei 30% $y(U)$	bei 60% $y(O)$	
1	433982	868712	
2	433976	868599	
3	433960	868699	
4	433987	868691	
5	434004	868676	
6	434001	868734	
7	433974	868644	
8	433967	868667	
9	433994	868756	
10	433978	868712	
Mittelwert	433982	868689	(nach Gl. (9-5))
Stand.abw.	13,55	42,95	(nach Gl. (9-4))
Varianzen s^2	138,6	1844,7	
$PG =$	10,04		(nach Gl. (9-9))

F-Wert lt. Tabelle (für $f_1 = 9$ und $f_2 = 9$) $\rightarrow$ 5,35 (99% Sicherheit)
Ergebnis: *PG-Wert ist größer als F-Wert, die Homogenität ist nicht gegeben.*
Der obere Konzentrationsbereich ist zweckmäßigerweise auf 50% einzu-
engen und die Varianzhomogenitätsbestimmung nochmals durchzuführen.

9.2.3 Überprüfung auf Linearität

Die Überprüfung auf Linearität wird in 3 Teilschritten durchgeführt. Zuerst
berechnet man die Parameter „Steigung *m*" und „absolutes Glied *b*" der Geraden Gl. (9-11) mit Hilfe einer linearen Regression aus den vorgegebenen Daten.

$$y = m \cdot x + b \tag{9-11}$$

Dann berechnet man mit den gleichen Analysenwerten die Parameter „quadratische Steigung *n*", „lineare Steigung *m*" und „absolutes Glied *b*" mit Hilfe
einer „quadratischen Regression" nach Gl. (9-12).

$$y = n \cdot x^2 + m \cdot x + b \tag{9-12}$$

Zusätzlich werden die Reststandardabweichungen nach den beiden Rechenverfahren bestimmt und miteinander über eine Prüfgröße verglichen. Erst dann,
wenn die Parameter, die mit Hilfe der „linearen Regression" erhalten wurden,
zu besseren Ergebnissen als bei einer „quadratischen Regression" führen, ist
dieses Verfahren zu akzeptieren.
Die im folgenden Abschnitt 9.2.3.1 angegebenen Analysenwerte wurden
nach der in Abschnitt 9.2.2 beschriebenen Kalibrierung erhalten:

9.2.3.1 Lineare Regression [29, 30]

Es werden je 3 Bestimmungen einer Kalibrierlösung mit 30% bis 60% durchgeführt und die Peakflächen gemittelt. Die Konzentration wird mit *x*, die Peakfläche mit *y* gekennzeichnet. Zusätzlich werden mit Hilfe eines Taschenrech-
ners die Hilfsgrößen x^2, y^2 und $x \cdot y$ errechnet und in die Tabelle eingetragen.
Anschließend wird jeweils eine Summenbildung vorgenommen. (Die Hilfsgrö-
ße y^2 wird in der Tabelle als gerundete Exponentialzahl dargestellt)
Die in den Gleichungen (9-13) bis (9-20) genannten „Spalten" beziehen sich
auf die Tabelle 9-4.

Tabelle 9-4. Untersuchung auf Linearität

Konzentration an A in %		Peakfläche in Counts		
x_i	x_i^2	y_i	y_i^2	$x_i \cdot y_i$
(1)	(2)	(3)	(4)	(5)
30	900	433982	$1,9 \cdot 10^{11}$	13019460
33	1089	477460	$2,3 \cdot 10^{11}$	15756180
36	1296	520900	$2,7 \cdot 10^{11}$	18752400
39	1521	564380	$3,2 \cdot 10^{11}$	22010820
42	1764	607846	$3,7 \cdot 10^{11}$	25529532
45	2025	651337	$4,2 \cdot 10^{11}$	29310165
48	2304	694567	$4,8 \cdot 10^{11}$	33339216
51	2601	738267	$5,5 \cdot 10^{11}$	37651617
54	2916	781899	$6,1 \cdot 10^{11}$	42222546
57	3249	825210	$6,8 \cdot 10^{11}$	47036970
60	3600	868689	$7,5 \cdot 10^{11}$	52121340
$\sum$ 495	23265	7164537	$4,9 \cdot 10^{12}$	$3,4 \cdot 10^8$

Für die Berechnung der Bereichsmitten gelten Gl. (9-13) und Gl. (9-14):

$$x' = \sum x_i / N \qquad (9\text{-}13)$$

$$y' = \sum y_i / N \qquad (9\text{-}14)$$

In den Gleichungen (9-13) und (9-14) wird die Summe aller x-Werte (Spalte 1) bzw. die Summe aller y-Werte (Spalte 3) durch die Anzahl der Messungen N (11) dividiert. Man erhält

$$x' = \qquad 45 \qquad \text{Bereichsmitte } x$$
$$y' = 651321,5 \quad \text{Bereichsmitte } y$$

Zur Bestimmung der Parameter der linearen Regression werden die Hilfsgrößen A, B und C errechnet (Gl. (9-15)):

$$A = \sum x_i^2 - [(\sum x_i)^2 / N)] \qquad (9\text{-}15)$$

$A = $ Spalte $2 - [$Spalte $1 \cdot$ Spalte $1/11]$

$A = 990$

$$B = \sum y_i^2 - [(\sum y_i)^2/N)] \tag{9-16}$$

$B = $ Spalte $4 - [$Spalte $3 \cdot$ Spalte $3/11]$

$B = 2{,}1 \cdot 10^{11}$

$$C = \sum (x_i \cdot y_i) - [(\sum x_i) \cdot (\sum y_i)/N)] \tag{9-17}$$

$C = $ Spalte $5 - [$Spalte $1 \cdot$ Spalte $3/11]$

$C = 14346081$

Aus den Hilfsgrößen A, B und C werden die geforderten Parameter m und b berechnet (Gl. (9-18) bis (9-20)):

1. Steigung der Geraden m:

$$m = C/A \tag{9-18}$$

$m = 14346081/990$

$m = 14490{,}99$ (Steigung der Geraden)

2. Absolutes Glied b:

$$b = y' - m \cdot x' \tag{9-19}$$

$b = 651321{,}5 - 14490{,}99 \cdot 45$

$b = -773{,}045$
(Absolutes Glied)

3. Reststandardabweichung der linearen Regression

$$s_{y\,(\text{lin})} = \sqrt{\frac{B - (C^2/A)}{N-2}}$$

$$s_{y\,(lin)} = \sqrt{\frac{2,1\,E+11-(14\,346\,081\cdot14\,346\,081)/990}{11-2}} \qquad (9\text{-}20)$$

$$s_{y\,(lin)} = 93,5418$$

9.2.3.2 Quadratische Regression [30]

Zusätzlich zu den in Tab. 9-4 berechneten Werten x_i^2 und y_i^2 werden die aus den bereits in der Tab. 9-4 aufgeführten Daten mit x_i^3, x_i^4 und $x_i^2 \cdot y_i$ ergänzt. Alle dann berechneten Werte sind in der Tab. 9-5 aufgeführt. Dann werden die Hilfsgrößen A, C, D, E und F berechnet, aus denen sich die Parameter n, m und b einer nichtlinearen Regression berechnen lassen (Gl. (9-12)):

Tabelle 9-5. Untersuchung auf quadratische Abhängigkeit

Konzentration an A in %				Peakfläche in Counts			
x_i	x_i^2	x_i^3	x_i^4	y_i	y_i^2	$x_i \cdot y_i$	$x_i^2 \cdot y$
(6)	(7)	(8)	(9)	(10)	(11)	(12)	(13)
30	900	27000	810000	339820	$1,9\cdot10^{11}$	13019460	$4,9\cdot10^8$
33	1089	35937	1185921	477460	$2,3\cdot10^{11}$	15756180	$5,2\cdot10^8$
36	1296	46656	1679616	520900	$2,7\cdot10^{11}$	18752400	$6,8\cdot10^8$
39	1521	59319	2313441	564380	$3,2\cdot10^{11}$	22010820	$8,6\cdot10^8$
42	1764	74088	3111696	607846	$3,7\cdot10^{11}$	25529532	$1,1\cdot10^9$
45	2025	91125	4100625	651337	$4,2\cdot10^{11}$	29310165	$1,3\cdot10^9$
48	2304	10592	5308416	694567	$4,8\cdot10^{11}$	33339216	$1,6\cdot10^9$
51	2601	132651	6765201	738267	$5,5\cdot10^{11}$	37651617	$1,9\cdot10^9$
54	2916	157464	8503056	781899	$6,1\cdot10^{11}$	42222546	$2,3\cdot10^9$
57	3249	185193	10556001	825210	$6,8\cdot10^{11}$	47036970	$2,7\cdot10^9$
	3600	216000	12960000	868689	$7,5\cdot10^{11}$	52121340	$3,1\cdot10^9$
$\sum$ 495	23265	1136025	57293973	7164537	$4,9\cdot10^{12}$	$3,4\cdot10^8$	$1,6\cdot10^{10}$

Zur Bestimmung der Parameter einer nichtlinearen Regression werden die Hilfsgrößen A, C, D, E und F errechnet (Gl. (9-21) bis (9-25)):

$$A = \sum x_i^2 - [(\sum x_i)^2/N)] \qquad (9\text{-}21)$$

$A = \text{Spalte } 7 - [\text{Spalte } 6 \cdot \text{Spalte } 6/11]$

$A = 990$

$C = \sum (x_i \cdot y_i) - [(\sum x_i) \cdot (\sum y_i)/N)]$ (9-22)

$C = \text{Spalte } 12 - [\text{Spalte } 6 \cdot \text{Spalte } 10/11]$

$C = 14346081$

$D = \sum x_i^3 - [(\sum x_i) \cdot (\sum x_i^2/N)]$ (9-23)

$D = \text{Spalte } 8 - (\text{Spalte } 6 \cdot \text{Spalte } 7)/11)$

$D = 89100$

$E = \sum x_i^4 - [(\sum x_i^2)^2/N)]$ (9-24)

$E = \text{Spalte } 9 - (\text{Spalte } 7 \cdot \text{Spalte } 7)/11$

$E = 8088498$

$F = \sum (x_i^2 \cdot y_i) - [(\sum y_i \cdot \sum x_i^2)/N)]$ (9-25)

$F = \text{Spalte } 13 - (\text{Spalte } 10 \cdot \text{Spalte } 7)/11)$

$F = 1{,}3E + 09$

Bereichsmitte (siehe Abschnitt 9.2.3.1):

$x' = \quad 45 \quad$ Bereichsmitte x

$y' = 651321{,}5 \quad$ Bereichsmitte y

Aus den Hilfsgrößen A, C, E und F werden die Parameter der nichtlinearen Regression berechnet (Gl. (9-26) bis (9-29)):

1. Steigung 2. Grades n

$$n = \frac{C \cdot D - F \cdot A}{D - A \cdot E}$$ (9-26)

$n = 0{,}300052$

2. Steigung 1. Grades m

$$m = \frac{C - n \cdot D}{A} \qquad (9\text{-}27)$$

m = 14464,0

3. absolutes Glied b

$$b = (\sum y_i - m \cdot \sum x_i - n \cdot \sum x_i^2)/N \qquad (9\text{-}28)$$

b = −192,4

4. Reststandardabweichung quadratische Regression

$$s_{y(\text{quad})} = \sqrt{((\sum y_i^2 - b \cdot \sum y_i - m \cdot \sum x_i \cdot y_i - n \cdot \sum x_i^2 \cdot y_i)/N - 3)} \qquad (9\text{-}29)$$

$s_{y(\text{quad})} = 99{,}08$

9.2.3.3   *Vergleich linearer und quadratischer Regressionen*

Zur endgültigen Bewertung, ob eine Funktion nach dem Verfahren der linearen oder nichtlinearen Regression behandelt werden kann, muß die Größe DS^2 berechnet werden (Gl. 9-30):

$$DS^2 = [(N-2) \cdot s_{y(\text{lin})}^2] - [(N-3) \cdot s_{y(\text{quad})}^2] \qquad (9\text{-}30)$$

$$DS^2 = [9 \cdot 93{,}54^2] - [8 \cdot 99{,}08^2]$$

$$DS^2 = 199{,}7$$

Eine Prüfgröße zum Vergleich mit Tabellenwerten kann mit Gl. (9-31) berechnet werden:

$$PG = DS^2/s_{y(\text{quad})}^2 \qquad (9\text{-}31)$$

$$PG = 199{,}7/99{,}08^2$$

$$PG = 0{,}02$$

Die berechnete Prüfgröße *PG* wird mit dem *F*-Wert aus der *F*-Tabelle verglichen. Für $f_1 = 1$ und $f_2 = N - 3$ und einer Sicherheit von 99% wird der Tabellenwert entnommen. Er beträgt für $f_1 = 1$ und $f_2 = 8$ in unserem Beispiel 11,26.

Ist der PG-Wert nun viel kleiner als der *F*-Wert, liefert das Verfahren der linearen Regression die besseren Werte. Ist der *F*-Wert kleiner als der PG-Wert, ist das Verfahren der „quadratischen Regression" das bessere.

In unserem Beispiel liefert die Prüfgröße eine sehr viel kleinere Zahl als der *F*-Wert, eine lineare Regression ist somit vorzuziehen. Die Geradengleichung beträgt damit:

$$y = m \cdot x + b \quad \text{oder}$$

$$\text{Peakfläche} = 14490,99 \cdot \text{Konzentration} - 773,045 \qquad (9\text{-}32)$$

(in den Grenzen 30 bis 60%)

Zu beachten ist, daß die Varianzhomogenität nicht ausreicht, die Abhängigkeit bis zu 60% zu beschreiben!

9.3   Korrelationen

Unter einer Korrelationsanalyse versteht man die Untersuchung, wie streng ein Variablenpaar *x* und *y* in einer Meßreihe von einander abhängen. Der bei Korrelationsuntersuchungen üblicherweise verwendete Korrelationskoeffizient *r* (oder *R*) ist eine Indexzahl, die angibt, ob und wie ein Variablenpaar miteinander verknüpft ist [31]. Der Korrelationkoeffizient liegt zwischen $r = -1$ und $r = +1$. Wird für ein Variablenpaar ein Korrelationskoeffizient von annähernd $r = +1$ errechnet, so treten hohe *y*-Werte auch mit hohen *x*-Werten und niedrige *y*-Werte mit niedrigen *x*-Werten auf (steigende Gerade). Beträgt der Korrelationskoeffizient dagegen $r = -1$, treten hohe *y*-Werte mit niedrigen *x*-Werten auf (fallende Gerade). Ein Korrelationskoeffizient in der Nähe von $r = 0$ bedeutet, daß große y-Werte entweder mit großen *oder* kleinen *x*-Werten auftreten und damit nicht streng miteinander verknüpft sind. In Abb. 9-7 sind als Beispiel Variablenpaare in 3 verschiedene Kurven eingetragen, die berechneten Korrelationskoeffizienten betragen $r +0,9$; $r = 0$ und $r = -0,7$.

Der Korrelationskoeffizient *r* gibt dabei auch die relative Größe der Streuung an, aber nicht, wie *y* mit *x* genau variiert. Die Größe des Zahlenwertes von

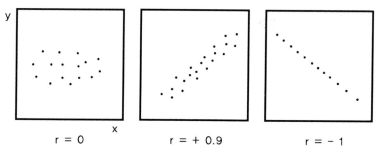

r = 0   r = + 0.9   r = − 1

Abb. 9-7. Variablenpaare mit unterschiedlichen Korrelationskoeffizienten

r in den Grenzen von -1 bis $+1$ spiegelt also nur die Streuung der Daten wieder. Es ist schwer, aus dem Korrelationskoeffzienten r eine quantitative Aussage zu beziehen. Eine hohe Korrelation von z. B. $r = 0,9$ bedeutet nicht unbedingt, daß ein logischer Zusammenhang zwischen den Datenmengen besteht. So korrelieren unter Umständen Variablen miteinander, die in keinem direkten logischen Zusammenhang stehen. Beispielsweise korreliert die Selbstmordrate der letzten Jahre in Deutschland mit der Anzahl an verkauften Autos mit $r = 0,93$, also 2 Variablen, die nur zufällig korrelieren. Die Anwendung des Korrelationskoeffizienten r ist weiterhin nur bei linearen Kurvenverläufen sinnvoll.

Zur Berechnung des Korrelationskoeffzienten r werden die Standardabweichungen s_y der abhängigen Variablen y und die Standardabweichung s_x der unabhängigen Variablen x benötigt (Berechnung nach Gl. 9-4), dazu noch eine Größe, die wir Covarianz von x und y nennen [29]. Diese Covarianz $\mathrm{cov}(x, y)$ wird berechnet nach Gl. (9-33):

$$\mathrm{cov}(x, y) = \frac{\sum (x - \bar{x}) \cdot (y - \bar{y})}{(n - 1)} \qquad (9\text{-}33)$$

In Gl. (9-33) bedeutet:

x unabhängige Variable (meist Vorgabe wie z. B. die Konzentration)
y abhängige Variable (meist Meßwert wie z. B. die Peakfläche)
$\bar{x}$ Mittelwert der abhängigen Variablen
$\bar{y}$ Mittelwert der unabhängigen Variablen

Ein Beispiel soll den Rechenweg genauer beschreiben.

Die Abhängigkeit der Peakfläche von der Konzentration soll untersucht werden. Dazu wurden die Meßwerte und Vorgaben der Tabelle 9-4 benutzt, die

Tabelle 9-6. Berechnung des Korrelationskoeffizienten r

x_i	$(x_i - x)^2$	y_i	$(y_i - y)^2$	$(x_i - x) \cdot (y_i - y)$
30	225	433982	47236478018,39	3260093,18
33	144	477460	30227836987,84	2086338,55
36	81	520900	17009779518,75	1173793,91
39	36	564380	7558832326,02	521649,27
42	9	607846	1890123052,57	130426,64
45	0	651337	238,84	0,00
48	9	694567	870169338,84	129736,36
51	36	738267	7559512066,12	521672,73
54	81	781899	17050471635,57	1175197,09
57	144	825210	30237194624,21	2086661,45
60	225	868689	47248610295,57	3260511,82
Σ 495	990	7164537	207889008103,54	14346081,12

Mittelwert $\bar{x}$: $495/11 = 45,0$

Mittelwert $\bar{y}$: $7164537/11 = 651321,5$

Standardabweichung x: $\sqrt{(990/10)} = 9,949$

Standardabweichung y: $\sqrt{(207889008103,54/10)} = 144183,5$

$\text{cov}(x, y) = 14346081,12/10 = 1434608,112$

$$r = \frac{\text{cov}(x, y)}{s_y \cdot s_x}$$

$$r = \frac{1434608,12}{9,949 \cdot 144183,5}$$

$r = 0,99999$

zum besseren Überblick nochmals in Tab. 9-5 aufgeführt werden. In der Tabelle 9-5 ist x_i die Konzentration in % und y_i die Peakfläche in Counts.

Der Wert $r = 0,99999$ besagt, daß eine hohe Korrelation zwischen x und y vorliegt.

Die Interpretation des Korrelationskoeffizienten r muß außerordentlich vorsichtig vorgenommen werden. Werden zum Beispiel zwei Untersuchungen durchgeführt und es werden dabei die selben Korrelationskoeffizienten berechnet, so sagt das noch nichts über die jeweilige Beziehung von y und x aus. In

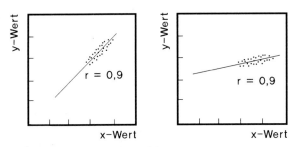

Abb. 9-8. Funktionen mit $r = 0,9$

Abb. 9-8 haben beide Untersuchungen den gleichen Korrelationskoeffizienten $r = 0,9$. Trotzdem sind beide Beziehungen sehr verschieden, in der zweiten Untersuchung ist z. B. die Steigung viel größer. Man muß sich bei der Verwendung der Größe „Korrelationskoeffizient r" darüber im Klaren sein, daß sie nur darüber eine Aussage macht, ob es in einer Datenmenge einen Zusammenhang zwischen den Größen x und y geben kann.

9.4   Test auf Ausreißer nach Grubbs

Bei Wiederholungsmeßreihen fallen häufig Werte an, die nicht in die Reihe der anderen Werte passen. Der Anwender muß nun entscheiden, ob es sich bei diesen Werten um sogenannte „Ausreißer" handelt oder um solche, die prinzipiell richtig sind. Erkannte Ausreißer müssen aus der Meßreihe entfernt werden, die anderen Werte müssen in der Reihe weiter enthalten bleiben. Durch Ausreißer-Tests kann statistisch sicherer entschieden werden, ob der Wert x ein Ausreißer ist oder nicht. Die Entscheidung mit diesen Tests ist aber nicht absolut, sondern gibt nur einen Hinweis auf das mögliche Vorhandensein eines solchen Ausreißers. Trotzdem ist die Bewertung mit solchen Tests sinnvoll, da sie eine einheitliche Bewertung zulassen. Einer der bekanntesten Tests ist der sogenannte Grubbs-Test [40]. Als erstes werden aus allen Werten (also auch einschließlich des vermeintlichen Ausreißers) der Mittelwert $\bar{x}$ und die Standardabweichung s berechnet. Dann wird mit Gl. (9-34) die Prüfgröße des Grubbs-Tests berechnet:

$$PG = \frac{x^* - \bar{x}}{s} \tag{9-34}$$

In Gl. (9-34) bedeutet:

x^* vermuteter Ausreißerwert
$\bar{x}$ Mittelwert der Meßreihe
s Standardabweichung

Die Prüfgröße PG wird nun mit einem Tabellenwert aus der sogenannten rM-Tabelle [40] (siehe Anhang) verglichen. Der Tabellenwert aus der rM-Tabelle wird mit der statistischen Sicherheit $P = 90\%$ und der Anzahl der Messungen N entnommen (siehe Anhang, Abschnitt 15.1). Zum Beispiel ist der rM-Wert für 10 Messungen und 90% Sicherheit 2,036.

Bewertung:

Ist die Prüfgröße PG *größer* als der Tabellenwert aus der rM-Tabelle, so handelt es sich um einen signifikanten Ausreißer. Bei positivem Befund ist der betreffende Wert aus der Meßreihe zu eliminieren und der Mittelwert $\bar{x}$ sowie die Standardabweichung mit neuer Probenzahl erneut zu berechnen.

10 Systematische Fehlersuche in der GC

Beim Umgang mit dem Gaschromatographen werden durch die relativ komplizierte Technik und durch mannigfaltige Bedienungsfehler zwangsläufig Fehler entstehen. Dabei wird eine gaschromatographische Analyse mit einem akzeptablen Ergebnis nur durch eine optimale Konfiguration und die Einstellung der bestmöglichen GC-Parameter erreicht. Es müssen bei der Einstellung der Geräteparameter oft Kompromisse eingegangen werden, denn manche Einstellungen bewirken im Regelkreis Effekte, die zum Teil auch gegenläufige Wirkung besitzen. Zum Beispiel wird eine hohe Temperatur im Injektor zwar eine gute Verdampfbarkeit der Probe bewirken, aber unter Umständen die Komponenten der Probe dabei chemisch verändern. Ergeben sich Abweichungen vom eingestellten Optimum, wird das chromatographische Ergebnis sehr schnell grobe und systematische Fehler aufweisen.

Wie in dem Kapitel 12, der Qualitätssicherung in der Analytik, noch ausführlicher besprochen wird, unterscheidet man bei der Methodenvalidierung zu dem Begriff der „Genauigkeit" einer Analyse die beiden Unterbegriffe „Richtigkeit" und „Präzision".

Erst wenn eine Analyse „richtig" ist, d. h. zum richtigen Ergebnis gelangt ist, und die Methode und die Anlage *ständig* zu richtigen Ergebnissen führt (Wiederhol- und Vergleichspräzision), ist die Methode und die Analyseneinheit hinlänglich „genau" und kann verwendet werden.

Beide Parameter, Richtigkeit und Präzision, werden von falsch eingestellten Gaschromatographen und von falsch eingesetzten Methoden maßgeblich beeinflußt.

Die Vorgehensweise bei der Fehlersuche (Trouble shooting) muß unbedingt systematisch sein. Es macht keinen Sinn, beim Auftreten eines Fehlers hektisch mal da und dann dort am Gaschromatographen „herumzubasteln", möglichst viele eingestellten Bedingungen auf einmal zu ändern und dann auch noch ein richtiges Ergebnis zu erwarten. Diese unsystematische Vorgehensweise ist unfachmännisch und führt, wenn überhaupt, nur nach längerer Testzeit zu befriedigenden Ergebnissen.

Eine systematische Vorgehensweise wird dagegen streng in 5 Arbeitsschritten vollzogen:

1. die Erkenntnis, daß ein Fehler vorliegt,
2. die Überlegung, warum der Fehler entstanden sein kann,
3. das Korrigieren *eines einzigen* Kriteriums,
4. die Überprüfung, ob der Fehler eliminiert ist und
5. die Dokumentation aller Vorgänge und Veränderungen.

Wird der Punkt 4, Überprüfung, mit „nein" beantwortet, muß nach der entsprechenden Dokumentation wieder zurück zum Punkt 2 gegangen werden. Wichtig ist, daß bei der Korrekturmaßnahme nur *ein* Kriterium verändert wird und nicht viele auf einmal.

Wurde der Fehler nach dieser Methode gefunden, muß untersucht werden, *warum* dieser Fehler aufgetreten ist, und man sollte dann das Ergebnis der Untersuchung dokumentieren. So wird nach und nach eine universelle Fehlerursachenbroschüre erstellt, die gerade auch Neulingen im Labor eine sehr große Hilfe bei der täglichen Fehlerbewältigung sein kann.

So einfach und logisch der 5-Punkteablauf der Fehlersuche erscheint, im Umgang mit den Gaschromatographen wird natürlich die Umsetzung in die Praxis oft sehr schwierig sein.

Einen Fehler erst einmal zu erkennen, ist oft schon nicht einfach und dann noch die richtige Strategie zur Fehlerverhinderung zu ergreifen, verlangt ein sehr großes Wissen im jeweiligen analytischen Arbeitsgebiet. Trotzdem gibt es einige Hilfen, die in den nachfolgenden Abschnitten erklärt werden.

10.1 Erkennung von Fehlern mit Hilfe der „Statistischen Prozeßführung" (SPC)

Das Auftreten vieler Fehler kann anhand des äußeren Bildes des Chromatogrammes erkannt werden. Damit wird sich das Kapitel 11, Fehlersuche anhand des Chromatogramms, beschäftigen. Viele Fehler treten aber auf, obwohl das Chromatogramm auf den ersten Blick „normal" aussieht. Solche Fehler unter Umständen *bereits im Vorfeld* zu erkennen und dann die geeigneten Korrekturen einzuleiten, ist mit Hilfe der „Statistischen Prozeßführung" (SPC) in vielen Fällen möglich [32].

Unter dem Begriff „Führung" ist dabei der gesamte Analysenprozeß zu sehen. In der angelsächsischen Literatur wird der Begriff „Controlling" verwendet, dabei steht aber in der SPC nicht nur die Kontrolle im Vordergrund, sondern die ganze Prozeßführung als Einheit. Daher verwenden wir den Begriff im Sinne der gesamten Prozeßführung.

Neben der reinen Fehleridentifizierung ist es Aufgabe der statistischen Prozeßkontrolle, einen ständigen Qualitätsverbesserungsprozeß in Gang zu bringen, ihn zu fördern und lebendig zu halten. Die Reduzierung von Fehlern führt zu einer Verbesserung der Qualität und damit auch zur Vermeidung von Kosten, weil Korrekturen an den Prozessen und Dienstleistungen weit weniger notwendig werden.
Die SPC dient also folgenden Zielen:

- Nachweis produzierter Qualitätsleistungen,
- Nachweis der Prozeßführung,
- Diagnose des Systems.

Bei routinemäßigen Prozessen muß Qualität durch den Prozeß selbst sichergestellt sein. Eine Qualität kann nicht in den Prozeß „hineingeprüft" werden.
Grundsätzlich unterscheidet man bei jeder Prozeßführung zwei Zustände:

- der Prozeß ist im statistischen Grundzustand und
- der Prozeß ist *nicht* unter statistischer Kontrolle.

Ein Prozeß, der sich im statistischen Grundzustand befindet, ist vorhersagbar, stabil und die Ergebnisse unterliegen nur einer natürlichen Variationsbreite. Ein solcher Prozeß ist unbedingt notwendig für die höchste Produktqualität bei gleichzeitig niedrigsten Kosten.
Ein Prozeß, bei dem die Ergebnisse eine „unnatürliche" Variationsbreite haben, der instabil ist und keine vorhersagbaren Ergebnisse aufweist, ist *nicht* unter statistischer Kontrolle. Die schlechten Ergebnisse treten unter Umständen ohne Vorwarnung ein, und man weiß nicht, wann sie enden.
Die Aufgabe der SPC besteht also darin, nicht statistische Prozesse zu erkennen, die notwendigen Maßnahmen folgen zu lassen und dann den Prozeß wieder statistisch unter Kontrolle zu bringen.
Ein visuelles Hilfswerkzeug dazu ist die sogenannte „Regelkarte", auf der die Meßdaten in Abhängigkeit von der Zeit graphisch aufgetragen werden. Natürlich kann jedes Tabellenkalkulationsprogramm mit graphischer Darstellungsmöglichkeit oder ein anderes Programm eine solche Dokumentation mit Auswertung übernehmen.
Ausgehend von dem Mittelwert aller Messungen lassen sich Aussagen über eine natürliche Prozeßgrenze (statistischer Prozeß) machen. Zum Mittelwert kommt als weitere Berechnung die Standardabweichung s (siehe Kap. 9, Statistik in der GC). Zur Berechnung der Standardabweichung s wird von jedem Meßwert ohne Vorzeichen der Abstand zum Mittelwert berechnet, diese Differenz quadriert und alle Abstandsquadrate aufsummiert. Die Summe wird

durch die Anzahl der Messungen, vermindert um 1, dividiert und aus dem Wert die Quadratwurzel gezogen, siehe dazu Gl. (10-1):

$$s = \sqrt{\frac{\Sigma (x_i - \bar{x})^2}{n-1}} \qquad (10\text{-}1)$$

In Gl. (10-1) bedeutet:

s Standardabweichung
n Anzahl der Meßwerte
$\bar{x}$ Mittelwert aller Meßwerte
x_i Einzelwert

Man definiert nun pragmatisch die Bandbreite um den Mittelwert der Meßreihe, vergrößert *und* verkleinert um das 3 fache der Standardabweichung als die natürliche Prozeßgrenze, siehe dazu die Gleichungen (10-2) und (10-3). Wie bereits im Kapitel 9, Angewandte Statistik in der Chromatographie, ausgeführt wurde, werden damit 99,7 % aller Werte den Bereich

Mittelwert $\pm 3\ s$

einschließen. Liegt ein Wert außerhalb dieser Bandbreite, ist mit 99,7 %iger Sicherheit anzunehmen, daß der Wert außerhalb der natürlichen Streuung liegt. Von 1000 normalverteilten Vorgängen befinden sich nur 3 außerhalb der Mittelwert $\pm 3\ s$-Grenze. Deshalb wird die obere und untere Eingriffsgrenze mit

untere Grenze = Mittelwert $- 3 \cdot s$ \qquad (10-2)

obere Grenze = Mittelwert $+ 3 \cdot s$ \qquad (10-3)

definiert.
   Diese Werte gelten allerdings nur bei sogenannten normalverteilten Prozessen. Eine Kontrolle, ob die untersuchten Prozesse die Bedingungen erfüllen, ist somit unerläßlich, siehe dazu auch die Auswertung auf Wahrscheinlichkeitspapier in Kap. 9.
   Manchmal sind diese Grenzen mit der 3 fachen Standardabweichung um den Mittelwert zu weit gezogen, dann benutzt man statt dessen Gl. (10-4) und Gl. (10-5):

untere Grenze = *Meß*mittelwert $- 2{,}66 \cdot$ *Spannweiten*mittelwert \qquad (10-4)

obere Grenze = *Meß*mittelwert $+ 2{,}66 \cdot$ *Spannweiten*mittelwert \qquad (10-5) als obere und untere Bandbreite vom *Meß*mittelwert. Unter der Spannweite versteht man die vorzeichenlose Differenz zwischen aktuellem Meßwert und Vorgängerwert, siehe dazu Gleichung (10-6):

$$\text{Spannweite} = + \ (\text{aktueller Meßwert} - \text{Vorgängerwert}) \qquad (10\text{-}6)$$

Die jeweiligen gültigen Grenzen nach Gl. (10-2) oder Gl. (10-4) sind jeweils mit dem Auftraggeber auszuhandeln.

Für den Bereich der Chemie ist eine kombinierte Einzelwerteintragung mit einer gleitenden Spannweiteneintragung interessant. Bei chemischen und physikalischen Prozessen ist die Streuung des Herstellungsprozesses gewöhnlich relativ klein. Dies bedeutet, daß eine Einzelprobe wegen der Homogenität des ganzen Herstellungssystemes relativ repräsentativ für das Produkt ist. Daher ist die Art der Darstellung in einer Regelkarte günstig (Abb. 10-1).

Eine Regelkarte ist in eine Meßwertespur und eine Spannweitenspur aufgeteilt. In der Meßwertespur werden um den Mittelwert in der Mitte die oberen und unteren 3 fachen Standardabweichungsbreiten eingezeichnet. Sinnvollerweise werden als Hilfsgrößen auch die folgenden oberen und unteren Hilfsgrenzen

$$\text{Mittelwert} \ \pm 2 \cdot \text{Standardabweichung}$$
und
$$\text{Mittelwert} \ \pm 1 \cdot \text{Standardabweichung}$$

mit eingezeichnet. Als separates Diagramm ist die sogenannte Spannweitenspur mit in die Regelkarte aufgenommen. In dieser Spannweitenspur der Regelkarte wird die „obere Eingriffsgrenze Spannweitenspur" eingetragen. Diese berechnet sich durch Multiplikation des Mittelwertes aller Spannweiten mit dem statistischen Faktor 3,268, Gl. (10-7):

$$\text{obere Grenze Spannweite} = 3{,}268 \cdot \textit{Spannweiten}\text{mittelwert} \qquad (10\text{-}7)$$

Die Meßwertespur einer solchen zeitlichen Eintragung sagt etwas über die *Lage der Meßwerte* im langfristigen Mittel aus, die Spannweiteneintragung im gleichen zeitlichen Ablauf sagt etwas über die *Streuung des ganzen Prozesses* aus.

Die *Bewertung* der Regelkarten wird mit Hilfe statistischer Regeln vorgenommen. Dazu gibt es mehrere mathematische Modelle. Vereinfacht und pragmatisch läßt sich folgende Bewertung ableiten [30] [32]:

Ein Prozeß ist dann außer statistischer Kontrolle (Abb. 10-2), wenn:

x/R₂-Einzelwert Regelkarte mit gleitender Spannweite

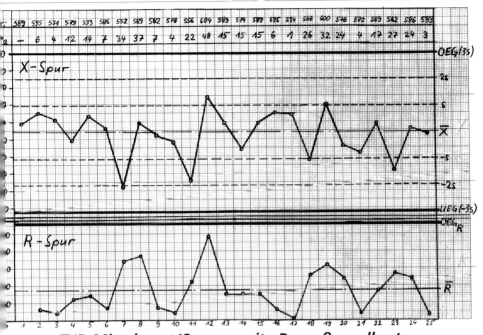

x̄/R-Mittelwert/Spannweite Prozeßregelkarte

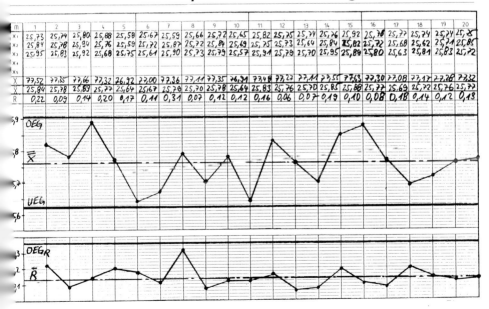

m	1	2	3	4	5	6	7	8	9	10	11	12	13	14	15	16	17	18	19	20
x_1	25,73	25,74	25,80	25,88	25,58	25,67	25,59	25,66	25,72	25,65	25,82	25,75	25,79	25,76	25,92	25,78	25,77	25,74	25,74	25,8
x_2	25,84	25,78	25,84	25,76	25,59	25,72	25,87	25,72	25,84	25,69	25,75	25,73	25,64	25,84	25,82	25,72	25,68	25,62	25,74	25,85
x_3	25,95	25,83	25,92	25,68	25,75	25,61	25,90	25,73	25,79	25,57	25,94	25,79	25,70	25,95	25,89	25,80	25,63	25,81	25,83	25,72
x_4																				
x_5																				
$\sum X$	77,52	77,35	77,66	77,32	76,92	77,00	77,36	77,11	77,35	76,91	77,48	77,27	77,11	77,55	77,63	77,30	77,08	77,17	77,28	77,32
$\bar{X}$	25,84	25,78	25,83	25,77	25,64	25,67	25,78	25,70	25,78	25,64	25,83	25,76	25,70	25,85	25,88	25,77	25,69	25,72	25,76	25,77
R	0,22	0,09	0,14	0,20	0,17	0,11	0,31	0,07	0,12	0,12	0,16	0,06	0,07	0,19	0,10	0,08	0,18	0,14	0,12	0,13

Abb. 10-1. Regelkarte

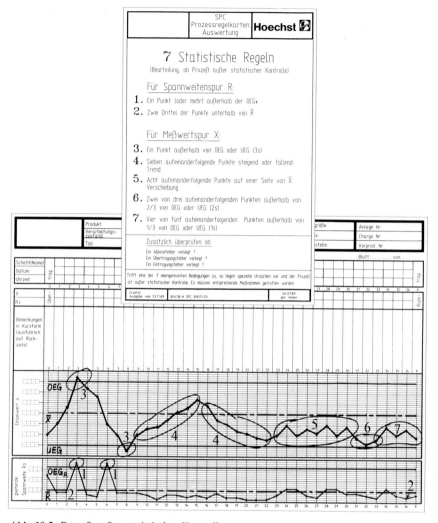

Abb. 10-2. Prozeß außer statistischer Kontrolle

1. ein oder mehrere Spannweitenpunkte über der „oberen Spannweitengrenze" in der Spannweitenspur liegen (1)
   oder

2. zwei Drittel aller Punkte unterhalb der Mittelwertlinie in der Spannweitenspur liegen (2)
   oder

3. ein oder mehrere Meßwertepunkte über oder unter der oberen bzw. unteren $3 \cdot s$-Grenze liegen (3)
   oder
4. acht aufeinanderfolgende Punkte sich in der Meßwertespur auf *einer* Seite der Mittelwertlinie befinden (4)
   oder
5. sieben aufeinanderfolgende Meßpunkte in der Meßwertespur *stetig* fallend oder steigend sind (5)
   oder
6. zwei von drei aufeinanderfolgenden Punkten in der Meßwertespur außerhalb vom Mittelwert $\pm 2 \cdot$ Standardabweichung sind (6)
   oder
7. vier von fünf auteinanderfolgenden Punkten außerhalb von Mittelwert $\pm 1 \cdot$ Standardabweichung sind (7).

Beispiele sind aus Abb. 10-2 zu ersehen. Die in der obigen Aufführung enthaltenen Ziffern $1 - 7$ beziehen sich auf die Fehler in Abb. 10-2.

Wird nur ein Punkt in der Aufzählung bejaht, ist der Prozeß außer statistischer Kontrolle und ein Eingreifen mit den dazu geeigneten Mitteln ist unbedingt notwendig.

Vor der eigentlichen Bewertung ist eine Probephase notwendig. Eine vernünftige Bewertung wird erst ab etwa 30, besser noch ab 50 Einzelbestimmungen (nach der Probephase) möglich. Dann sollten Mittelwert und Standardabweichungen so aussagekräftig und stabil sein, daß die Bewertungen sinnvoll werden.

Eine Aussage über die Streubreite eines Prozesses, relativ zur Spezifikationsbreite und unabhängig von der Lage des Mittelwertes macht der C_p-Wert (Gl. (10-9)). Als weiterer Wert ermöglicht der C_{pk}-Wert eine Aussage über die Streubreite und die Lage des Mittelwertes eines Prozesses zu der am nächsten liegenden, vom Benutzer bzw. Hersteller festgelegten Spezifikationsgrenze. *Die Minimalforderung ist, daß C_p oder C_{pk} größer als 1 sein müssen.* Praktisch bedeutet dies, daß der Bereich Mittelwert $\pm 3 \cdot s$ innerhalb der Spezifikationsgrenzen liegen muß. Daher nennt man diese Daten auch „Prozeßfähigkeit" bei einer Langzeituntersuchung oder „Prozeßpotential" bei Kurzzeituntersuchungen.

Für eine Überprüfung der Prozeßfähigkeit wird zuerst der sogenannte s-Wert nach Gl. (10-8) berechnet:

$$s = \frac{Spannweiten\,\text{mittelwert}}{1,128} \qquad (10\text{-}8)$$

Danach der C_p-Wert:

$$C_p = \frac{O_{sp} - U_{sp}}{6 \cdot s} \qquad (10\text{-}9)$$

In Gl. (10-8) und Gl. (10-9) bedeutet:

O_{sp} obere Spezifikationsgrenze
U_{sp} untere Spezifikationsgrenze
s s-Wert nach Gl. (10-8)

Für den C_{pk}-Wert müssen zuerst die obere und die untere Grenze berechnet werden (Gl. (10-10) und Gl. (10-11)):

$$C_{po} = \frac{O_{sp} - \text{Einzelkartenmittelwert}}{3 \cdot s} \qquad (10\text{-}10)$$

$$C_{pu} = \frac{\text{Einzelkartenmittelwert} - U_{sp}}{3 \cdot s} \qquad (10\text{-}11)$$

Als C_{pk}-Wert wird der kleinere Wert von C_{po} oder C_{pu} benutzt.

Abb. 10-3 zeigt ein Schema, mit dem festzustellen ist, ob eine Prozeßfähigkeit vorliegt oder nicht.

Bei den bisherigen Betrachtungen wurde der einmal ermittelte Mittelwert und die Standardabweichung als Konstante betrachtet. Durch verschiedene Einflüsse im Prozeß kann sich der Mittelwert natürlich langsam und kaum merklich ändern. Um die Veränderung schnell und sicher bemerkbar zu machen, wird die Aufnahme einer sogenannten Mittelwert-Spur empfohlen. Dazu wird jeden Tag die Spannweite, diesmal *mit dem entsprechenden Vorzeichen*, zum vorherigen Wert aufsummiert und die neue Summe in ein Diagramm eingetragen. Schwankt der Mittelwert in seiner natürlichen Bandbreite, wird sich auch langfristig ein Summenwert um 0 herausbilden. Wenn ein Trend nach der positiven oder der negativen Seite vorhanden ist, wird sich der Summenwert von der Null-Linie wegbewegen und einen Trend erkennen lassen (Abb. 10-4)

Alle bisherigen Bilder (bis auf Abb. 10-4) des Kap. 10 sind der Broschüre „Statistische Prozeßführung, Qualität bei HOECHST" [32] der Firma HOECHST AG entnommen.

Beispiele zur Anwendung von SPC in Labor oder Betrieb sind vielfältig. Im analytischen Labor kann man zum Beispiel jeden Tag die Masse eines laborinternen „Normgewichts" auf einer Waage ermitteln und das Tagesergebnis in

Prozeßfähigkeitsuntersuchung

Über einen längeren Zeitraum, mindestens 20 Meßwerte erforderlich
(z. B. 30 x 8 h Arbeitstage oder 10 x 24 h kontinuierliche Schicht
oder entsprechend aneinandergereihte Kampagnen)

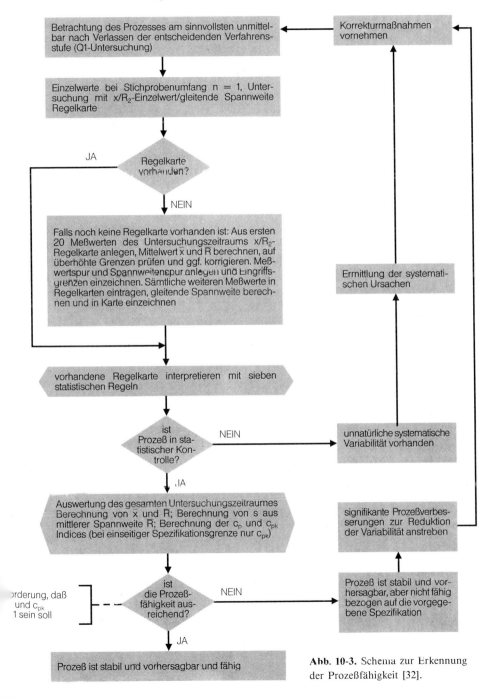

Abb. 10-3. Schema zur Erkennung der Prozeßfähigkeit [32].

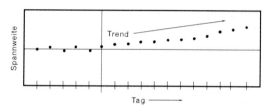

Abb. 10-4. Trenderkennung durch Summenbildung

die Regelkarte eintragen. Die Maßnahme ist geeignet, Fehler an der Waage schnell zu erkennen.

Eine weitere empfehlenswerte Maßnahme ist eine GC-Langzeituntersuchung, also eine Untersuchung, ob der verwendete Gaschromatograph noch vergleichbare Ergebnisse liefert. Die tägliche GC-Analyse eines qualitativ und quantitativ bekannten und repräsentativen Kalibrierstandardgemisches und die Eingabe des relativen Flächenanteiles eines Peaks (in %) bei quantitativen Untersuchungen bzw. des Kapazitätsfaktors k bei qualitativen Untersuchungen in die SPC-Regelkarte ist empfehlenswert. Abweichungen von der Norm werden nach den Regeln der SPC sehr schnell erkannt und können abgestellt werden.

Für die Anwendung der SPC wurden verschiedene Computerprogramme geschaffen, die die Anwendung erleichtern sollen. Da aber vielfach Regelkarten auch mit Hinweisen und Kommentaren vermerkt werden, die einen genaueren Verlauf des Prozesses schildern, ist eine Handeingabe in eine Regelkarte trotzdem sinnvoll. Weiterhin wird das statistische Denken durch den Eintrag in solche Regelkarten gefördert. Computerprogramme sind erst nach der Eingewöhnungszeit und nach der erfolgreichen Erprobung sinnvoll und sollten nicht überschätzt werden.

10.2   Fehlerfindungsstrategien

Nachdem das Auftreten eines Fehlers anhand des Chromatogrammes oder mit Hilfe der SPC bemerkt wurde, muß analysiert werden, warum der Fehler aufgetreten ist. Dazu gibt es verschiedene Hilfen:

1. die schriftliche Problemanalyse,
2. das Ishikawa-Diagramm (Ursache und Wirkung-Diagramm).

Welche der beiden Hilfen eingesetzt wird, muß dem Anwender überlassen bleiben. Oft hilft die Kombination beider Methoden am besten [33].

10.2.1 Die schriftliche Problemanalyse

Bei der schriftlichen Problemanalyse wird versucht, das Problem schriftlich in einen Raster zu überführen, der aus folgenden Bestandteilen besteht:

1. Wie äußert sich das Problem?
2. Was könnte die Ursache des Problems sein?
3. Wie könnte die Ursache des Problems beseitigt werden?
4. Was spräche gegen die Beseitigung der Ursache?

Man sollte nun versuchen, alle in Frage kommenden Ursachen für das Problem aufzuschreiben und dann erst auszuwerten. Es müssen alle in Frage kommenden Ursachen aufgeschrieben werden. Ein zweiter Durchgang wird die aufgeschriebenen Ursachen auf ihre Logik überprüfen. Ein Beispiel soll die Vorgehensweise transparent machen.

Bei einer gaschromatographischen Analyse tritt eines Tages eine deutliche, ständige Basisliniendrift im Chromatogramm auf. Die Ursache für das unge-

Tabelle 10-1. Fehlerursachen und Beseitigung

Problemäußerung	Ursache	Ursachenbeseitigung	Was spricht dagegen
Basisliniendrift	Säulenbluten	Ausheizen	Zeit/Max. Temp.
		Ersetzen	Kosten
		Spülen (CB)	keine CB
	Dreck in der Säule	Ausheizen	Zeit/Max. Temp.
		Ersetzen	Kosten
		Spülen	keine CB
		Säule kürzen (3 m)	nichts
	Dreck im Injektor	Insert austauschen	Kosten
	unsaubere Gase	Gase filtern	Kosten
	Gasstrom nicht konstant	Gaszuführung kontrollieren	nichts
	Temperaturprogramm ungünstig	Temperatur-Programm ändern	nichts
	Dreck im Detektor	Putzen	Zeit
		Neue Düse einsetzen	Kosten

wohnte Verhalten sollte gefunden werden. Dazu werden nun die in Frage kommenden Ursachen aufgezählt und ungeordnet in das Schema eingetragen. Es ist sehr hilfreich, wenn auch andere Kollegen bei der Fehlersuche ihren Beitrag leisten und Ursachen in das Schema eintragen können.

Anschließend wird die Tabelle dahingehend überprüft, ob alle aufgeführten Punkte auch tatsächlich eine Basislinienveränderung ergeben. Zum Beispiel wird die Gasstromänderung bei einem WLD zur starken Basisliniendrift führen, bei einem FID hat diese Ursache kaum eine Wirkung. Anschließend wird man *nach und nach einzeln* alle aufgeführten Ursachen untersuchen, am besten fängt man mit den Ursachen an, die kaum Zeit und kein Geld kosten. Erst dann, wenn sich diese Ursache als nicht zutreffend herausgestellt hat, wird die nächste Ursache und deren mögliche Beseitigung in Angriff genommen. Mit der Zeit besitzt man dann ein Spektrum von Strategien, die in den meisten Fällen eine schnelle und wirkungsvolle Fehlerbeseitigung ermöglichen.

10.2.2 Das Ishikawa-Diagramm (Ursache-und-Wirkung-Diagramm)

Für Mitarbeiter, die lieber ein Problem visualisiert lösen, ist das Ishikawa-Digramm ideal [33].

Die erste Aufgabe der Fehleruntersuchung besteht dabei in der detaillierten Prozeßbeschreibung. Danach sind die Symptome des Prozesses aufzunehmen, die Fakten aufzubereiten und zu bewerten. Dabei ist besonders darauf zu achten, daß das Symptom nicht mit der Ursache verwechselt wird. In der nächsten Phase müssen alle in Frage kommenden Fehlerursachen zusammengestellt werden. Am besten geht dies in einer Gruppenarbeit mit mehreren Mitarbeitern ohne lange Diskussion. Hierbei ist Fachwissen und „gesunder Menschenverstand" gefragt. Die in Frage kommenden Fakten werden dann in Form eines Baumes in immer feinerer Verästelung zusammengestellt. Eine solche Darstellung nennt man Ursache/Wirkung-Diagramm nach Ishikawa (Abb. 10-5). Zum Beispiel sei die Reproduzierbarkeit bei einer quantitativen Bestimmung nicht akzeptabel. Man zerlegt nun zuerst in die in Frage kommenden Grundeinheiten:

1. Methode
2. Mitarbeiter
3. Material
4. Gaschromatograph

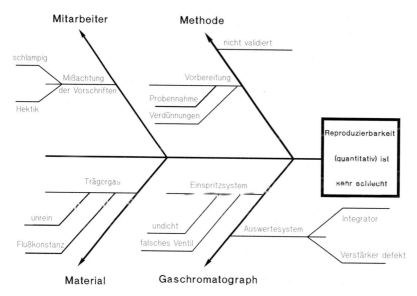

Abb. 10-5. Ishikawa-Diagramm

und verästelt die Grundeinheiten dann immer feiner in die in Frage kommenden Fehler. Beim Sammelprozeß ist zuerst auf Vollständigkeit und nicht auf bereits ausgeübte Fehlerstrategie zu achten.

Nun muß untersucht werden, welche Ursache für den Fehler hauptsächlich in Frage kommt. Dafür müssen die zusammengestellten Ursachen bewertet werden. Unter Umständen muß dann ein weiteres, genaueres Teildiagramm gezeichnet werden.

10.3 Fehlerbewertungsstrategien (Pareto-Analyse)

Bei den vorhergehenden Untersuchungen könnte sich herausstellen, daß mehrere Fehler bei einer Analyse aufgetreten sind. Es stellt sich dann die Frage, welche Fehlerursache zuerst beseitigt werden muß und ob es sich überhaupt lohnt, eine Fehlerursache zu eliminieren. Die Paretoanalyse [33] ist die Visualisierung von quantitativen Fehler- und Kostenaufstellungen zur Projektaufgabenstellung bei der Qualitätsverbesserung. Ein Beispiel soll diese Methode beschreiben.

Bei einer gaschromatographischen Bestimmung eines Industrieproduktes zur Qualitätsuntersuchung werden die folgenden Fehlerquoten der Analyse benannt und deren Qualität geschätzt (oder durch eine Untersuchung genau bestimmt):

- Probennahme   bis zu 10% Fehler,
- Trennung   bis zu 1% Fehler,
- Probenvorbereitung   bis zu 10% Fehler,
- Auswertesystem   bis zu 1% Fehler,
- Einspritztechnik   bis zu 5% Fehler,
- Interpretation   bis zu 2% Fehler.

Umgerechnet auf die relative Fehlerquote (Summe 100%) und nach Größe geordnet sind dies:

- Probennahme   34% rel. Fehler,
- Probenvorbereitung   34% rel. Fehler,
- Einspritztechnik   16% rel. Fehler,
- Trennung   4% rel. Fehler,
- Auswertesystem   4% rel. Fehler,
- Interpretation   8% rel. Fehler,

Bei der Paretoanalyse werden die Fehlerquoten nach ihrer Größe sortiert und dann als Balkendiagramm und als aufsummierte Linie in eine Grafik eingezeichnet (Abb. 10-6).

Man sieht deutlich, daß 80% der Gesamtfehlerquote von 3 der Fehlermöglichkeiten bestimmt wird:

1. Probennahme,
2. Vorbereitung der Probe,
3. Einspritzsystem.

Nun wird versucht, diese 3 Ursachen so zu beeinflussen, daß die Gesamtfehlerquote sinkt. Gelingt dies, würde man bis zu 80% der Fehler beseitigen können.

Die meisten GC-Anwender manipulieren am Auswertesystem, um die Analytik „genauer" zu machen. Gelingt dies, würde es die Gesamtbestimmung aber nur um 4% verbessern. Eine gute Probennahme und Probenaufarbeitung verbessert die GC-Analytik dagegen bereits um 68%.

Die Paretoanalyse ist auch bei einer Kostenanalyse sehr gut anzuwenden.

Pareto-Analyse
Gaschromatographische Fehler

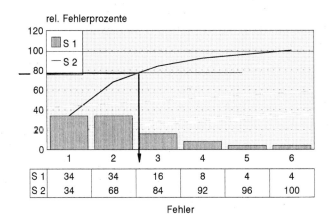

rel. Fehlerprozente

	1	2	3	4	5	6
S 1	34	34	16	8	4	4
S 2	34	68	84	92	96	100

Fehler

1=Probennahme 2=Vorbereitung 3=Einspritzen 4=Interpretation

5 = Trennung 6= Auswertung

Abb. 10-6. Pareto-Diagramm

10.4 Spezielle gaschromatographische Fehlersuche

Nach der etwas allgemeineren Einführung in die Fehlersuche sollen in diesem Abschnitt einige immer wieder vorkommenden Hauptfehlerquellen besprochen und die Vorgehensweise zur Ursachenbekämpfung dieser Fehler geschildert werden.

Grundsätzlich gibt es in der Gaschromatographie 5 Hauptfehlerquellen:

1. die Probe, Probenbearbeitung und Probenzuführung,
2. das Gasversorgungssystem,
3. die Trennsäule,
4. die Detektion und
5. die Elektronik.

Dazu kommen noch die Fehler, die direkt vom Anwender verursacht werden.

Die aufgetretenen Fehler sollten nach und nach isoliert werden, auch hier ist eine sehr systematische Vorgehensweise von ausschlaggebender Bedeutung.

Zuerst sollte man beim Auftreten eines Fehlers die gesamte Elektronik des Gaschromatographen und dazu noch alle Einstellungen, wie Temperatur usw. überprüfen. Ist im Gaschromatographen die richtige Säule eingebaut, sind die Ströme und Spannungen am Elektrometer in Ordnung?

Nach dem ersten Check ist es sinnvoll, statt der Probe einen laborüblichen Standard einzuspritzen. Liefert der Standard wieder ein richtiges Chromatographiebild, muß der Fehler bei der Probe gesucht werden. Deshalb ist es vernünftig, zu jeder Applikation einen Standard herzustellen und wenn es geht, diesen auch zu lagern.

Weiterhin hin ist es sinnvoll, beim Auftreten eines Fehlers das gesamte Gassystem zu überprüfen. Dazu sollten mit geeigneten Geräten

1. die Säulendurchflußgeschwindigkeit,
2. der Splitdurchfluß,
3. der Septumspülfluß,
4. der Make-up-Durchfluß,
5. der Wasserstofffluß (FID) und
6. der Luftfluß (FID)

überprüft werden. Für die Bestimmung der Flußrate der Säule und der Septumspülung empfiehlt sich bei Kapillarsystemen ein Kapillarprüfgerät. Weiterhin ist es sinnvoll (falls es möglich ist), die lineare Gasgeschwindigkeit mit mehreren Methaninjektionen (ideal ist ein Gemisch von $1-2\%$ Methan in Stickstoff) zu überprüfen. Die Form des Methanpeaks (Tailing) gibt darüber hinaus noch Aufschlüsse, ob die Säule richtig eingebaut wurde oder ob ein sehr großes Totvolumen entstanden ist. Eine Lecksuche im Gesamtsystem schließt sich an. Bei der Kapillar-GC sollte eine Verwendung von flüssigen Lecksuchmitteln (Snoop) unbedingt unterlassen werden. Beim Vorliegen eines Lecks kann durch einen „Wasserstrahlpumpeneffekt" die Spülflüssigkeit in das Leitungs- und Trennsystem eingesaugt werden und zerstört die stationäre Phase oder z. B. im FID-NP die Alkalisalzperle. Es ist besser, wenn man bei der Lecksuche mit einem elektronischen Spürgerät langsam jeden Fitting und den Verlauf der Säule (Säulenbruch!) überprüft, ob ein undefinierter Gasnebenstrom vorhanden ist.

Zusätzlich kann man das Gasventil vor dem Gaschromatographen (Elektrik vorher ausschalten!) schließen und beobachten, ob der Gasdruck schnell oder langsam fällt. Selbstverständlich muß dazu vorher ein vorhandener Splitgasstrom abgestellt werden, da durch den Split große Gasverluste auftreten.

Entstehen trotz richtiger Gasflüsse und dichtem Gassystem immer noch Fehler, kann man nun die bisher verwendete Säule herausnehmen und durch eine andere Säule ersetzen, die dieselbe Trennphase und die gleichen Abmessungen besitzt. Werden die Ergebnisse nun signifikant besser, muß das Problem an der Säule gelegen haben. Ein typisches Chromatogramm entsteht, wenn aktive Stellen in der Säule entstanden sind. Manche oder alle Peaks bilden dann ein deutliches und übermäßiges Tailing aus, es können sogar ganze Peaks fehlen oder signifikant kleiner sein. Eine gute Überprüfung, ob aktive Stellen vorliegen oder nicht, kann man mit speziellen Gemischen vornehmen, die polare und unpolare Stoffe enthalten. Ein solches Gemisch ist z. B. m-Xylol, Decan, Benzylalkohol, Octanol, Undecan, Nonanol, Dodecan. Sind alle Peaks gleich gut ausgeprägt und enthält kein Peak ein ausgeprägtes Tailing, ist die Säule frei von aktiven Stellen.

Eine Überprüfung, ob das gesamte GC-System optimal arbeitet, kann man von Zeit zu Zeit mit käuflich zu erwerbenden Standardtestmischungen (z. B. von SUPELCO) vornehmen und die jeweils entstehenden Chromatogramme archivieren.

Eine weitere Kontrolle umfaßt das elektrische System „Detektor-Analogschreiber/Integrator". Dazu stellt man die Ausgangsabschwächung des Verstärkers auf „unendlich". Das Analogschreiber/Integratorsignal sollte dabei auf „elektrisch Null" gehen. Bleibt der Fehler (z. B. regelmäßige oder unregelmäßige Basisliniendrift), muß der Fehler am Integrator/Analogschreiber liegen. Anschließend kann man den Detektor ausschalten und das Verbindungskabel vom Detektor zum Verstärker abziehen. Verschwindet der Fehler nach Einschalten des Detektors, Verstärkers und Analogschreibers, muß er am Detektor liegen. Ist der Fehler weiterhin noch vorhanden, muß der Fehler vom Verstärker oder von einem defekten Zuleitungskabel verursacht werden.

In Tabelle 10-2 sind die Fehler aufgelistet, die beim Umgang mit dem Gaschromatographen öfter vorkommen.

Im Kapitel 11 werden die häufigsten Fehler in der Gaschromatographie, ihre Fehlerursachen und die Beseitigung anhand von fehlerhaften Chromatogrammen beschrieben.

10.5 Wartungsarbeiten am Gaschromatographen

Um anlagenbedingte Fehler erst gar nicht entstehen zu lassen, empfiehlt sich eine routinemäßige Wartung, die der Anwender selbst vornehmen kann. Die Zeitintervalle in der folgenden Aufstellung sind nur zur Orientierung gedacht.

Ursache	Flächen nicht reproduzierbar	Retentionszeiten nicht konstant	Geisterpeaks	Substanzdiskriminierung	keine oder zu kleine Peaks	Peaktailing oder Fronting	zu starkes Basislinienrauschen	Grundsignal zu hoch
Probenkonzentration falsch	X	X		X	X			
Probleme im Detektor	X				X		X	X
Verunreinigung im Detektor			X				X	X
Ofenregelung defekt		X	X		X	X		X
Probenreste im System		X	X	X		X	X	X
Aktive Stellen im System	X	X		X	X	X		
allgemeines Säulenproblem	X		X	X		X	X	X
falscher Säuleneinbau	X			X	X	X		
wechselnde Splitverhältnisse	X			X	X			
verdeckter Splitausgang	X	X						
Schlechte Einspritztechnik	X	X		X	X	X		
falsche Injektortemperatur	X			X				X
verschmutzter oder defekter Liner	X		X	X	X	X		
Fehler Gasversorgung	X				X		X	X
Gasverunreinigung			X				X	X
Systemleck	X	X	X	X	X		X	X

Tabelle 10.2 Fehler am Gaschromatographen und deren Ursachen

10.5.1 Wartungsbereich Gassystem

Anlagenbereich	Wartung	Wartungsintervall
Molekularsiebe	konditionieren/austauschen	alle 2 Monate/bei 10 Konditionierungen
Chemischer Filter	konditionieren/austauschen	alle 2 Monate
Trägergassystem	auf Dichtigkeit prüfen	auf Bedarf
Luft (FID)	auf Dichtigkeit prüfen	auf Bedarf
Wasserstoff	auf Dichtigkeit prüfen	täglich

10.5.2 Wartungsbereich Injektor

Anlagenbereich	Wartung	Wartungsintervall
Injektor	reinigen	monatlich und nach Bedarf
Septum	ersetzen	alle 10−30 Injektionen
Insertliner	reinigen	alle 3 Monate

10.5.3 Wartungsbereich Trennsäule

Anlagenbereich	Wartung	Wartungsintervall
Säule	konditionieren	beim Säulenwechsel/ je nach Analytik
Kapillareinlaß	auf Dichtigkeit prüfen	alle 3 Monate

10.5.4 Wartungsbereich Detektoren

Anlagenbereich	Wartung	Wartungsintervall
FID Düse	reinigen	alle 2 Monate
FID-Kollektor	reinigen	auf Bedarf
WLD	auf Dichtigkeit prüfen	auf Bedarf
FID-NPD Düse	reinigen	alle 2 Monate
FID-NPD Kollektor	justieren	auf Bedarf
ECD	Rauschtest	täglich
ECD	Gasqualitäts-Test	nach jedem Gasfla-schenwechsel

11 Fehlererkennung anhand des Chromatogramms

Im Kapitel 10, Systematische Fehlersuche, wurde versucht, allgemeingültige Strategien zu entwickeln, um eine Fehlersuche am Gaschromatographen zu systematisieren. Im vorliegenden Kapitel 11 beschäftigen wir uns nun mit den Fehlern, die eventuell aus einem Chromatogramm direkt herauszulesen sind, um deren Ursachen und um die Fehlerbeseitigung.

An einer Vielzahl von Beispielen sollen die Methoden erläutert werden. Eine vollständige Ursachenaufführung ist aber im Rahmen dieses Buches nicht möglich, zumal auch einige Fehler gerätespezifisch sind. Von verschiedenen Säulen-Herstellern gibt es Problemlösungshilfen, die durchaus sehr hilfreich bei dem Aufsuchen von Fehlern sind. Zum Beispiel zeichnen sich die Problemlösungshilfen der Firma SUPELCO durch ein sehr umfangreiches Spektrum bei der Fehlersuche aus [34].

Die nachfolgenden Chromatogramme sind zur besseren Fehlererkennung und deren Beurteilbarkeit gezeichnet und nicht direkt einem Schreiber entnommen. Es fällt jedoch nicht schwer, wenn man sich mit dem jeweiligen Aussehen des Chromatogramms vertraut gemacht hat, den Fehler bei den eigenen, realen Chromatogrammen zu erkennen.

Wenn man das fehlerbeinhaltende Chromatogramm beurteilt, ist es günstig, ein fehlerfreies Chromatogramm des gleichen Probengemisches als Vergleich daneben zu halten. Daher ist es bei Routineuntersuchungen immer empfehlenswert, ein fehlerfreies Chromatogramm aufzunehmen und als Vergleich zu archivieren.

Ob mit oder ohne Vergleich sind zur Grobbeurteilung eines fehlerhaften Chromatogrammes folgende Fragen zu beantworten:

1. Tritt der Fehler bei allen Peaks oder nur bei einzelnen Peaks auf?
2. Tritt ein fehlerhafter Peak am Anfang oder am Ende des Chromatogramms auf?
3. Wie ist das Aussehen des oder der fehlerhaften Peaks (z. B. Fronting, Tailing, Splitting)?
4. Kommen alle Probenpeaks im Chromatogramm vor?
5. Sind zuviel Peaks im Chromatogramm?

6. Wie ist die Größe, Höhe und Fläche der Peaks?
7. Wie gut ist die Trennung der Peaks?

Grundsätzlich läßt sich dazu folgendes sagen:
Tritt der Fehler bei *allen* Peaks auf, handelt es sich um einen grundsätzlichen, systembedingten Fehler. So werden z. B. *alle* Peaks mehr oder weniger gesplittet sein, wenn die Einspritztechnik des Anwenders sehr schlecht sein sollte.

Tritt der Fehler nur ganz am Anfang des Chromatogramms auf, sollte man mit reinem Methan als Probenkomponente ein Chromatogramm aufnehmen. Zeigt der Totzeit-Methan-Peak ebenfalls ein abweichendes Verhalten, sind meistens Vorsäuleneffekte (z. B. falscher Einbau von Säule an den Injektor oder defektes Einspritzsystem) oder abnormal hohes Totvolumen die Ursache. Bei fehlerhaften Peaks, die nach dem Totzeitpeak eluiert werden, weist der Fehler auf Effekte hin, die in der Säule auftreten.

Tritt der Fehler nur bei *einem oder bei wenigen* Peaks auf, so ist der Fehler gewöhnlich probenbedingt.

Ein Fronting bei einer WCOT-Säule oder ein Tailing bei einer PLOT-Säule weist auf Überladung einer oder mehrerer Probenkomponenten hin.

Ist ein vorher ungeteilter Peak in mehrere Teilpeaks gesplittet, die dazu noch aufgesetzt sind, kann es sich um eine chemische Zersetzung der betreffenden Probenkomponente im Einspritzsystem, in der Säule oder im Detektor handeln.

Es folgen nun spezifische Chromatogramme, die Fehler beinhalten, deren mögliche Ursache sowie deren Ursachenbeseitigung.

Dazu wird die systematische Methode der „schriftlichen Beschreibung" gewählt (Kapitel 10). Auf der linken Seite der jeweiligen Abbildung befindet sich das Chromatogramm, wie es aussehen soll; auf der rechten Seite das Chromatogramm der gleichen Probe, welches aber den Fehler beinhaltet.

11.1   Problem: Es entstehen überhaupt keine Peaks

Nach der Injektion eines Probengemisches und dem Start des Programms zeichnet der Integrator zwar auf, es entsteht aber nur (auch nach langer Chromatographiezeit) eine gerade Basislinie.

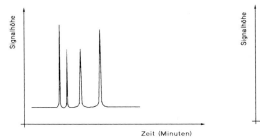

NORMAL   PROBLEM

Abb. 11-1. Es entstehen keine Peaks

Tabelle 11-1. Fehler: Es entstehen keine Peaks

Problem-äußerung	Ursache	Ursachenbeseitigung	Was spricht dagegen
Es entstehen keine Peaks im Chromatogramm	**Spritze:** defekt	austauschen	Kosten
	Spritze verdreckt	spülen	Zeit
	Spritze undicht	abdichten	Nicht sinnvoll
	Injektor: Septum undicht	austauschen	nichts
	falscher Injektor	richtigen Injektor benutzen	nichts
	Trägergas: fließt nicht oder zu schwach	Trägergasstrom einstellen	nichts
	Säule: falsch eingebaut	Lecküberprüfung	nichts
	Säule gebrochen	Lecküberprüfung	neue Säule: Kosten
	Ofentemperatur: viel zu niedrig	Ofentemperatur höher einstellen	Maximal-Temperatur
	Detektor: Flamme im FID aus	Flamme zünden	nichts
	WLD ohne Strom	Stromüberprüfung	Zeit, Geräte
	Auswertesystem: Kabelbruch	Kabel austauschen	Kosten
	Kurzschlüsse	Kurzschluß-Sicherung	Kosten
	Integrator falsch eingestellt	Integratorüberprüfung	Zeit

11.2   Problem: Regelmäßige Basisliniendrift

Nach einer Injektion, aber auch ohne daß eine Probe eingespritzt wurde, driftet die Basislinie gleichmäßig nach *einer* Seite.

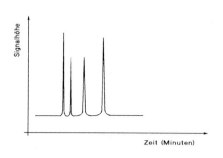
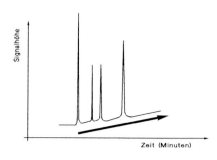

NORMAL   PROBLEM

Abb. 11-2. Basisliniendrift

Tabelle 11-2. Fehler: Regelmäßige Basisliniendrift

Problem-äußerung	Ursache	Ursachenbeseitigung	Was spricht dagegen
Basisliniendrift	**Säulen**bluten	Säule ausheizen	Zeit/Max. Temp.
		Säule ersetzen	Kosten
		Säule spülen (nur CB)	keine CB
	Dreck in der Säule	ausheizen	Zeit/Max. Temp.
		ersetzen	Kosten
		spülen	keine CB
		Säule kürzen (um 3 m)	nichts
	Dreck im **Injektor**	Insert reinigen oder austauschen	Kosten
	unsaubere **Gase**	Gase filtern	Kosten
	Gasstrom nicht konstant	Gaszuführung kontrollieren	nichts
		Temperatur-Programm ändern	nichts
	Dreck im **Detektor**	putzen	Zeit
		neue Düse einsetzen	Kosten
	Detektorentemp. unstabil	Reparaturdienst bestellen	Kosten
	Hitzedraht WLD oxidiert	austauschen	Kosten

11.3 Problem: Unregelmäßige Basisliniendrift

Nach einer Injektion, aber auch ohne daß eine Probe eingespritzt wurde, driftet die Basislinie völlig *ungleichmäßig* nach einer Seite.

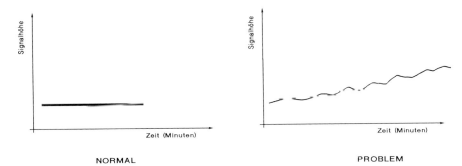

Abb. 11-3. Unregelmäßige Basisliniendrift

Tabelle 11-3. Fehler: Unregelmäßige Basisliniendrift

Problemäußerung	Ursache	Ursachenbeseitigung	Was spricht dagegen
Unregelmäßige Basisliniendrift	**Injektor:**		
	stark verunreinigt	Reinigen/Ersetzen	Kosten
	Septumbluten	Septum ersetzen	nichts
	Liner verstopft	Liner reinigen	nichts/Zeit
	neue Wolle im Liner	Ausheizen	Zeit
	Trägergas:		
	Anschlußlecks	Anschlüsse prüfen	nichts
	Gasgeschwindigkeit zu hoch oder zu niedrig	einstellen	nichts
	Flüsse unregelmäßig	Kontroller ersetzen	Kosten
	Säule:		
	Verunreinigt	ausheizen oder spülen	Maximaltemp. und keine CB-Phase
	zu schnelle Temperaturänderung	Programm verändern	nichts
	Detektor:		
	Verunreinigung	reinigen	Zeit
	Detektorgase unrein	reine Gase verwenden	Kosten
	FID unausgerichtet	ausrichten	Kosten
	FID nicht temperaturstabil	Kundendienst	Kosten
	Verstärker defekt	austauschen	Kosten

11.4   Problem: Gleichmäßige zyklische Basisliniendrift

Nach einer Injektion, aber auch ohne daß eine Probe eingespritzt wurde, driftet die Basislinie gleichmäßig *zyklisch* nach beiden Seiten der Grundlinie.

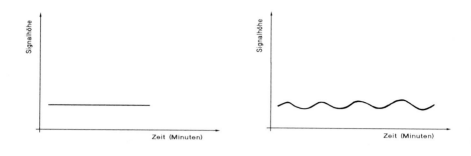

Abb. 11-4. Fehler: Regelmäßige, zyklische Basisliniendrift

Tabelle 11-4. Regelmäßige, zyklische Basisliniendrift

Problemäußerung	Ursache	Ursachenbeseitigung	Was spricht dagegen
Zyklische Basis-liniendrift	Gerät steht in Zugluft	Zugluft ausschließen	nichts
	Defekter **Ofen** (Temp.)	Kundendienst	Kosten
	Trägergasfluß nicht konstant	Kontroller wechseln (Kundendienst)	Kosten
	Detektor: FID-Brenn-gasflüsse schwanken	höherer Vordruck	nichts
	Säule: nicht konditio-niert oder verunreinigt	konditionieren oder spülen	Zeit, Max.Temp. und keine CB-Phase

11.5 Problem: Alle Peaks sind zu klein, die Retentionszeiten sind aber unverändert

Bei der Injektion der gleichen Menge an Probe werden die Peaks immer kleiner, die Retentionszeiten verändern sich dabei nicht.

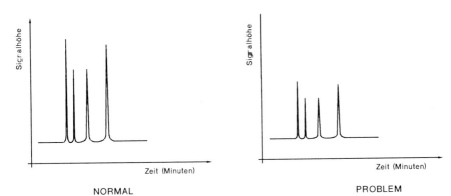

Abb. 11-5. Alle Peaks sind zu klein, Retentionszeiten unverändert

Tabelle 11-5. Fehler: Peaks sind zu klein

Problemäußerung	Ursache	Ursachenbeseitigung	Was spricht dagegen
Peaks sind zu klein, die Retentionszeiten sind unverändert	Proben**konzentration** ist gesunken	Probenkonzentration erhöhen	meist nicht notwendig
	Injektor und Gase: Make-up-Einstellung zu hoch	richtig einstellen	nichts
	Nadelverstopfung	Kanüle reinigen	Zeit
	Defekte Spritze	austauschen	Kosten
	Septumleck	Septum austauschen	nichts
	Trägergasleck	abdichten	nichts
	Temperatur zu niedrig	Temperatur erhöhen	Probenzersetzung
	schlechte Einspritztechnik	bessere Technik	Übungszeit
	Säule und Buchsen: ad-/absorbieren Substanzen	neue desaktivierte Buchsen	Kosten

Tabelle 11-5 (Fortsetzung)

Problemäußerung	Ursache	Ursachenbeseitigung	Was spricht dagegen
	Detektor:		
	WLD: Gasfluß zu hoch oder Zellenspannung zu niedrig	Gas richtig einstellen	nichts
	FID: Brenngase falsch eingestellt	Gas richtig einstellen	nichts
	ECD: Detektor verunreinigt	Detektor reinigen	Zeit
	Attenuation verstellt	richtig einstellen	nichts

11.6   Problem: Alle Peaks sind zu klein, die Retentionszeiten verändern sich

Bei der Injektion der gleichen Menge an Probe werden die Peaks immer kleiner und die Retentionszeiten verändern sich dabei.

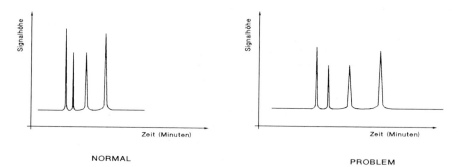

NORMAL   PROBLEM

Abb. 11-6. Retentionszeiten verändern sich, alle Peaks sind kleiner

Tabelle 11-6. Fehler: Retentionszeiten verändern sich

Problemäußerung	Ursache	Ursachenbeseitigung	Was spricht dagegen
Retentionszeiten verändern sich, Peaks werden kleiner	**Träger**gasdurchflußrate zu niedrig eingestellt	Rate vergrößern	nichts
	Trägergasleck	Leckbeseitigung	nichts
	Trägergasdruck viel zu niedrig	Druck vergrößern	nichts
	Säulentemperatur viel zu niedrig	Temperatur erhöhen	Maximaltemperatur

11.7 Problem: Einige Peaks fehlen oder sind zu klein

Bei der Injektion der Probe in den Gaschromatographen fehlen plötzlich einige Peaks ganz oder sind signifikant kleiner als im Normalfall (Abb. 11-7).

Tabelle 11-7. Fehler: Einige Peaks fehlen oder sind zu klein

Problemäußerung	Ursache	Ursachenbeseitigung	Was spricht dagegen
Einige Peaks fehlen oder sind zu klein	**Probe** zu verdünnt	Probe konzentrieren	nichts
	Spritze teilweise defekt	auswechseln	Kosten
	Spritze adsorbiert einige Stoffe	keinen Teflonkolben benutzen	Kosten
	Trägergasleck	abdichten	nichts
	falsches Splitverhältnis	verändern	nichts
	falsche Durchflußrate	verändern	nichts
	Injektionstemperatur zu niedrig	Temperatur erhöhen	Zersetzung
	Substanzen chemisch verändert	Temperatur erniedrigen	schlechte Verdampfung
	Säule hat zu geringe Trennwirkung	selektivere Säule benutzen	Kosten
	Substanzen werden ad-/absorbiert	desaktivierte Buchsen und Säule benutzen	Kosten/Zeit
	Säule hat falsche Phase	Phasenwechsel	Kosten

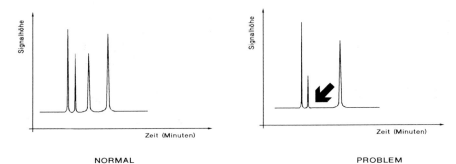

NORMAL   PROBLEM

Abb. 11-7. Einige Peaks fehlen oder sind zu klein

11.8   Problem: Die Retentionszeiten verändern sich

Bei der Injektion der Probe verändern sich die Retentionszeiten aller Peaks gegenüber dem Normalfall, die Peakhöhe bleibt dagegen in etwa gleich (Abb. 11-8).

Tabelle 11-8. Fehler: Die Retentionszeiten verändern sich

Problemäußerung	Ursache	Ursachenbeseitigung	Was spricht dagegen
Retentionszeiten verändern sich	**Trägergas**strom hat sich geändert	Gasstrom verändern	nichts
	andere Einspritztechnik	Technik verändern	nichts
	Säulenveränderung:		
	andere Länge und Dicke Filmdicke hat sich verändert	Dimension der alten Säule wieder herstellen	Kosten
	anderer Säulenhersteller	Hersteller wechseln	Kosten
	Phase hat sich verändert	Säule wechseln	Kosten
	Temperaturprogrammveränderung	Temperaturprogramm verändern	nichts/Maximaltemp. beachten

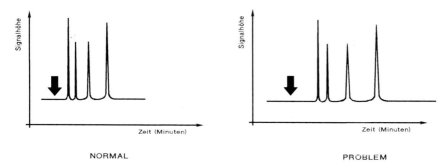

Abb. 11-8. Die Retentionszeiten aller Peaks verändern sich

11.9 Problem: Es entstehen zusätzliche Peaks (Geisterpeaks)

Nach der Injektion der Probenlösung entstehen im Chromatogramm scharfe oder unscharfe Peaks, die in einem vergleichbaren Referenzchromatogramm nicht vorhanden sind und nicht von einer Probensubstanz erzeugt sind.

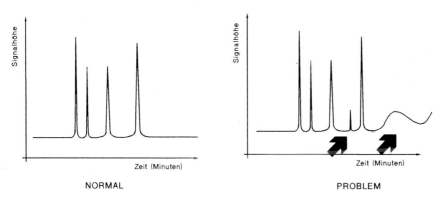

Abb. 11-9. Zusätzliche Peaks (Geisterpeaks)

Tabelle 11-9. Fehler: Zusätzliche Peaks (Geisterpeaks)

Problem-äußerung	Ursache	Ursachenbeseitigung	Was spricht dagegen
Geisterpeaks	Verunreinigung von **Probe**, Verdünnungsmittel	Hochreines Lösemittel benutzen	nichts
	Verunreinigung durch ungeeignete Vorbereitungsschritte	Vorbereitung kontrollieren	Zeit/Kosten
	Verunreinigte **Gase**	Filter einbauen	Kosten
	Schlechte **Einspritztechnik**	Üben	Zeit
	Septumbluten	höher belastbares Septum benutzen	Kosten
	nichteluierte Peaks der vorigen Probe	genügend lange Ausheizzeit	Zeit
	Substanzen sind in der **Säule** kondensiert/Probenzersetzung	Temperaturprogramm verändern	nichts
	Verunreinigung in der Laborluft	Reinigen der Luft, Abzug	Kosten
	Beim **WLD** Luft- oder Wasserpeaks	keine	

11.10 Problem: Peaks werden nicht genügend aufgelöst

Im Vergleich zum Standardchromatogramm werden alle oder einige wenige Peaks plötzlich nicht mehr richtig aufgelöst, die Trennwirkung der Säule wird deutlich schlechter.

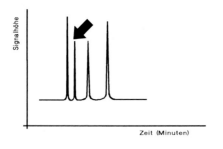

NORMAL

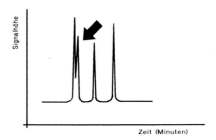

PROBLEM

Abb. 11-10. Mangelnde Trennwirkung

Tabelle 11-10. Fehler: Mangelnde Trennwirkung

Problemäußerung	Ursache	Ursachenbeseitigung	Was spricht dagegen
Trennwirkung der Säule ist schlechter, Peaks werden nicht richtig aufgelöst	Durchflußrate des **Trägergases** ist höher oder niedriger	richtig einstellen	nichts
	Trägergasleck (Septum/Anschlüsse)	prüfen und ggf. ersetzen	nichts
	Injektionen zu langsam	richtig injizieren	nichts
	Säule verunreinigt	ausheizen oder spülen oder 2 m abschneiden	Maximaltemperatur
	Säule zerstört	Säule ersetzen	Kosten
	zu schnelle Temperaturänderungen, dadurch Tröpfchenbildung	Temperaturprogramm verändern	nichts
	Temperaturprogramm geändert	Temperaturprogramm verändern	nichts
	Säule überladen	Probenlösungen verdünnen oder Split vergrößern	Zeit
	Integrator defekt	Auswechseln	Kosten

11.11 Problem: Langsam ansteigende, unsymmetrische Peaks (Fronting)

Bei der Injektion der Probenflüssigkeit in den Injektor ergeben sich Peaks im Chromatogramm, die unsymmetrisch sind und die ein ausgeprägtes Fronting aufweisen.

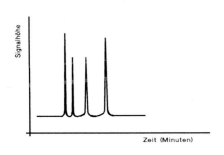
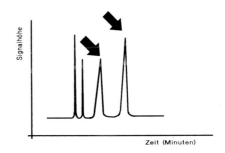

NORMAL   PROBLEM

Abb. 11-11. Fronting

Tabelle 11-11. Fehler: Fronting im Chromatogramm

Problem-äußerung	Ursache	Ursachenbeseitigung	Was spricht dagegen
Fronting	Verdampfung im **Injektor** zu langsam	Temperatur des Injektors erhöhen	Zersetzung
	Einspritztechnik schlecht	Üben	Zeit
	Säule ist überfüllt (WCOT)	Probenkonzentration erniedrigen, höheres Splitverhältnis einstellen	nichts
	Säule trennt nicht	Säule mit höherem Trennvermögen benutzen	Kosten
	Filmdicke hat sich verändert	Säulenwechsel	Kosten
	Probe ist nicht stabil, Zersetzung	Temperatur senken	Verdampfungsgeschwindigkeit

11.12 Problem: Unsymmetrische, abflachende Peaks (Tailing)

Bei der Injektion der Probenlösung entstehen Peaks, die ein deutliches Tailing aufweisen.

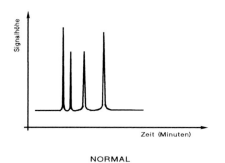
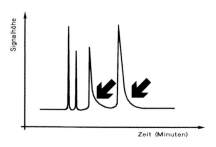

Abb. 11-12. Starkes Tailing

Tabelle 11-12. Fehler: Starkes Tailing im Chromatogramm

Problem-äußerung	Ursache	Ursachenbeseitigung	Was spricht dagegen
Starkes Tailing	**Injektion**stemperatur viel zu niedrig	Temperatur erhöhen	nichts
	Reaktionen mit Verschmutzungen im Injektor	Injektor säubern	Zeit
	Säulentemperatur zu niedrig	Temperatur erhöhen	nichts
	Säule oder Buchsen ad-/absorbieren Substanzen	Säule spülen und desaktivieren, desaktivierte Buchsen verwenden	nichts
	Säulenende sehr schlecht abgetrennt	Säulenende richtig abtrennen	nichts
	Trennwirkung der Säule reicht nicht aus	andere Säule benutzen	Kosten
	Nicht geeignete stationäre Phase	Säule wechseln	Kosten
	Reaktion der Probe mit der stationären Phase	Säule wechseln	Kosten
	Nadel stößt im **Injektor** an	anderen Injektor oder Liner benutzen	Kosten
	Septumkrümel im Injektor	Liner säubern	Zeit
	schlechte Einspritztechnik	Technik verbessern, üben	Zeit
	Zu geringer Gasfluß durch den Detektor	Detektorgasfluß vergrößern	nichts

11.13 Problem: Gespaltene, nicht aufgelöste Peaks

Bei der Injektion der Probenlösung entstehen gespaltene, nicht ganz aufgelöste Peaks.

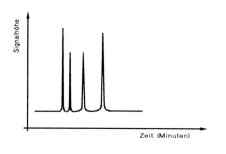

NORMAL

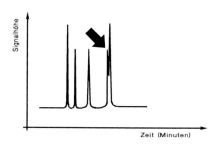

PROBLEM

Abb. 11-13. Gespaltene, nicht aufgelöste Peaks

Tabelle 11-13. Fehler: Gespaltene, nicht aufgelöste Peaks

Problem-äußerung	Ursache	Ursachenbeseitigung	Was spricht dagegen
Gespaltene Peaks	Trennwirkung der **Säule** wurde schlechter	Säule ausheizen, spülen oder ersetzen	nichts
	nicht geeignete Säule	Säule austauschen	Kosten
	Temperaturprogramm verändert	Programm verändern	nichts
	Säulenofen heizt ungleichmäßig	Kontroller/Fühler erneuern	Kosten
	Lösemittel verdampft zu schnell	anderes Lösemittel, Injektortemperatur senken	nichts
	Detektor ist stark überladen	Probe verdünnen, Splitverhältnis erhöhen	nichts

11.14 Problem: Keine in der Fläche reproduzierbare Peaks

Beim mehrmaligen Einspritzen der Probenlösung sind die entstehenden Retentionszeiten zwar jeweils identisch, die Peakflächen dagegen schwanken von Injektion zu Injektion sehr stark.
Die wichtigsten Fehler im Chromatogramm sind durch die in diesem Kapitel aufgeführten 14 Tabellen relativ sicher identifizierbar.

Tabelle 11-14. Fehler: Keine in der Fläche reproduzierbare Peaks

Problem-äußerung	Ursache	Ursachenbeseitigung	Was spricht dagegen
Peakflächen unreprodu- zierbar	Unvollständige **Proben**aufgabe		
	Septum undicht	Septum wechseln	nichts
	Spritze defekt	Spritze wechseln	Kosten
	Splitdiskriminierung	Splitverhältnis ändern oder Injektionstemperatur erhöhen	nichts
	Injektionstemperatur zu niedrig	Injektionstemperatur erhöhen	Zersetzung
	Absorption von Substanzen in Säule und Buchsen	desaktivieren, neue Buchsen verwenden	Kosten
	Peaks zu klein	Probenkonzentration erhöhen, Splitverhältnis verringern	nichts
	Peaks nicht richtig aufgelöst	Trennsystem optimieren	Zeit/Kosten
	Innerer Standard ist nicht repräsentativ	andere Standardsubstanz verwenden	Zeit
	Substanzveränderungen	Temperatur verringern	schlechte Verdampf- barkeit
	Integratorwerte falsch einge- stellt (z. B. Slope)	Werte richtig einstellen (z. B. Slope-Test)	nichts

12 Qualität und Qualitätssicherung

12.1 Richtigkeit und Präzision

Die deutsche Industrienorm DIN 55350 [24] definiert den Begriff Qualität als „Beschaffenheit einer Einheit bezüglich ihrer Eignung, festgelegte und vorausgesetzte Erfordernisse zu erfüllen". Der DUDEN [35] definiert Qualität kurz und bündig als „Beschaffenheit, Güte, Wert". Der Vater der modernen Qualitätsdiskussion, J. M. Juran [36], definiert den Begriff am verständlichsten als „Qualität ist dann, wenn ein Produkt für die gewünschte Anwendung optimal ist". Dabei verlangen Kunden oder wissenschaftliche Institutionen nicht nur „Qualität", sondern auch die Sicherheit, daß die vereinbarte Leistung immer erhalten bleibt.

Die deutsche Industrienorm DIN 55350 [24], die unter anderem bindende Definitionen von Genauigkeit und Qualität umfaßt, definiert den Qualitätsbegriff „Genauigkeit" als „Ausmaß der Annäherung von Ermittlungsergebnissen an den Bezugswert". Unter Bezugswert wird der wahre und richtige Wert verstanden.

Die Kenngrößen für die Genauigkeit sind dabei die beiden Begriffe „Richtigkeit" und „Präzision". Als Maß für die „Richtigkeit" wird pragmatisch die relative Abweichung von Ergebnissen vom Mittelwert definiert (Gl. 12-1):

$$R_i = \frac{(\bar{x} - x_i)}{\bar{x}}\qquad(12\text{-}1)$$

In Gl. (12-1) bedeutet:

R_i Maß für die Richtigkeit
$\bar{x}$ Mittelwert aller Messungen
x_i Einzelwert

Als Maß für die Präzision oder für die Reproduzierbarkeit dient die Standardabweichung s bzw. der Variationskoeffizient V (%). Es sind Begriffe aus der Statistik, die bereits im Kapitel 9 beschrieben wurden.

Fehler kann man unterscheiden in:

- systematische Fehler,
- zufällige Fehler und
- grobe Fehler.

Die Fehlerarten lassen sich mit den Treffern auf einer Schießscheibe vergleichen. Der Mittelpunkt einer solchen Trefferscheibe ist der „wahre" Wert. Die innere Scheibe zeigt die zulässige Toleranz. Liegen alle Werte innerhalb der inneren Scheibe, ist das *Ergebnis optimal* (Abb. 12-1).

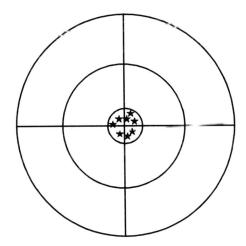

Abb. 12-1. Optimales Ergebnis

Auf der Scheibe in Abb. 12-2 streuen die Ergebnisse sehr stark. Der Prozeß ist zwar prinzipiell richtig (im Durchschnitt), aber nicht präzise. Hier liegen hauptsächlich *zufällige Fehler* vor.

Zufällige Fehler treten nur manchmal auf und sind meistens schwer zu erkennen; sie können nur erfaßt werden, wenn die Bestimmungen genügend oft wiederholt werden. Ein Schema zur Beurteilung, ob ein Meßwert ein Ausreißer ist oder nicht, ist in Kap. 9 angegeben. Zufällige Fehler verschlechtern die Präzision von Ergebnissen [30].

Systematische Fehler treten dann auf, wenn einseitige Abweichungen vom Meßwert entstanden sind. Die Präzision ist gut, die Meßwerte sind aber nicht richtig (Abb. 12-3). Systematische Fehler sind im Meßsystem begründet und können vermieden werden. Sie treten bei unkorrekter Anwendung der Arbeitsanweisung auf oder sie sind in Analysenanordnung, Chemikalien und Geräten

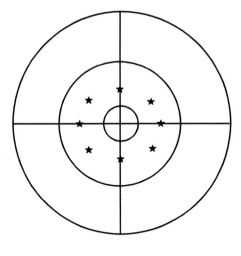

Abb. 12-2. Zufälliger Fehler: richtig (Mittelwert), aber nicht präzise

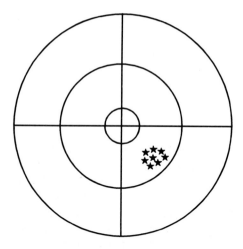

Abb. 12-3. Systematischer Fehler: präzise, aber nicht richtig

begründet. Systematische Fehler sind sehr schwierig zu erkennen. Sie verschlechtern die Richtigkeit des Ergebnisses [30].

Werden keine Treffer auf der Scheibe erzielt, läßt der Vorgang auf einen *groben Fehler* schließen. Die Richtigkeit und die Präzision sind mangelhaft (Abb. 12-4).

Grobe Fehler entstehen meistens durch Unachtsamkeit und Nachlässigkeit des Bedienungspersonals. Die Hauptursache von groben Fehlern sind unter anderem:

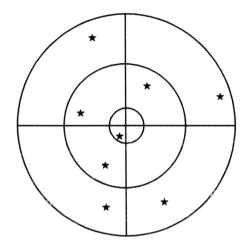

Abb. 12-4. Grober Fehler: nicht richtig, nicht präzise.

- Verwechslungen,
- defekte Geräte,
- schlampiges Bedienungspersonal,
- fehlerhafte Herstellung von Proben und Kalibrierlösungen,
- Abweichungen von der Arbeitsvorschrift,
- Falschberechnungen und
- fehlerhafte Dokumentation [30].

Die Grenze zwischen systematischen und groben Fehlern ist fließend. Nicht jeder Fehler kann daher eindeutig zugeordnet werden.

Wachsende Anforderungen von Kunden an technologische Prozesse haben den Begriff „Qualität" ausgeweitet. Dazu kommt eine immer kritischer gewordene Betrachtungsweise der Endverbraucher hinsichtlich eines Produktes. Der internationale Wettbewerb wird durch den rationellen Einsatz von Maschinen gleichzeitig immer härter, so daß die Qualität eines Produktes von entscheidender Wichtigkeit für den Hersteller wird. Dazu reicht es nicht mehr, daß nur das Produkt einer „Endkontrolle" unterliegt, sondern ein „Qualitätsmanagement" ist gefordert. Diese ganzheitliche Strategie verbindet eine vorausschauende Qualitätssicherung mit einer kooperativen Führung zu einem Qualitätssicherungskonzept, das auch von den Mitarbeitern in die Realität umgesetzt werden muß.

Einen immer größeren Stellenwert nimmt die Validierung von Analysenmethoden ein. Darunter versteht man den Nachweis der Zuverlässigkeit einer Methode und deren Dokumentation.

Der Begriff der „Zuverlässigkeit" wird vor allem durch die Begriffe „Genauigkeit", „Richtigkeit" und „Präzision" der gewählten Methode beschrieben. Wie die Begriffe zusammenhängen, ist der Abb. 12-5 zu entnehmen:

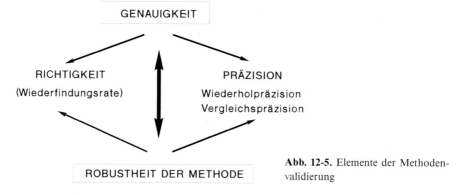

Abb. 12-5. Elemente der Methodenvalidierung

Die Begriffe, die in der DIN 55350, Teil 13, [24] definiert sind, müssen genau auseinandergehalten werden. Die *Richtigkeit* einer Methode, also die Beschreibung der Treffergenauigkeit, wird überwiegend durch den systematischen Fehler verändert. Die *Präzision*, die Wiederholbarkeit einer Methode, wird durch den zufälligen Fehler verändert. Die Richtigkeit einer Methode ist durch mehrfache Wiederholung nicht zu erkennen. Ist z. B. die verwendete Kalibriersubstanz unsauber, kann immer wieder der gleiche Wert aus der Analyse berechnet werden, obwohl er falsch ist. Der vorhandene systematische Fehler verfälscht die ganze Analysenreihe.
Die *Richtigkeit* einer Analyse kann in chromatographischen Prozessen durch verschiedene Verfahren überprüft werden:

1. Vergleich der Methode mit einer unabhängigen, bereits anerkannten Methode, wobei das Meßprinzip anders sein soll.
2. Durchführung eines Soll/Ist-Vergleiches mit einer künstlich hergestellten Probe (Kalibriergemisch).
3. Durch das Aufstockverfahren (Spiking).

Bei dem Aufstockverfahren wird die zu bestimmende Komponente in Form einer Kalibrierlösung zusätzlich zur Probenlösung zugefügt, die diese Probenkomponente bereits hat. Dabei soll die Aufstockkonzentration mindestens gleich der ursprünglichen Konzentration der Komponente sein. Die Aufstocksubstanz ist so konzentriert wie möglich zuzugeben. Auf die Beschränkung der Gesamtkonzentration der Substanz in den Linearbereich ist zu achten.

Es werden dabei 3 Analysengemische hergestellt:

1. Analysengemisch:
    V1 mL Probenlösung und V2 mL Kalibrierlösung; das Gemisch
    ergibt nach der Chromatographie das Signal S1.
2. Analysengmisch:
    V1 mL Probenlösung und V2 mL Lösemittel; das Gemisch ergibt
    nach der Chromatographie das Signal S2.
3. Analysengemisch:
    V1 mL Lösemittel und V2 mL Kalibrierlösung; das Gemisch ergibt
    nach der Chromatographie das Signal S3.

Die Endvolumina aller 3 Analysengemische müssen gleich sein. Die Berechnung der sogenannten Wiederfindungsrate wird nach Gleichung (12-2) vorgenommen:

$$W\ (\%) = \frac{(S1 - S2)}{S3} \tag{12-2}$$

Die Höhe der Wiederfindungsrate ist ein Maß für die Richtigkeit der Methode.

Die *Präzision* einer Methode kann dagegen durch mehrfaches Messen bestimmt werden. Man unterscheidet noch die Wiederholbarkeitspräzision und die Vergleichbarkeitspräzision einer Methode.

Die *Wiederholbarkeitspräzision* wird unter den gleichen Wiederholbedingungen bestimmt, also unter Verwendung des gleichen Analysengerätes, des gleichen Mitarbeiters und durch die Wiederholbarkeit in kurzen Zeitspannen.

Die Vergleichspräzision wird als Parameter von Analysenergebnissen gewählt, die auf verschiedenen Geräten, mit verschiedenen Mitarbeitern und evtl. in längeren Zeitspannen gewonnen werden.

In der DIN 51 848 [37], ISO 57 225 wird der Begriff Wiederholbarkeit rechnerisch erfaßt (Gl. 12-3):

$$r = 2{,}93 \cdot s(R) \tag{12-3}$$

In Gl. (12-3) bedeutet:

r Wiederholbarkeit
$s(R)$ Wiederholstandardabweichung aus mindestens 6 Messungen

Die Differenz zweier Analysenergebnisse, die man mit identischem Prüfungsmaterial erzielt hat, kann man unter *Wiederholungsbedingungen (das-*

selbe Gerät, dasselbe Labor, derselbe Laborant) mit einer statistischen Sicherheit von 95% unterhalb von r erwarten.

Der Begriff der Vergleichbarkeit R_{VG} wird durch Gleichung (12-4) erfaßt:

$$R_{VG} = 2,83 \cdot s_{(VG)} \tag{12-4}$$

In Gl. (12-4) bedeutet:

R_{VG} Vergleichbarkeit
$s_{(VG)}$ Vergleichsstandardabweichung aus mindestens 6 Messungen

Die Differenz zweier Analysenergebnisse, die man mit identischem Prüfungsmaterial erzielt hat, kann man unter *Vergleichsbedingungen* (*ein anderes Gerät, verschiedene Zeiten, Ringversuch*) mit einer statistischen Sicherheit von 95% unterhalb von R_{VG} erwarten.

Ein weiterer, sehr wichtiger Parameter zur Beschreibung einer Methode ist die „Robustheit". Darunter versteht man das Verhalten einer Methode, bei der sich die eingestellten Geräte- und Methodenparameter innerhalb des Verfahrens leicht ändern. Das passiert in der Praxis sehr häufig. So wird sich z. B. die stationäre Phase in der Trennsäule mit der Zeit verändern. Es muß geprüft werden, ob sich die Genauigkeit der Methode unter diesen leicht veränderten Parametern ändert. Zur Robustheitsprüfung ist am besten eine „Schwachstellenanalyse" durch systematische Variation der vorher festgelegten Einflußgrößen geeignet. Eine solche Schwachstellenanalyse ist aber im hohen Maße von der Qualifikation und der Erfahrung der Mitarbeiter abhängig.

Eine andere Möglichkeit zur Ermittlung der Robustheit besteht in der Durchführung von Ringversuchen, bei denen ein standardisiertes Gemisch von mehreren Anwendern auf verschiedenen Gaschromatographen durchgeführt werden. Eine Auswertung der Ergebnisse und Chromatogramme weist auf die Robustheit der Methode hin.

Eine ausführliche Beschreibung der Methodenvalidierung wird im Band „Validierung in der Analytik" dieser Buchreihe vorgenommen.

12.2   GLP (Gute Laborpraxis)

Die zentrale Forderung der GLP ist die Qualitätssicherung. Alle Maßnahmen, die im Ablauf einer GLP-Untersuchung getroffen werden, haben zum Ziel, daß die gewonnenen Analysendaten den vorher definierten Rahmenbedingungen entsprechen. Sind die Rahmenbedingungen einmal festgelegt, muß nach diesen gearbeitet werden. Ein Einfluß auf die Analysenmethode wird daher nur indirekt vorgenommen. Bei falscher Anwendung der GLP kann dies zu fatalen Irrtümern führen. Daher ist es äußerst wichtig, daß die richtigen Methoden und Rahmenbedingungen gefunden und beschrieben werden. Eine kurze Einführung in die GLP soll die Bedeutung erläutern.

Um die Vergleichbarkeit der Prüfungen und Prüfungsnormen international zu gewährleisten, haben die OECD-Mitgliedsstaaten (zur Zeit EG, USA, Canada, Japan) eine internationale Expertengruppe beauftragt, umfassende und allgemeingültige Hinweise zum Prüfwesen zu erarbeiten und sie als „Grundsätze zur Guten Laborpraxis" (Good Laboratory Practice) aufzustellen.

Das Hauptanliegen der GLP ist, die Vergleichbarkeit von Prüfdaten zu verbessern. Die Grundsätze haben Gesetzescharakter. Sie wurden zuletzt 1990 als 6. Abschnitt (Paragraph 19 a-c) und als Anhang I zum „Gesetz zum Schutz vor gefährlichen Stoffen" [38] veröffentlicht. Die Einhaltung der Grundsätze der Guten Laborpraxis wird gesetzlich vorgeschrieben bei der Prüfung von Arzneimitteln, Pflanzenschutzmitteln und sonstigen Chemikalien zur Bewertung von Umwelt- und Gesundheitsgefahren. Es werden mit GLP genaue Qualitätsprogramme und Prüfeinrichtungen beschrieben. Der Prüfungsablauf und die Dokumentation sind genauestes dargestellt. Es empfiehlt sich, den Gesetzestext sorgfältig zu studieren.

Die GLP befaßt sich also mit dem organisatorischen Ablauf und den Bedingungen, unter denen die Prüfungen von Chemikalien oder Medikamenten geplant, durchgeführt, überwacht und protokolliert werden. GLP-pflichtig sind dabei nur die Laboratorien, die sich mit Zulassungs-, Erlaubnis-, Registrierungs- oder Mitteilungsverfahren beschäftigen. Die entsprechenden Landesbehörden stellen eine Bescheinigung zur Durchführung der Prüfungen nach den Grundsätzen der GLP aus.

Die GLP soll vor allem Manipulationen und Fälschungen in den oben beschriebenen Verfahren verhindern, eine Durchsichtigkeit der Analysenverfahren und eine Ergebnisregistrierung bis zu 30 Jahren gewährleisten.

Im Jargon der GLP wird das Labor als „Prüfeinrichtung" und alle Geräte als „Prüfsystem" bezeichnet. Proben unterteilt man in „Referenzsubstanzen" und „Prüfsubstanzen". Eine Prüfung nach GLP beschäftigt im allgemeinen 8 Personen:

- Prüfeinrichtungsleiter,
- Stellvertreter des Prüfeinrichtungsleiters,
- Prüfungsleiter,
- Stellvertreter des Prüfungsleiters,
- Qualitätssicherungsleiter,

- Stellvertreter des Qualitätssicherungsleiters,
- Archivleiter und
- Stellvertreter des Archivleiters.

Am Anfang einer Prüfung nach GLP steht der Prüfplan. Der Prüfplan wird von dem jeweiligen Auftraggeber geprüft und genehmigt. Alle Änderungen müssen von dem Auftraggeber ebenfalls genehmigt werden.

Kern der GLP ist neben der genauen Berichterstattung die Abfassung von Standard-Arbeits-Anweisungen, SAA (bzw. Standard Operating Procedure, SOP). Die SAAs halten in schriftlicher Weise fest, wie die Messungen durchgeführt werden sollen. Die SAAs müssen für jedes Prüfgerät und für jeden Arbeitsplatz erarbeitet und bereitgestellt werden. Dadurch sollen Durchführungsfehler während der Analyse verhindert werden. Eine Qualitätssicherung wird nach GLP in einer extra zu erstellenden SAA genau vorgeschrieben. In dieser SAA wird festgeschrieben:

- die Kontrolle, ob die SAAs eingehalten werden,
- die Kontrolle aller Berichte,
- die Kontrolle aller Prüfphasen und Prüfeinrichtungen,
- der Endbericht an den Prüfleiter und an den Prüfungseinrichtungsleiter.

Der Prüfleiter hat sicherzustellen, daß das Personal die Analytik sowie die Geräte, mit der es arbeitet, klar beherrscht. Dabei werden alle Aus- und Weiterbildungskurse der Mitarbeiter dokumentiert und archiviert. Alle Prüfeinrichtungen sind raumgebunden, d. h., sie dürfen in keinen anderen Raum gebracht werden. Die Funktionalität der Prüfeinrichtungen ist durch Validierungstests zu überprüfen und ebenfalls zu dokumentieren. Dazu gehören zum Beispiel der Linearitätstest am Gaschromatographen, die Überprüfung der statistischen Nachweisgrenzen etc.

Referenzsubstanzen müssen besonders gelagert werden. Alle Daten, z. B. Eingangsdatum, Identitätsprüfung, Stabilität, Handhabung usw., müssen bekannt sein und aufgezeichnet werden. Der Zutritt zu solchen Referenzsubstanzen ist nur bestimmten Personen erlaubt.

Die Dokumentation und die Archivierung sind in der GLP sehr streng geregelt. Oberster Grundsatz ist, daß alles notiert wird und daß keine Aufzeichnungen verloren gehen dürfen. Die Eintragungen dürfen nicht mit Bleistift gemacht werden und Verbesserungen sind durch Streichen kenntlich zu machen. Auf keinen Fall darf mit „Tipp-Ex" oder ähnlichem verbessert werden. Alle Unterlagen werden 30 Jahre archiviert. Archiviert werden die Prüfpläne, der Prüfauftrag, die Rohdaten (Meßergebnisse), die SAAs, die Wartungsanlagen und alle sonstigen Aufzeichnungen. Zum Archiv haben nur der Archivbeauftragte (Stellvertreter), der Prüfeinrichtungsleiter und der Qualitätssicherungsbeauftragte Zugang.

Der GLP-Bericht muß neben allen bisher gemachten Angaben außerdem noch spezielle Angaben zu den Referenzsubstanzen enthalten sowie Erläuterungen zum Ergebnis und zu Maßnahmen der Qualitätssicherung.

Ein anderer Ansatz zur Qualitätssicherung ist die Verwendung von statistischen Verfahren, die bereits im Vorfeld eines fehlerhaften Prozesses eine Alarmmeldung geben und so die volle Auswirkung des Fehlers nicht zulassen.

12.3 Qualitätssicherungssysteme

In der chemischen Industrie hat das Qualitätsbewußtsein von jeher einen hohen Stellenwert, nicht zuletzt durch die zahlreichen, schon sehr früh vorhandenen Sicherheitsbestimmungen für diesen Industriebereich. Immer mehr wird aber neben der reinen Qualitätsüberprüfung die Befähigung wichtig, das Vertrauen der Kunden zu gewinnen und zu erhalten. Dazu kann das Qualitätssicherungssystem auf der Basis DIN ISO 9000 bis DIN ISO 9004 oder die entsprechenden europäischen Normen EBN 29000 bis 29004 Verwendung finden [39].

Nach DIN ISO 55350 [24] besteht ein Qualitätssicherungssystem aus 4 Ebenen:

- Qualitätsmanagement,
- Qualitätsplanung,
- Qualitätslenkung und
- Qualitätprüfung.

Dabei wird im Gesamtrahmen der Qualitätssicherung das *Qualitätsmanagement* die Qualitätspolitik festlegen und zur Ausführung bringen. Die *Qualitätsplanung* umfaßt das Auswählen, Klassifizieren und Gewichten der Qualitätsmerkmale sowie das Konkretisieren der Qualitätsforderungen unter Berücksichtigung von Anspruchsniveau und Realisierungsmöglichkeiten. Die Aufgabe der *Qualitätslenkung* ist die Überwachung der Qualitätsmerkmale im Hinblick auf die gegebenen Forderungen sowie Korrekturmaßnahmen. Die *Qualitätsprüfung* hat schließlich festzustellen, inwieweit der Qualitätsgegenstand die Qualitätsforderung erfüllt [30].

Das Qualitätssicherungssystem trägt dazu bei, daß der Kunde beim Einkauf von Waren das Risiko, fehlerhafte Waren zu kaufen, vermeidet. Dazu ist im

Falle von Beanstandungen die Beweisführung durch die Qualitätssicherung von beiden Seiten aus einfacher zu führen, was sicherlich den Umgang zwischen Produzent und Kunden objektiver gestalten hilft. Eine Qualitätssicherung können sich auch Kunde und Produzent nach Absprache teilen, die Kosten einer solchen Qualitätssicherung werden dabei reduziert.

Zu den Anforderungen, die ein Kunde stellt, gehört es heute, daß der Lieferant ein Qualitätssicherungssystem (QS) belegen kann. Für den Kunden ist dies eine Voraussetzung für ein eigenes, jederzeit dokumentierbares Qualitätssicherungssystem. So haben viele Firmen mit ihren Lieferanten *und* Kunden ganze Qualitätssicherungssysteme geschaffen. Das Ziel der Endabnehmer von Produkten ist, daß kein Verlust oder Ausschuß durch ein fehlerhaftes Vorprodukt entsteht. Nur geprüfte, spezifikationsgerechte und freigegebene Produkte dürfen im Produktionsschema eine Stufe weiter verwendet werden. Das Gebiet der Produktüberwachung mit Hilfe der instrumentellen analytischen Chemie, und damit auch der GC, ist in besonderen Maße in das Qualitätssicherungssystem eingebunden.

In einem Qualitätssicherungssystem ist der Aufbau und der Ablauf jeder ausführenden Organisationseinheit gemäß den notwendigen Richtlinien und Bestimmungen dokumentiert. In einem funktionierenden QS-System sind alle Verfahrensabläufe und Arbeitsvorschriften sorgfältig ausgearbeitet und dokumentiert. Durch den Nachweis des zertifikatisierten QS-Systems belegt der Lieferant von Produkten und von Leistungen die Erfüllung seiner Pflichten gegenüber dem Kunden und auch gegenüber seinem Personal. Die Zertifizierung erfolgt durch die „Deutsche Gesellschaft zur Zertifizierung von QS-Systemen, Frankfurt" gemäß den Normen DIN ISO 9000 bis 9004. Die DIN-Norm 9001 beschreibt den Kundendienst, die Forschung und Überwachung im QS-System. Die Norm DIN ISO 9002 beschreibt die Vertriebsprüfung, die Beschaffung und die Produktion des Wirtschaftsgutes und die Dienstleistung. Die DIN ISO 9003 beschreibt die Management- und Mitarbeiteraufgaben sowie die notwendigen Schulungen. Alle qualitativen und quantitativen Verfahren, die notwendigen statistischen Berechnungsarten, die Dokumentation und die Kennzeichnung der Systeme sind in dieser Norm festgehalten. Die Norm DIN ISO 9004 beschreibt abschließend alle Wirtschaftlichkeitsbetrachtungen, die Produktsicherheit und die Produkthaftungen [39]. Als methodische Instrumente für die Durchführung der Qualitätsverbesserung stehen unter anderem zur Verfügung:

1. Für die Projektauswahl
   - Datensammlungen
   - Checklisten
   - Brainstorming
   - Paretoanalyse

2. Für die Diagnose eines fehlerhaften Systems
   - Prozeßfließbilder
   - Ishikawa-Diagramm
   - Ablaufdiagramme
   - Prozeßregelkarten
   - Korrelations- und Regressionsanalysen
3. Für die Überwachung
   - Signal to Noise-Analyse
   - Statistische Prozeßführung (SPC)

Die meisten der oben genannten Qualitätssicherungsinstrumente wurden in den Kapiteln 9 (Angewandte Statistik in der GC) und 10 (Systematische Fehlersuche in der GC) bereits beschrieben.

Entscheidend bei der Qualitätssicherung ist die ganzheitliche Denkweise bei der Umsetzung dieses Qualitätsansatzes in der Praxis. Neben den notwendigen, manchmal sehr formalistischen Dokumentationen, ist eine ständige Bereitschaft zum Erarbeiten von Verbesserungstechniken und deren praktische Durchführung erforderlich. Ein QS-System kann nur funktionieren, wenn es von den Führungskräften *und* von den Mitarbeitern getragen und verwirklicht wird.

12.4   Analytische Qualitätssicherung

Qualitätssicherung wurde in guten Labors schon immer durchgeführt. Eine laborinterne Qualitätssicherung beschreibt die Maßnahmen, die zur Erkennung, Verhinderung und Beseitigung von Fehlern tauglich sind [30]. Wichtig dabei ist eine regelmäßige Durchführung dieser Maßnahmen und die Kontrolle, ob solche Maßnahmen angewendet werden.

Zuverlässige Ergebnisse, die mit hoher Präzision und Richtigkeit erzielt werden müssen, setzen ein spezielles analytisches Labor voraus, welches baulich, apparativ und personell gut ausgestattet sein muß.

Es muß sichergestellt sein, daß eine Probe auf dem bestem Weg zum Prüfort transportiert wird. Dabei darf die Probe keinen Temperaturschwankungen und vor allem keiner Kontaminierung unterworfen sein. Im Labor muß ausreichend Prüfpersonal vorhanden sein, das fachlich qualifiziert und kompetent sein muß. Die Motivation der Mitarbeiter zur Qualitätssicherung und die Einstellung zur Verantwortlichkeit sollte überdurchschnittlich hoch sein. Die Qualitätskontrolle eines Prüfvorgangs sollte von jedem Mitarbeiter am besten selbst vorgenommen werden, damit ein Qualitätssicherungssystem nicht zur Qualitätskontrolle degeneriert.

Alle Geräte und Gegenstände im Prüflabor sollten dem Stand der Technik entsprechen. Die Meß- und Dosiergeräte müssen geeicht sein und die Nacheichfristen eingehalten werden. Geräte, die einen relativen Arbeitspunkt besitzen (z. B. Analysenwaage, pH-Meter) müssen regelmäßig justiert werden. Die Justierung erfolgt nach Angaben des Geräteherstellers. Eine beispielhafte Justierung der Geräte ist in Tabelle 12-1 aufgeführt. [30]

Tabelle 12-1. Beispielhafte Justierung

Gerät	Justierung	Hilfsmittel
UV/VIS-Spektralfotometer	monatlich	NBS-Standard
pH-Meter	stündlich	Puffer pH 4/pH 7/pH 10
IR-Spektrophotometer	vierteljährlich	Polystyrol-Standard
Analysenwaage	täglich	Prüfgewichte
Refraktometer	halbjährlich	Glasprüfstücke
GC	wöchentlich	Testmischung/ Chromatogramm
HPLC	wöchentlich	Testmischung/ Chromatogramm

Der Probenlauf im analytischen Labor sollte genau dokumentiert werden. Grundsätzlich muß das Probenvolumen groß genug sein, um bei Bedarf noch eine zweite oder dritte Analyse anfertigen zu können. Es ist zu notieren:

- wann sie gezogen wurde,
- wo sie gezogen wurde,
- wie sie gezogen wurde,
- wer sie gezogen hat,
- worin sie transportiert wurde,
- wo sie gelagert wurde,
- wie lange sie gelagert wurde und
- wie sie vor der Prüfung bearbeitet wurde,
- wie sie zur Analyse portioniert wurde.

Zum Einsatz in der analytischen Qualitätssicherung sind nur die Methoden geeignet, deren Zuverlässigkeit durch Kontrollmessungen und Vergleiche bestätigt wurden und die aus naturwissenschaftlicher Sicht die jeweiligen besten

Verfahren sind. Die gewonnen Analysenergebnisse sollten immer „rechtsmittelfest" sein. Der Ersatz von Methoden durch andere, die geringere Genauigkeit aufweisen, ist nicht zulässig. Analysenergebnisse aus unterschiedlichen Analysenverfahren, deren Gleichwertigkeit noch nicht nachgewiesen wurden, sind *nicht* vergleichbar. [30]

Ein weiterer Schwerpunkt in der Qualitätssicherung ist die Protokollierung des Vorgangs. Ein Analysenreport sollte immer enthalten:

- Probenart, Art und Ort der Probenentnahme
- Analysenverfahren
- Wurde vom Analysenverfahren abgewichen?
- Wenn ja, warum und auf welche Veranlassung?
- Wer ist für die Analyse verantwortlich?
- Wer hat die Analyse durchgeführt?
- Analysenergebnis mit den physikalischen und statistischen Daten
- Analysendatum

Das Analysenergebnis erfolgt am besten mit der Angabe des Vertrauensbereiches x_v. Dieser berechnet sich nach Gleichung (12-5):

$$x_v = \bar{x} \pm \frac{s \cdot t}{\sqrt{n}} \tag{12-5}$$

In Gl. (12-5) bedeutet:

$\bar{x}$ Mittelwert aller Versuche
t Faktor nach der t-Tabelle (siehe Anhang)
n Anzahl der Messungen
s Standardabweichung
x_v Vertrauensbereich

Wurde der Mittelwert der Ergebnisse aus mindestens 6 Werten unter Wiederholbedingungen erzielt, so gehen die Standardabweichung s und der t-Faktor nach der Tabelle 15.3 (siehe Anhang) für den Freiheitsgrad $f = n-1$ und mit einer Sicherheit von 95% direkt in die Gleichung ein.

Werden weniger als 6 Einzelmessungen durchgeführt, so wird ersatzweise die Standardabweichung s aus der statistischen Prozeßkontrolle (SPC) benutzt. Näheres dazu findet man in spezieller Literatur [30].

Soll eine neue Analysenmethode eingeführt werden, steht an erster Stelle der Methodenüberprüfung meist die Aufnahme und Überprüfung einer *Kalibrier-*

geraden. Diese Kalibriergerade stellt die Abhängigkeit des Signals von der Konzentration der Probensubstanz dar. Für eine aussagefähige Auswertung sollen mindestens 5, besser aber 10 Konzentrationsniveaus vorliegen, deren Meßsignale nach den statistischen Regeln in DIN 38402 A 51 ausgewertet werden. Übliche Kenndaten sind dabei Steigung, Ordinatenabschnitt, Reststandardabweichung, Variationskoeffizient V und Vertrauensbereiche. Die Bestimmung der Linearität und die Bestimmung der Varianzhomogenität ist dabei von größter Wichtigkeit. Siehe dazu auch Kapitel 9, Angewandte Statistik in der GC.

Nach Festlegung des Verfahrens ist in vorher definierten Abständen die Kalibriergerade zu überprüfen. Werden Abweichungen gegenüber der Entwicklungskalibriergeraden festgestellt, muß die gesamte Methode noch einmal überprüft werden.

Bei der Erstellung der Kalibriergeraden für Substanzen, die in einer Probe mit Matrices behaftet sind, müssen spezielle Verfahrensschritte geschaffen werden, die der Existenz von Fremdsubstanzen Rechnung tragen.

Wird bei der Analyse eine Blindlösung mit einem *Blindwert* benutzt, so ist der Blindwert in regelmäßigen Zeitabständen zu überprüfen, und die Werte sind festzuhalten. Eine statistische Blindwertkontrolle ist relativ schwierig, da nicht immer von Gaußschen Verteilungen bei Blindwerten ausgegangen werden kann.

Die Erkennung von systematischen Fehlern kann, wie bereits im Kapitel 10 (Systematische Fehlersuche in der GC) beschrieben, mit Hilfe der SPC und einem Kontroll-Standard erleichtert werden. Beim Auftreten von nicht im statistischen Grundzustand befindlichen Werten muß das ganze Prüfverfahren auf Fehler untersucht werden.

Speziell bei Proben, die unter Matrixeinflüssen stehen, sollte auch eine Regelkarte geführt werden, die die *Wiederfindungsrate* dokumentiert und auswertet. Dabei wird mit Hilfe der Aufstockmethode die Wiederfindungsrate bestimmt. Sie dient zur Entdeckung von proportionalbedingten Fehlern, die gerade bei stark matrixabhängigen Proben oft vorkommen.

Letztlich ist es sinnvoll, durch *Ringversuche* und Vergleichsuntersuchungen eine externe Qualitätssicherungsuntersuchung durchzuführen. Bei neuen Analysenmethoden wird die allgemeine Verwendbarkeit der Methode dokumentiert und bei alten, eingeführten Methoden wird dokumentiert, ob die gesamte Prüfeinrichtung die Methode sicher beherrscht. Dazu werden die gleichen Standardlösungen, Probenlösungen oder Untersuchungsmaterialien an die verschiedenen Prüfeinrichtungen verteilt und die individuellen Ergebnisse ausgewertet.

13 Praktikum in der GC

Die in den folgenden Abschnitten beschriebenen Versuche haben das Ziel, die bisher vorgestellte Theorie zu festigen und für den Anwender transparent zu machen. Es empfiehlt sich, nach und nach die angegebenen Versuche gründlich durchzuarbeiten und die gefundenen Ergebnisse zu interpretieren. Dabei können natürlich die in den Versuchsbeschreibungen angegebenen äußeren Bedingungen des Gaschromatographen wie z. B. Ofentemperatur und Gasgeschwindigkeiten, nur Orientierungshilfen für den Anwender sein. Die vom Übenden einzustellenden GC-Parameter sind an die vorhandenen Geräte und Bauteile anzupassen.

Bei unseren beschriebenen Versuchen wurde der HP 5890 II-Chromatograph und der Integrator HP 3396A der Firma HEWLETT-PACKARD (Böblingen/ Bad Homburg) verwendet, die Verwendung von Gaschromatographen und Integratoren anderer Hersteller und deren Anpassung ist einfach und kann normalerweise von jedem Anwender durchgeführt werden. Im Zweifel ist das entsprechende Gerätehandbuch vor den Versuchen zu Rate zu ziehen.

13.1 Versuch: Bestimmung von gaschromatographischen Parametern (FID)

13.1.1 Prinzip

Ein equidistantes Alkangemisch (z. B. Heptan, Hexan, Nonan) wird isotherm in einer unpolaren Säule (z. B. OV-1, HP-1, CP-SIL 5 CB etc.) chromatographiert. Die Ofentemperatur ist vom Anwender so zu wählen, daß mindestens 2 von 3 Peaks außerhalb von $k = 5$ eluiert werden. Es wird ein FID als Detektor benutzt. Weiterhin wird mit Methaneinspritzungen die Totzeit gemessen und daraus die lineare Gasgeschwindigkeit berechnet. Aus den erhaltenen Chromatogrammen sind die Parameter

- Bruttoretentionszeit (in Sekunden)
- Totzeit t_T (in Sekunden)
- Kapazitätsfaktoren k für alle 3 Peaks
- lineare Gasgeschwindigkeit (cm/s)
- durchschnittlicher Gasfluß in mL/min
- Halbwertsbreite $b_{1/2}$ (in Sekunden)
- theoretische Trennstufenzahl (Bodenzahl) N_{th}
- Bodenhöhe H oder HETP (in mm)
- Peaksymmetrie T
- Trennfaktor α

aller Peaks zu entnehmen oder zu berechnen.

Der Versuch wird dann mit einer in der Polarität unterschiedlichen Säule (z. B. OV 17 oder HP-17) oder bei verschiedenen Gasgeschwindigkeiten wiederholt, dabei sind die Veränderungen zu erkennen und ggf. die Einstellungen zu optimieren.

13.1.2 Durchführung

Für den ersten Versuch wurde die unpolare Säule

- HP-1, OV-1 oder CP 5 CB (100% Methylsilicon),
- 25 m Länge
- 0,32 mm Innendurchmesser und
- Filmstärke 0,5 – 0,8 µm

verwendet.

Nach der Bedienungsanleitung sind folgende Bedingungen einzustellen und zu kontrollieren:

Am Gaschromatograph:
- Detektortemperatur   250 °C
- Injektortemperatur   250 °C
- Ofentemperatur   55 °C isotherm (muß optimiert werden)
- Trägergas   Stickstoff oder Helium
- Gasgeschwindigkeit   30 cm/s
- Splitverhältnis   ca. 1 : 40
- Wasserstofffluß   25 mL/min für FID
- Luftfluß   250 mL/min für FID

Am Integrator:
- PKWD   0,04
- THRSH   nach THRSH-Test
- MIN AREA   0
- ATTEN   3 (ggf. optimieren)
- CHT SP   optimieren (mind. 2 – 3 mm Peakbreite)

Die angegebenen Bedingungen dienen nur zur Orientierung und müssen noch optimiert werden.

13.1.3 Herstellung der Probenlösung

Es werden ca. 1 g Heptan, 1 g Hexan und 1 g Nonan getrennt auf einer Waage abgewogen und nach dem Vermischen der 3 Alkane wird mit 250 mL reinem Aceton verdünnt.

13.1.4 Aufnahme eines Testchromatogramms

Unter den in 13.1.2 beschriebenen Bedingungen werden 1 – 2 µL der Alkan-Aceton-Mischung (Probenlösung) in den Split-Injektor (mit neuem Septum!) mit der Luftpropftechnik eingespritzt und gleichzeitig der GC-Lauf gestartet.

Die Alkanpeaks müssen deutlich voneinander und vom großen Aceton-Lösemittelpeak getrennt sein. Die Ofentemperatur ist so zu wählen, daß mindestens 2 von 3 Peaks außerhalb von $k = 5$ (5 fache Totzeit) eluiert werden. Wird die letzte Bedingung nicht erreicht, ist die Ofentemperatur zu senken. Gleichzeitig ist die Schreibergeschwindigkeit so einzustellen, daß der schmalste Peak in der Mitte noch eine Mindestbreite von 2 – 3 mm besitzt.

Die Abschwächung des Integrators ist ggf. so zu verändern, daß die Spitzen aller Peaks noch *vollständig* auf dem Schreiberpapier abgebildet werden. In gewissen Grenzen ist auch die Einspritzmenge zu variieren, sie sollte aber nicht unter 1 µL und nicht über 2 µL betragen.

Die idealen Bedingungen sind zu notieren.

13.1.5 Bestimmung der Totzeit t_T

Unter den in Abschnitt 13.1.4 optimierten Bedingungen ist 3 – 4 mal hintereinander im Abstand von 30 Sekunden 10 µL reines Methan (oder ersatzweise ein Ethan-Propan-Gemisch aus einem Gas-Feuerzeug) einzuspritzen und jeweils genau die Zeit vom Einspritzen bis zum Peakmaximum mit der Stoppuhr zu messen. Die Empfindlichkeit am Integrator ist so einzustellen, daß die Peakspitze auf dem Papier noch zu erkennen ist.

Mit Hilfe der folgenden Gleichungen ist die lineare Geschwindigkeit (Gl. 13-1) und der Volumenfluß (Gl. 13-2) zu berechnen.

Berechnung der linearen Geschwindigkeit v (cm/s):

$$v = \frac{\text{Säulenlänge (cm)}}{\text{Totzeit (s)}} \tag{13-1}$$

Berechnung des Volumenstroms V (mL/min):

$$V = \frac{\text{Innendurchmesser (cm}^2) \cdot 3{,}14 \cdot \text{Säulenlänge (cm)}}{4 \cdot \text{Totzeit (min)}} \tag{13-2}$$

13.1.6 Bestimmung und Berechnung weiterer GC-Parameter

Die durch Einwaage hergestellte Alkanprobe wird bei den in Abschn. 13.1.4 optimierten Bedingungen chromatographiert. Die Spitzen der Peaks müssen alle auf dem Papier zu sehen sein, die Peakhöhe des größten Peaks sollte gerade bis zum Papierrand reichen.

Von jedem Peak ist zu berechnen oder zu bestimmen:

1. Der Kapazitätsfaktor k (Gl. (13-3))

$$k = \frac{\text{Bruttoretentionszeit} - \text{Totzeit}}{\text{Totzeit}} \tag{13-3}$$

2. Die Halbwertsbreite $b_{1/2}$:

Die Höhe aller Peaks ist zu vermessen und zu halbieren. In der halben Peakhöhe wird jeweils eine dünne Parallele zur Grundlinie durch den Peak gezogen. Mit Hilfe eines Fadenzählers wird von dem linken Schnittpunkt der Außenlinie des Peaks in der halben Höhe mit der Hilfsparallele bis zur rechten Innenlinie die Peakbreite (sog. Halbwertsbreite) vermessen. Die genaue Meßstrecke zur Bestimmung der Halbwertsbreite ist der Abb. 13-1 zu entnehmen, siehe dazu auch Abb. 3-8.

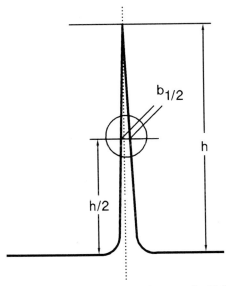

Abb. 13-1. Meßstrecke zur Bestimmung der Halbwertsbreite

3. Die theoretische Trennstufenzahl N_{th}

Die Halbwertsbreite $b_{1/2}$ (cm) wird mit Hilfe der Schreibergeschwindigkeit (CHT SP) in die Zeiteinheit „Minuten" umgerechnet, anschließend wird mit Gl. (13-4) die theoretische Trennstufenzahl N_{th} errechnet.

$$N_{th} = 5{,}54 \cdot \left(\frac{t_B}{b_{1/2}}\right)^2 \qquad (13\text{-}4)$$

4. Die Bodenhöhe H oder HETP (Gl. (13-5))

$$H = \frac{\text{Säulenlänge (cm)}}{\text{Trennstufenzahl } N_{th}} \qquad (13\text{-}5)$$

5. Der Trennfaktor α (Gl. (13-6))

$$\alpha = \frac{k \ (3. \ \text{Peak})}{k \ (2. \ \text{Peak})} \qquad (13\text{-}6)$$

6. Der Symmetriefaktor T

Fällen Sie das Lot von der Peakspitze des 3. Peaks zur Grundlinie. Zeichnen Sie in 10% der Peakhöhe von der Grundlinie eine Linie parallel zur Grundlinie durch den Peak, die von dem Lot (Spitze-Grundlinie) in zwei Hälften geteilt wird. Bestimmen Sie diese beiden Achsenabschnitte a und b mit einem Faden-zähler (Gl. (13-7)). Die genauen Meßstrecken sind der Abb. 13-2 zu entneh-men.

$$T = \frac{a}{b} \qquad (13\text{-}7)$$

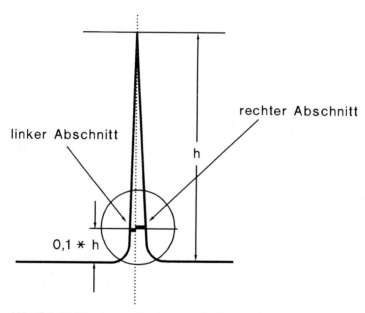

Abb. 13-2. Meßstrecken zur Bestimmung der Symmetrie

13.1.7 Optimierung des Trennsystems

Bestimmen Sie bei unterschiedlichen Gasgeschwindigkeiten (in den Grenzen, die die Säule zuläßt), bei unterschiedlichen Säulen und evtl. bei unterschiedlichen Trägergasen (Wasserstoff, Stickstoff oder Helium) die oben genannten GC-Parameter und vergleichen Sie diese untereinander. Können Sie Optima feststellen?

13.2 Versuch: Optimierung nach dem ABT-Konzept nach Kaiser

Die meisten im Versuch 13.1 ermittelten Parameter haben den Nachteil, daß sie substanzabhängig sind.

Die Kenngröße, die im ABT-Konzept nach Kaiser [3] dem Parameter N_{th} equivalent ist, ist die Größe „reale Trennstufenzahl N_{real}". Nach Kaiser ist die reale Trennstufenzahl N_{real} größtenteils *unabhängig* von den eingesetzten Substanzen.

Zu Untersuchungen im ABT-Konzept wird ein Gemisch in den Gaschromatographen eingespritzt, welches aus 4 equidistanten Alkanen besteht (z. B. Octan, Nonan, Decan, Undecan). Es werden die Halbwertsbreiten der 4 Alkanpeaks gemessen und weiterhin *sehr genau* die Totzeit mit Methan bestimmt. Die sehr genaue Totzeitbestimmung ist Voraussetzung für den Erhalt von realistischen Werten.

Aus den Bruttoretentionszeiten und der Totzeit werden die 4 Nettoretentionszeiten berechnet. Die erhaltenen 4 Halbwertsbreiten (y-Werte) werden gegen die 4 Nettoretentionszeiten (x-Werte) graphisch aufgetragen, es muß dabei eine Gerade entstehen. Eine lineare Regression und eine Korrelationsuntersuchung (Siehe Kapitel 9) ist durchzuführen (Korrelationskoeffizient r sollte größer sein als 0,99).

Theoretisch müßte die Breite des Peaks an der Stelle im Chromatogramm, bei der die Nettoretentionszeit Null ist, (das ist die Totzeit!), auch Null sein. *Praktisch* dagegen ist der y-Abschnitt am Nullpunkt aber immer größer als 0. Dieser Abschnitt wird als „b_0-Wert" bezeichnet. Die von Kaiser auch „Startpeakbreite" genannte Größe b_0 und die Steigung m der erhaltenen Geraden qualifizieren die Trennleistung des Systems (Abb. 13-3).

Die bei der Regression ermittelten Werte m und b_0 werden benutzt, um die Breite eines (fiktiven) Peaks mit der Nettoretentionszeit $t_N = 10$ zu berechnen. Diese Größe wird b_{10}-Wert genannt.

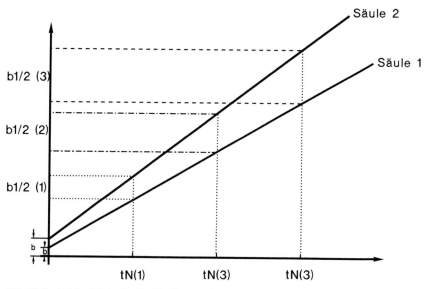

Abb. 13-3. Abhängigkeit der Peakbreite von der Nettoretentionszeit

Die reale Trennstufenzahl N_{real} berechnet sich dann aus Gl. (13-8).

$$N_{real} = 5{,}54 \cdot \left(\frac{10 \cdot t_T}{b_{10} - b_0} \right)^2 \tag{13-8}$$

In Gl. (13-8) bedeutet:

t_T Totzeit
b_{10} Breite des fiktiven Peaks in 10facher Totzeit
b_0 ermittelte Startbreite des Peaks

13.2.1 Durchführung des Versuchs

Für den ABT-Versuch wurde die Säule

- HP-1 (100% Methylsilicon),
- 25 m Länge,
- 0,32 mm Innendurchmesser,
- Filmstärke 0,5 – 0,8 µm

verwendet.

Am Gaschromatographen sind nach der Bedienungsanleitung folgende Bedingungen einzustellen und zu vermessen:

Am Gaschromatograph:
- Detektortemperatur   300 °C
- Injektortemperatur   300 °C
- Ofentemperatur   90 °C (muß optimiert werden)
- Trägergas   Stickstoff oder Helium
- Gasgeschwindigkeit   30 cm/s
- Splitverhältnis   ca. 1 : 40
- Wasserstofffluß   25 mL/min für FID
- Luftfluß   250 mL/min für FID

Am Integrator:
- PKWD   0,04
- THRSH   (THRSH-Test)
- MIN AREA   0
- ATTEN   3 (ggf. optimieren)
- CHT SP   optimieren (mind. 2 – 3 mm Peakbreite)

Die angegebenen Bedingungen dienen nur zur Orientierung und müssen noch optimiert werden.

13.2.2 Herstellung der Probenlösung

Auf einer Waage werden 1 g Octan, 1 g Nonan, 1 g Decan und 1 g Undecan getrennt abgewogen und nach dem Vermischen der Alkane mit 250 mL reinem Aceton verdünnt.

13.2.3 Optimierung des Systems

Unter den oben beschriebenen GC-Bedingungen wird 1 – 2 µL der Alkan-Aceton-Mischung in den Split-Injektor (mit neuem Septum!) mit der „Luftpfropf-Technik" eingespritzt und gleichzeitig der GC-Lauf gestartet.

Die Alkanpeaks müssen deutlich voneinander und vom großen Acetonpeak getrennt sein. Wird die Forderung nicht erfüllt, ist die Ofentemperatur zu senken. Gleichzeitig ist die Schreibergeschwindigkeit so einzustellen, daß der schmalste Peak in der Mitte noch eine Mindestbreite von 2 – 3 mm besitzt.

Die Eingangsempfindlichkeit am Integrator ist ggf. so zu verändern, daß die Spitze aller 3 Peaks noch vollständig auf dem Papier abgebildet wird. In gewissen Grenzen ist auch die Einspritzmenge zu variieren, sie sollte aber nicht unter 1 µL und nicht über 2 µL sein. Die idealen Bedingungen sind zu notieren.

13.2.4 Bestimmung der Totzeit t_T

Bei den oben eingestellten, idealen Bedingungen ist 3 – 4 mal hintereinander im Abstand von 30 Sekunden 10 µL reines Methan (oder ersatzweise Ethan-Propan aus einem Gas-Feuerzeug) einzuspritzen und die Zeit bis zum Peakmaximum mit der Stoppuhr zu messen. Die Empfindlichkeit am Integrator ist so einzustellen, daß die Peakspitze auf dem Papier noch zu erkennen ist.

Mit Hilfe der folgenden Formeln ist die lineare Geschwindigkeit (Gl. 13-9) und der Volumenfluß (Gl. 13-10) zu berechnen.

Berechnung der linearen Geschwindigkeit (cm/s)

$$v = \frac{\text{Säulenlänge (cm)}}{\text{Totzeit (s)}} \tag{13-9}$$

Berechnung des Volumenstroms

$$V = \frac{\text{Innendurchmesser}^2 \ (cm^2 \cdot 314 \cdot \text{Säulenlänge (cm)}}{4 \cdot \text{Totzeit (min)}} \tag{13-10}$$

13.2.5 Auswertung

Das Alkangemisch wird unter den optimierten Bedingungen chromatographiert. Die Spitzen der Peaks müssen alle auf dem Papier zu sehen sein, die Peakhöhe des größten Peaks sollte gerade bis zum Papierrand reichen. Von jedem Peak ist zu berechnen oder zu bestimmen:

1. Die Nettoretentionszeit t_N

$$t_N = t_B - t_T \tag{13-11}$$

In Gl. (13-11) bedeutet:

t_N Nettoretentionszeit
t_T Totzeit (Methanpeak)
t_B Bruttoretentionszeit (Integrator)

2. Die Halbwertsbreite $b_{1/2}$

Die Höhen der 4 Alkanpeaks sind zu vermessen und dann zu halbieren. In der halben Peakhöhe wird jeweils eine Parallele zur Grundlinie durch die Peaks gezogen. Mit Hilfe eines Fadenzählers wird von der linken Außenlinie bis zur rechten Innenlinie in der halben Höhe die Peakbreite jedes Peaks (Halbwertsbreite) vermessen. Siehe dazu Abb. 13-1.

Anschließend ist die Abhängigkeit der Halbwertsbreite von der Nettoretentionszeit als Tabelle in eine Tabellenkalkulation (z. B. LOTUS 1-2-3 oder EXCEL) einzutragen. Mit Hilfe einer „linearen Regression" sind im Tabellenkalkulationsprogramm (oder mit einem leistungsfähigen Taschenrechner) die beiden Geradenparameter m (in LOTUS 1-2-3 ist das der „x-Koeffizient") und b_0 (in LOTUS 1-2-3 ist das z. B. die „Konstante") zu berechnen.

Gleichzeitig ist der Korrelationskoeffizient r (oder r im Quadrat) zu berechnen. Dieser Wert sollte mindestens den Wert 0,99 annehmen, dann liegt eine hinreichend lineare Korrelation vor.

Der b_{10}-Wert wird berechnet, indem die Geradensteigung m (x-Koeffizient in LOTUS 1-2-3) mit 10 multipliziert wird und zu dem Produkt noch der b_0-Wert (Konstante in LOTUS 1-2-3) addiert wird (Gl. 13-12):

$$b_{10} = m \cdot 10 + b_0 \qquad (13\text{-}12)$$

Die reale Trennstufenzahl N_{real} wird nach Gl. (13-13) berechnet:

$$N_{\text{real}} = 5{,}54 \cdot \left(\frac{10 \cdot t_{\text{T}}}{b_{10} - b_0} \right)^2 \qquad (13\text{-}13)$$

Eine weitere Größe nach dem ABT-Konzept ist die Dosiergüte Q. Sie berechnet sich nach Gl. (13-14):

$$Q - \frac{b_{10} - b_0}{b_{10} + b_0} \qquad (13\text{-}14)$$

Kapillar-Trennsäulen mit Dosiergüten unter 0,8 (d. h. die Säule hat nur noch 80% ihrer maximalen Trennleistung) sind in ihrer Trennleistung so stark abgefallen, daß sie regeneriert (leider nur eingeschränkt möglich) oder erneuert werden sollten.

13.2.6 Optimierung der Gasgeschwindigkeit

Bestimmen Sie bei unterschiedlichen linearen Gasgeschwindigkeiten (in den Grenzen, die die Säule zuläßt) die reale Trennstufenzahl N_{real} und vergleichen Sie diese Werte untereinander. Bei der Gasgeschwindigkeit, bei der die höchste Trennstufenzahl N_{real} vorliegt, hat die Säule nach dem ABT-Konzept ihre optimale Trennleistung [3].

13.3 Versuch: Überprüfung der Split- Diskriminierung und der Einspritzmethoden

13.3.1 Prinzip

Ein Gemisch aus 2 unverzweigten Alkanen, deren Siedepunkte sehr weit auseinander liegen (z. B. Nonan und Hexadecan), wird isotherm in einer Säule mit unpolarem Methylsilicon (z. B. OV-1, HP-1, CP-SIL 5 CB etc.) chromatographiert. Die beiden Alkane sind in Tetradecan als Lösemittel gelöst.

Das Temperaturprogramm ist so zu gestalten, daß alle Substanzen in einer akzeptablen Zeit aus der Säule eluiert werden. Dabei sollten die Peaks von Nonan und Hexadecan ein schlankes Aussehen besitzen. Bei unverzweigten Alkanen entspricht im FID-Betrieb die Peakflächenverteilung praktisch der Zusammensetzung des Gemisches. Gibt es größere Abweichungen zwischen der Konzentration, die durch die Einwaage berechnet wird, und der Konzentration, die durch die Analyse bestimmt wird, kann eine Splitdiskriminierung vorliegen.

13.3.2 Gaschromatographische Bedingungen

- Säule | 25 – 30 m Länge, 0,32 mm Innendurchmesser, Filmstärke 0,5 – 0,8 µm, HP-1, Methylsilicon)
- Ofentemperatur | muß optimiert werden
- Trägergas | Stickstoff (oder Helium)
- Gasgeschwindigkeit | 30 cm/s
- Detektor | FID mit optimal eingestellten Brenn- und Hilfsgasen nach Angaben des Herstellers
- Injektortemperatur | 300 °C

- Detektortemperatur 300 °C
- Splitverhältnis 1 : 40 – 1 : 60
- Einspritzmenge 1 – 2 µL

Die angegebenen Bedingungen dienen nur zur Orientierung und müssen noch optimiert werden.

13.3.3 Herstellung der Probenlösung

1,000 g Nonan und 1,000 g Hexadecan werden sehr genau auf einer Analysen waage abgewogen, gemischt und in ca. 200 mL Tetradecan gelöst.

13.3.4 Testchromatogramm

Zuerst wird eine lineare Gasgeschwindigkeit von 30 cm/s Stickstoff (oder Helium) eingestellt. Dann wird ein Temperaturprogramm entworfen. Vorschlag zur weiteren Optimierung:

- Anfangstemperatur 130 °C
- Rate linear 20 °C pro Minute
- Endtemperatur 200 °C

Bei einem Splitverhältnis von ca. 1 : 40 bis 1 : 60 werden mit der *Luftpfropf-Technik* 1 – 2 µL des Alkangemisches eingespritzt und mit der entsprechenden Abschwächung des Detektors/Analogschreibers/Integrators chromatographiert. Durch das Einspritzen der reinen, in Tetradecan gelösten Alkane sind diese im Gemisch zu identifizieren.

13.3.5 Optimierung des Systems

Mit den gefundenen, optimierten Bedingungen ist das Alkangemisch mehrfach in den Gaschromatographen einzuspritzen. Dabei wird

1. die „gefüllte-Nadel-Technik",
2. die „leere Nadel-Technik",
3. die „Luftpfropf-Technik" (kalte Nadel),
4. die „Sandwich-Technik"

verwendet. Zu registrieren sind die Peakflächen der beiden Alkane Nonan und Hexadecan in jedem Chromatographielauf.

13.3.6 Auswertung

Aus den eingewogenen Massen an Nonan und Hexadecan wird der theoretische Massenfaktor berechnet (Gl. (13-15)):

$$F(\text{th}) = \frac{m \; (\text{Nonan})}{m \; (\text{Hexadecan})} \qquad (13\text{-}15)$$

Aus den Peakflächen an Nonan und Hexadecan wird der Detektormassenfaktor berechnet (Gl. 13-16):

$$F(\text{dek}) = \frac{A \; (\text{Nonan})}{A \; (\text{Hexadecan})} \qquad (13\text{-}16)$$

Zu vergleichen sind die beiden Faktoren bei den unterschiedlichen Einspritzmethoden. Bei welcher Einspritztechnik sind die beiden Faktoren $F(\text{dek})$ und $F(\text{th})$ ähnlich oder gar gleich?

13.4 Versuch: Bestimmung von Retentionszeiten und Halbwertsbreiten von Homologen

13.4.1 Prinzip

Ein Alkangemisch (Octan, Nonan und Undecan), gelöst in Hexan oder Aceton, wird isotherm in einer unpolaren Säule mit 100% Methylsilicon (z.B. OV-1, HP-1. CP-SIL 5 CB etc.) als stationäre Phase chromatographiert. Die isotherme Ofentemperatur ist so zu wählen, daß das Octan deutlich vom Lösemittelpeak getrennt ist und alle Substanzen innerhalb von $k = 10$ eluiert werden. Die Schreibergeschwindigkeit ist so einzustellen, daß die Halbwertsbreiten mit einem Fadenzähler zu ermitteln sind.

Aus dem erhaltenen, optimalen Chromatogramm sind die Bruttoretentionszeiten und die Halbwertsbreiten aller Alkanpeaks zu entnehmen.

Es sind folgende Diagramme (z. B. in einer Tabellenkalkulation wie LOTUS 1-2-3 oder EXCEL) anzufertigen:

a. die Abhängigkeit der Bruttoretentionszeit von der Anzahl der C-Atome des Alkans,
b. die Abhängigkeit der Logarithmen der Bruttoretentionszeit von der Anzahl der C-Atome der Alkane,
c. die Abhängigkeit der Halbwertsbreite $b_{1/2}$ von der Bruttoretentionszeit.

Man sollte nun versuchen, aus den Diagrammen die Bruttoretentionszeit und die Halbwertsbreite für das nicht in der Probe vorhandene Alkan Decan (C_{10}) vorherzusagen. Durch eine separate Injektion dieses Alkans ist zu überprüfen, ob die gefundene Retentionszeit in etwa mit der vorausgesagten übereinstimmt.

13.4.2 Gaschromatographische Bedingungen

- Säule   25 – 30 m Länge, 0,32 mm Innendurchmesser, Filmstärke 0,5 – 0,8 µm, HP-1 (Methylsilicon)
- Ofentemperatur   120 Grad, muß optimiert werden
- Trägergas   Stickstoff (oder Helium)
- Gasgeschwindigkeit   30 cm/s
- Detektor   FID mit optimal eingestellten Brenn- und Hilfsgasen nach Angaben des Herstellers
- Injektortemperatur   300 °C
- Detektortemperatur   300 °C
- Splitverhältnis   1 : 40 bis 1 : 60
- Einspritzmenge   2 µl

Die angegebenen Bedingungen dienen nur zur Orientierung und müssen noch optimiert werden.

13.4.3 Optimierung des Systems

Je 1,0 g der Alkane Octan, Nonan und Undecan werden zusammen in 250 mL Hexan oder Aceton gelöst.

Mit den oben beschriebenen Bedingungen werden 2 µL des Alkangemisches mit der Luftpfropf-Technik eingespritzt und chromatographiert. Die Ofentemperatur ist so einzustellen, daß das Octan deutlich vom Lösemittelpeak getrennt ist und alle Substanzen innerhalb $k = 10$ eluiert werden. Die Schreibergeschwindigkeit ist so einzustellen, daß die Halbwertsbreiten genau mit einem Fadenzähler zu ermitteln sind. Weiterhin ist die Abschwächung des Systems und in geringen Grenzen die Einspritzmenge so zu variieren, daß die Spitze des längsten Peaks noch zu erkennen ist.

Sind die optimalen Bedingungen gefunden, spritzt man noch eine Decan-Lösung in den Injektor des Gaschromatographen, die aus 1 g Decan in 250 mL Hexan oder Aceton besteht. Die Bruttoretentionszeiten und die Halbwertsbreiten aller Alkane sind zu bestimmen.

13.4.4 Auswertung

Es sind folgende Diagramme (z. B. in einer Tabellenkalkulation wie LOTUS 1-2-3) anzufertigen:

  a. die Abhängigkeit der Bruttoretentionszeit von der Anzahl der C-Atome der Alkane,
  b. die Abhängigkeit der Logarithmen der Bruttoretentionszeit von der Anzahl der C-Atome der Alkane und
  c. die Abhängigkeit der Halbwertsbreite von der Bruttoretentionszeit.

Man sollte versuchen, aus den Diagrammen die Bruttoretentionszeit und die Halbwertsbreite für den Alkanpeak Decan (C_{10}) vorherzusagen und durch den Vergleich mit dem Decan-Chromatogramm zu überprüfen.

13.5 Versuch: Entwurf eines Temperatur/Zeitprogrammes für die Alkantrennung C_8, C_9 und C_{11}

13.5.1 Prinzip

Ein Alkangemisch, bestehend aus gleichen Teilen an Octan, Nonan und Undecan (gelöst in Hexan oder Aceton), soll chromatographisch auf einer unpolaren Trennsäule (100% Methylsilicon) so getrennt werden, daß der Octanpeak im Chromatogramm 0,3 bis 0,5 Minuten nach dem Lösemittelpeak (Hexan oder Aceton) registriert wird. Danach sollen die Peaks der beiden anderen Alkane in *möglichst genauen 2-Minuten-Abständen* registriert werden. Es ist anzustreben, daß die Zeitabstände sehr genau eingehalten werden! Dazu ist nach logischen Regeln ein Temperatur/Zeit-Programm für die Ofentemperatur des Gaschromatographen zu entwickeln:

   a. Anfangstemperatur,
   b. isotherme Anfangszeit,
   c. Aufheizrate,
   d. Endtemperatur und
   e. isotherme Endtemperatur.

13.5.2 Gaschromatographische Bedingungen

- Säule   25 – 30 m Länge, 0,32 mm Innendurchmesser, Filmstärke 0,5 – 0,8 μm, HP 1 oder OV-1 (100% Methylsilicon)
- Ofentemperatur   programmiert, Programm muß entwickelt werden
- Trägergas   Stickstoff (oder Helium)
- Gasgeschwindigkeit   25 – 30 cm/s
- Detektor   FID mit optimal eingestellten Brenn- und Hilfsgasen nach Angaben des Herstellers
- Injektortemperatur   300 °C
- Detektortemperatur   300 °C
- Splitverhältnis   1 : 40 bis 1 : 60
- Einspritzmenge   2 μL

Die angegebenen Bedingungen dienen nur zur Orientierung und müssen noch optimiert werden.

13.5.3 Optimierung des Systems

Je 1,0 g der Alkane Octan, Nonan und Undecan werden zusammen in 250 mL Hexan oder Aceton gelöst.

Bei den oben beschriebenen Bedingungen werden 2 μL des Alkangemisches mit der Luftpfropf-Technik eingespritzt und chromatographiert. Die Ofentemperatur ist so einzuprogrammieren, *daß der Octanpeak 0,3 bis 0,5 Minuten* nach dem Lösemittelpeak (Hexan oder Aceton) registriert wird. Danach sollen die Peaks der beiden anderen Alkane (C_9 und C_{11}) in *genau 2-Minuten-Abständen* registriert werden. Es ist anzustreben, daß die Zeitabstände genau eingehalten werden! Anzugeben ist das gefundene Ofenprogramm. Versuchen Sie jede Änderung des Zeit/Temperatur-Programmes und seine Auswirkung auf das Chromatogramm zu analysieren.

13.6   Versuch: Trennung von Xylol-Isomeren

13.6.1   Prinzip

Isomere sind im allgemeinen relativ schwer zu trennen, da sie einen ähnlichen chemischen Aufbau, eine ähnliche Polarität und oft einen gleichen Siedepunkt besitzen. Vom Xylol (Dimethylbenzol) gibt es 3 Isomere:

- 1,2-Dimethylbenzol (o-Xylol),
- 1,3-Dimethylbenzol (m-Xylol) und
- 1,4-Dimethylbenzol (p-Xylol).

Xylol ist relativ unpolar. Die Trennung der 3 Xylole ist mit den folgenden 25 bis 30-m-Trennsäulen zu versuchen:

a. unpolare Dickfilmsäule (z. B. 100% Methylsilicon)
b. unpolare Dünnfilmsäule (z. B. 100% Methylsilicon)
c. mittelpolare Dickfilmsäule (z. B. Phenyl/Cyano-Silicon)
d. polare Dünnfilmsäule (z. B. Carbowax 20 M)
d. polare Dickfilmsäule (z. B. Carbowax 20 M).

Dabei sollte die Ofentemperatur so variiert werden, daß die Trennung aller 3 Isomeren möglichst schnell, aber bis zur Grundlinie des Chromatogrammes erfolgt.

13.6.2   Gaschromatographische Bedingungen

- Säule   25 – 30 m Länge, 0,32 mm Innendurchmesser, stationäre Phase, siehe oben.
- Ofentemperatur   muß ermittelt werden

- Trägergas   Stickstoff (oder Helium)
- Gasgeschwindigkeit   30 cm/s
- Detektor   FID mit optimal eingestellten Brenn- und Hilfs-
  gasen nach Angaben des Herstellers
- Injektortemperatur   300 °C
- Detektortemperatur   300 °C
- Splitverhältnis   1 : 40 bis 1 : 60
- Einspritzmenge   2 µL

Die angegebenen Bedingungen dienen nur zur Orientierung und müssen noch optimiert werden.

13.6.3 Probenlösung

Die Probenlösung wird hergestellt, in dem von jedem Xylol 1 g in 250 mL Aceton gelöst werden. Die Lösung wird mit Hilfe der Luftpfropf-Technik injiziert, und man sollte versuchen, durch Veränderung der Ofentemperatur die 3 Xylole vollständig zu trennen.

Welche der verwendeten Säulen hat die beste Trennwirkung? Können Sie die Trennleistung der jeweiligen Säule mit ihrer Polarität in Zusammenhang bringen?

13.7 Versuch: Untersuchungen zur Detektorlinearität (Decan)

13.7.1 Prinzip

Jeder Detektor muß im Konzentrationsbereich der Substanz, die die Säule verläßt, möglichst linear arbeiten, d. h. die Abhängigkeit der Peakfläche von der Konzentration c (z. B. WLD) oder von der Probenmasse m (z. B. FID) soll direkt proportional sein. Trägt man die entstandene Peakfläche in einem Diagramm gegen die entsprechende Konzentration oder die Masse auf, muß eine Gerade entstehen. Eine Linearitätsuntersuchung (Varianzhomogenität, Linearität und lineare Regression) wie in Kap. 9 angegeben ist, sollte durchgeführt werden.

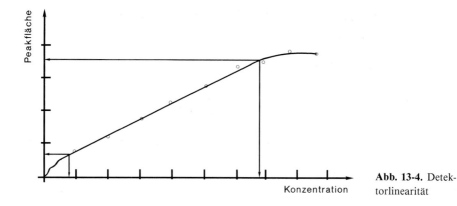

Abb. 13-4. Detektorlinearität

Der Detektor wird für Decan durch den Einsatz von genauen, durch Einwaage und separaten Verdünnungen hergestellten, Kalibrierlösungen im zu messenden Bereich auf Linearität untersucht.

Die zu bestimmende (fiktive) Probe liegt in einem zu erwartenden Konzentrationsbereich zwischen *0,2 bis 0,5 g Decan/100 mL* Probenlösung.

13.7.2 Gaschromatographische Bedingungen

- Säule   25–30 m Länge, 0,32 mm Innendurchmesser, Filmstärke 0,5–0,8 µm, HP-1 (100% Methylsilicon)
- Ofentemperatur   120 °C, muß optimiert werden
- Trägergas   Stickstoff (oder Helium)
- Gasgeschwindigkeit 30 cm/s
- Detektor   FID mit optimal eingestellten Brenn- und Hilfsgasen nach Angaben des Herstellers
- Injektortemperatur   250 °C
- Detektortemperatur 250 C
- Splitverhältnis   1 : 40 – 1 : 60 (konstant)
- Einspritzmenge   1–2 µL

Die angegebenen Bedingungen dienen nur zur Orientierung und müssen noch optimiert werden.

13.7.3 Herstellung der Probenlösung und Optimierung des Systems

Es wird eine Lösung von genau 2,500 g Decan in 100 mL Hexan (oder Aceton) hergestellt (= Urlösung).

20,0 mL der Urlösung werden mit Hilfe einer Vollpipette in einen 100 mL Meßkolben abgemessen, der mit Hexan (oder Aceton) bis zur Marke aufgefüllt wird (= Probenlösung).

(Anmerkung: Es können natürlich auch kleinere Meßgeräte benutzt werden, die Konzentrationsverhältnisse sollten aber eingehalten werden.)

Mit der Luftpfropf-Technik werden $1-2$ µl der Aceton- oder Hexan/Decan-Probenlösung eingespritzt und mit der entsprechenden Abschwächung des Detektors/Analogschreibers/Integrators chromatographiert. Die Einstellungen des Gaschromatographen sollten so vorgenommen werden, daß das Decan innerhalb von $k = 1$ bis $k = 5$ eluiert wird. Der Peak sollte schlank und gut auswertbar sein.

13.7.4 Verdünnungsreihe

Aus der Urlösung sind durch *separates* Verdünnen mit Hexan oder Aceton folgende Kalibrierlösungen herzustellen:

- KL 1. 0,125 g Decan/100 mL
- KL 2. 0,250 g Decan/100 mL
- KL 3. 0,375 g Decan/100 mL
- KL 4. 0,500 g Decan/100 mL
- KL 5. 0,625 g Decan/100 mL
- KL 6. 0,750 g Decan/100 mL

Unter den gefundenen, optimierten Bedingungen sind *möglichst genau* 2 µL (mit der Luftpfropf-Technik) jedes Kalibriergemisches (KL 1. bis KL 6.) jeweils mehrfach in den Injektor des Gaschromatographen einzuspritzen und zu chromatographieren. Vorher ist auf einwandfreie Septen zu achten. Zu registrieren sind die jeweiligen Peakflächen (Durchschnittswerte bei Mehrfachinjektion!) des Decans. Ideal ist die Verwendung eines Autosamplers.

13.7.5 Auswertung

Die berechneten Decanmengen einer jeden Kalibrierlösung und die entsprechenden durchschnittlichen Peakflächen werden in ein LOTUS 1-2-3- (oder

EXCEL) Arbeitsblatt eingetragen und eine Grafik der Abhängigkeit der Peak-fläche von der Menge an Decan erstellt. Anschließend ist nach Kap. 9 eine vollständige Prüfung auf Linearität durchzuführen. Dazu sind die Varianzhomogenität, eine lineare und eine quadratische Regression durchzuführen. Die Kurve ist in ihrer Linearität zu bewerten.

Zu überprüfen ist, ob im angegebenen Konzentrationsbereich der Detektor für Decan ein lineares Verhalten zeigt.

13.8 Versuch: Überprüfung der Reproduzierbarkeit

13.8.1 Prinzip

Von einem Alkangemisch (Oktan, Nonan, Decan), gelöst in Aceton oder Hexan, wird immer das gleiche Volumen mindestens 6 mal hintereinander in den Injektor des Gaschromatographen eingespritzt und unter gleichen Bedingungen isotherm chromatographiert. Es werden die Peakflächen und die Bruttoretentionszeiten der 3 Peaks in jedem Chromatogramm notiert.

Aus den erhaltenen 6×3 Peakflächen und den 6×3 Bruttoretentionszeiten wird jeweils separat der Mittelwert $\bar{x}$, die Standardabweichung s und der Variationskoeffizient V (%) aus den Flächen und den Zeiten errechnet. Der Variationskoeffizient V (%) gibt Aufschluß über die Reproduzierbarkeit der Methode (Retentionszeit und Peakfläche).

13.8.2 Gaschromatographische Bedingungen

- Säule — 25 – 30 m Länge, 0,32 mm Innendurchmesser, Filmstärke 0,5 – 0,8 µm, HP-1 (100% Methylsilicon)
- Ofentemperatur — 110 bis 130 °C, muß optimiert werden
- Trägergas — Stickstoff (oder Helium)
- Gasgeschwindigkeit — 30 cm/s
- Detektor — FID mit optimal eingestellten Brenn- und Hilfsgasen nach Angaben des Herstellers
- Injektortemperatur — 250 °C
- Detektortemperatur — 250 °C
- Splitverhältnis — 1 : 40 – 1 : 60 (konstant)
- Einspritzmenge — 1 – 2 µL

Die angegebenen Bedingungen dienen nur zur Orientierung und müssen noch optimiert werden.

13.8.3 Testchromatogramm

Es wird eine Lösung von 1,0 g Oktan, 1,0 g Nonan und 1,0 g Decan in 250 mL Hexan (oder Aceton) hergestellt. Mit der Luftpfropf-Technik werden *sehr genau* 1,5 µL der in Aceton oder Hexan gelösten Alkanmischung eingespritzt und mit der entsprechenden Abschwächung des Detektors/Analogschreibers/Integrators chromatographiert.

Die Ofentemperatur ist so zu variieren, daß die 3 Probenpeaks deutlich vom Lösemittelpeak getrennt sind und die Substanzen über den Zeitbereich eluiert werden, der auch von später tatsächlich benutzen Substanzen in Anspruch genommen wird.

13.8.4 Optimierung des Systems

Unter den gefundenen, optimierten Bedingungen ist das Alkangemisch mindestens 6 mal ausreißerfrei mit der Luftpfropf-Technik in den Gaschromatographen einzuspritzen und zu chromatographieren. Vorher ist auf einwandfreien Zustand der Septen zu achten.

Die Einspritzmenge von 1,5 µL ist *sehr genau und sorgfältig* abzumessen!

Zu notieren sind die 3 Peakflächen und die 3 Bruttoretentionszeiten in jedem Chromatogramm!

13.8.5 Auswertung

Die erhaltenen Werte (Peakflächen und Zeiten) sind in die untenstehende Tabelle 13-1 einzutragen:

Zur Berechnung der Standardabweichung s ist von jedem Einzelwert x_i die Differenz zum entsprechenden Mittelwert $\bar{x}$ zu bilden, zu quadrieren und dann alle Abweichungsquadrate aufzusummieren. Die Summe der Abweichungsquadrate ist durch die Anzahl der Versuche n, vermindert um 1 (also hier 5), zu dividieren. Aus dem Ergebnis ist die Quadratwurzel zu ziehen (Gl. (13-17)).

$$s = \sqrt{\frac{\sum (x_i - \bar{x})^2}{n-1}}$$

(13-17)

Tabelle 13-1. Peakflächen und Retentionszeiten

Nummer	Fläche 1	Fläche 2	Fläche 3	Zeit 1	Zeit 2	Zeit 3
1						
2						
3						
4						
5						
6						
Summe						
Mittelwert						

Die Standardabweichung *s* ist von den 3 Peakflächen und den 3 Retentionszeiten zu berechnen.

Zur Berechnung des Variationskoeffizienten in % wird die Standardabweichung *s* durch den Mittelwert $\bar{x}$ dividiert und mit 100% multipliziert (Gl. (13-18)).

$$V(\%) = \frac{s}{\bar{x}} \cdot 100\% \tag{13-18}$$

Eine Berechnung von *s* und *V* (%) kann auch mit einer Tabellenkalkulation (z. B. LOTUS 1-2-3) oder mit einem geeigneten Taschenrechner durchgeführt werden. Alle berechneten Werte sind in die Tabelle 13-2 einzutragen.

Tabelle 13-2. Standardabweichung und Variationskoeffizient

	Fläche 1	Fläche 2	Fläche 3	Zeit 1	Zeit 2	Zeit 3
STDABW						
Variat. koeff. in %						

Wovon wird der Variationskoeffizient der Fläche und wovon wird der Variationskoeffizient der Retentionszeit abhängig sein? Vergleichen Sie die von Ihnen erhaltenen Werte mit denen, die mit einem anderen Gaschromatographen ermittelt worden sind!

13.9 Versuch: Bestimmung der Nachweisgrenze x_{NG} und der Erfassungsgrenze x_{EG} von Decan

13.9.1 Prinzip

Im Bereich sehr niedriger Konzentrationen werden die Grenzgrößen durch die DIN (Entwurf) 32645 geregelt.

Zur Bestimmung der Nachweisgrenze wird ein sogenannter kritischer Schwellenwert der Substanz im Detektor bestimmt. Erst wenn das Detektorsignal für die entsprechende Substanz gerade über diesen kritischen Schwellenwert gelangt, wird das Signal als realistisch anerkannt.

Die Abhängigkeit der Signalmenge des Detektors von der Konzentration (oder der Stoffportion) der betreffenden Substanz muß bekannt sein. Dazu werden Lösungen des Stoffes chromatographiert, die eine steigende Konzentration aufweisen. Trägt man die Signalmenge gegen die Masse an Substanz auf, ergibt die Funktion eine Gerade mit der (Gl. 13-19):

$$\text{Signalmenge} = m \cdot \text{Stoffmasse} + b \qquad (13\text{-}19)$$

Aus den entsprechenden Konzentrationswerten und den erhaltenen Signalmengen der einzelnen Kalibrierlösungen (Herstellung durch separate Verdünnungsoperationen!) können mit Hilfe einer „linearen Regression" die beiden Glieder m und b berechnet werden. Zweckmäßigerweise ist eine Untersuchung auf Linearität durchzuführen (Kap. 9). Die Berechnung der linearen Regression gelingt am besten mit einer Tabellenkalkulation (z.B. LOTUS 1-2-3, hier sind die beiden Werte mit *x-Koeffizient* (m) und *Konstante* (b_0) gekennzeichnet).

Anschließend werden noch größere Verdünnungen von Decan in Aceton hergestellt und chromatographiert. Man erhält den sogenannten Peakschwellenwert bei der Verdünnung, bei der man *noch gerade* den Decanpeak einwandfrei erkennen kann. Durch Einsetzen dieses Peakschwellenwertes (PSW) in Gl. (13-20) erhält man die Nachweisgrenze x_{NG}:

$$x_{NG} = \frac{PSW - b}{m} \qquad (13\text{-}20)$$

Bei der Verwendung dieses Grenzwerts x_{NG} könnten sich einige Schwierigkeiten ergeben, denn durch Schwankungen innerhalb der Methode wäre die Irrtumswahrscheinlichkeit zu hoch. Als Erfassungsgrenze x_{EG} schlägt daher die DIN-Norm mindestens die doppelte bis dreifache Menge der Nachweisgrenze vor:

$$X_{EG} = 2 \cdot x_{NG} \qquad (13\text{-}21)$$

Allerdings ist dieser Grenzwert X_{EG} für eine quantitative Bestimmung noch zu unsicher, daher schlägt die DIN-Norm eine weitere Grenze vor, die Bestimmungsgrenze x_{BG}.

Erst wenn der relative Fehler Δx kleiner wird als das betreffende durch 3 dividierte Meßergebnis x, wird die Konzentration als Bestimmungsgrenze x_{BG} angegeben.

13.9.2 Gaschromatographische Bedingungen

- Säule   25 – 30 m Länge, 0,32 mm Innendurchmesser, Filmstärke 0,5 – 0,8 μm, HP-1 oder OV-1 (100% Methylsilicon)
- Ofentemperatur   120 °C, muß optimiert werden
- Trägergas   Stickstoff (oder Helium)
- Gasgeschwindigkeit 30 cm/s
- Detektor   FID mit optimal eingestellten Brenn- und Hilfsgasen nach Angaben des Herstellers
- Injektortemperatur   250 °C
- Detektortemperatur 250 °C
- Splitverhältnis   kein Split, Direkteinspritzung oder kleinstes, einzustellendes Splitverhältnis!
- Einspritzmenge   1 – 2 μL

Die angegebenen Bedingungen dienen nur zur Orientierung und müssen noch optimiert werden.

13.9.3 Optimierung des Systems

Es wird eine Decanlösung hergestellt, indem man genau 1,000 g Decan im Meßkolben mit Aceton auf 250 mL auffüllt. Es wird eine Injektion ohne Split in einen Direkteinspritz-Injektor vorgenommen (oder das Splitverhältnis auf den niedrigsten Wert reduziert). 2 μL der hergestellten Decan-Lösung werden in den Injektor eingespritzt und die chromatographischen Bedingungen so gewählt, daß der Peak innerhalb von $k = 2$ bis $k = 7$ eluiert wird. Das gesamte Auswertesystem ist bereits jetzt auf die empfindlichsten Werte einzustellen.

13.9.4 Herstellen der Verdünnungen und Wertaufnahme

10,0 mL der angesetzten Decanlösung ist in einen 100,0-mL-Meßkolben zu pipettieren, der dann mit dem Lösemittel Aceton bis zur Marke aufgefüllt wird (Urlösung). Nach intensivem Durchschütteln werden sehr *genau* 2 μL der Urlösung in den Gaschromatographen eingespritzt und die Peakfläche wird registriert.

Danach wird die Urlösung im Verhältnis 1 : 10 mit dem Lösemittel verdünnt und die entstehende Verdünnung mehrmals chromatographiert.

Anschließend wird die Urlösung im Verhältnis 1 : 100 mit Lösemittel verdünnt und wieder mehrfach chromatographiert.

Der Vorgang wird mit weiteren Dezimalverdünnungsschritten solange wiederholt, bis das Detektorsignal dieses Verdünnungspeaks im Hintergrundrauschen des Auswertesystems untergeht.

Durch die entsprechende Herstellung von Verdünnungen ist der Peakschwellenwert einzukreisen. Diese zuletzt hergestellte „Schwellenverdünnnung" ist mehrmals einzuspritzen und die entstandenen Peakflächen sind zu mitteln. Von jeder der verwendeten Verdünnung ist (Einspritzmenge 2 μL) die genaue Menge an Decan zu errechnen, die in den Detektor gelangt ist.

13.9.5 Auswertung

Die Peakflächen und die entsprechenden, errechneten Stoffmengen an Decan sind in eine Tabellenkalkulation einzutragen. Mit Hilfe der „linearen Regression" sind die Werte b und x zu errechnen.

Durch Einsetzen der Werte in Gl. (13-20) und Gl. (13-21) sind die beiden Grenzwerte x_{NG} und x_{EG} von Decan durch das verwendete System zu ermitteln.

13.10 Versuch: Ermittlung der Bestimmungsgrenze nach EN 45000 (Entwurf 1992)

13.10.1 Prinzip

Eurachem/D veröffentlicht in den Richtlinien zur Interpretation der Normenserie EN 45000 und ISO GUIDE 25 (Juli 92) eine neue Möglichkeit, die Bestimmungsgrenze zu definieren.

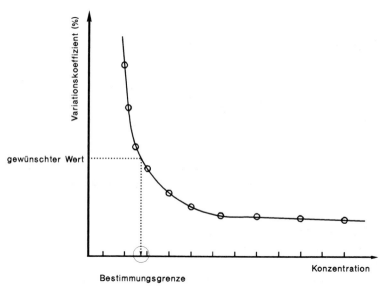

Abb. 13-5. Ermittlung der Bestimmungsgrenze nach EN 45000

Dazu werden Verdünnungsreihen des zu bestimmenden Stoffes hergestellt und diese je 6 mal unter absolut gleichen Bedingungen chromatographiert. Von den dabei entstehenden 6 Peakflächen wird der Variationskoeffizient V (%) nach Gl.(13-22) berechnet:

$$V\ (\%) = \frac{s}{\bar{x}} \cdot 100\% \qquad\qquad (13\text{-}22)$$

In Gl. (13-22) bedeutet:

V (%)   Variationskoeffizient in %
s Standardabweichung
$\bar{x}$ Mittelwert

Wird der berechnete Variationskoeffizient V (%) gegen die jeweilige verwendete Stoffmasse des zu bestimmenden Stoffes in der Verdünnungsreihe aufgetragen, ergibt sich eine charakteristische Kurve.

Der von der Bestimmungsmethode und dem Auftraggeber gewünschte Variationskoeffizient V (%) wird in die Kurve eingetragen und daraus die Bestimmungsgrenze durch Extrapolation erhalten.

13.10.2 Gaschromatographische Bedingungen

- Säule   25 m Länge, 0,32 mm Innendurchmesser, Filmstärke $0,5-0,8$ µm, HP-1 (100% Methylsilicon)
- Ofentemperatur   130 °C, muß optimiert werden
- Trägergas   Stickstoff (oder Helium)
- Gasgeschwindigkeit   30 cm/s
- Detektor   FID mit optimal eingestellten Brenn- und Hilfsgasen nach Angaben des Herstellers
- Injektortemperatur   250 °C
- Detektortemperatur   255 °C
- Splitverhältnis   kein Splitbetrieb
- Einspritzmenge $1-2$ µl

Die angegebenen Bedingungen dienen nur zur Orientierung und müssen noch optimiert werden.

13.10.3 Optimierung des Systems

Es wird eine Decanlösung hergestellt, indem man 1,000 g Decan, sehr genau gewogen, im Meßkolben auf 250 mL mit Aceton auffüllt (= Urlösung). Es werden 2 µl der entstandenen Urlösung sehr genau abgemessen und chromatographiert. Der Versuch wird 5 mal hintereinander wiederholt. Es ist darauf zu achten, daß die Flächenwerte der jeweiligen Decanpeaks nicht zu stark voneinander abweichen.

13.10.4 Herstellen der Verdünnungen und Wertaufnahme

Die Urlösung ist nun im Verhältnis 1 : 10 mit Aceton zu verdünnen. Nach intensivem Durchschütteln der Verdünnung werden wieder *sechs mal* genau 2 µL der neuen Lösung in den Gaschromatographen eingespritzt und die jeweils entstandenen Peakflächen registriert.

Danach wird die Urlösung im Verhältnis 1 : 100 verdünnt und wieder sechs mal chromatographiert. Der Vorgang wird solange wiederholt, bis der Decanpeak der entsprechenden Verdünnung nicht mehr einwandfrei zu registrieren ist.

Um eine gut auswertbare Kurve der Abhängigkeit des Variationskoeffizienten von der Konzentration zu bekommen, sollten im unteren Konzentrationsbereich der Decan-Verdünnungsreihe nicht nur dezimale Verdünnungen, sondern auch Zwischenverdünnungen verwendet werden.

Von jeder Kalibrierlösung ist die genaue Portion an Decan zu errechnen, die in den Detektor gelangt ist.

13.10.5 Auswertung

Von den 6 Peakflächen einer Verdünnung ist jeweils der Mittelwert $\bar{x}$ und die Standardabweichung s zu berechnen (LOTUS 1-2-3 oder Taschenrechner). Die Standardabweichung s ist dann durch den Mittelwert $\bar{x}$ zu dividieren und mit 100% zu multiplizieren.

Die Variationskoeffizienten der Peakflächen und die entsprechenden errechneten Stoffportionen jeder Verdünnung sind in eine Tabelle (z. B. in LOTUS 1-2-3) einzutragen und daraus eine Grafik zu erstellen. Für den vom (fiktiven) Auftraggeber *erwünschten maximalen Variationskoeffizienten von 4,5%* kann nun die entsprechende Bestimmungsgrenze aus der Grafik extrapoliert werden.

13.11 Versuch: Bestimmung des Kovatsindexes

13.11.1 Prinzip

Das Indexprinzip nach Kovats stellt ein Identifizierungsprinzip dar, mit dem man durch Inkrementbildung unter Umständen bestimmte Stoffgruppen aus Chromatogrammen identifizieren kann.

Tabelle 13-3. Nettoretentionszeiten (Bruttoretentionszeiten − Totzeit)

Substanz	unpolare Trennsäule	polare Trennsäule
Hexan		
Heptan		
Octan		
Nonan		
Decan		
Benzol		
2-Hexen		
1-Hexanol		
2-Hexanon		
Cyclohexan		

Das Prinzip beruht auf einer Einteilung der zu bestimmenden Substanzen in die Retentionsreihe von isotherm chromatographierten unverzweigten *n*-Alkanen. Dazu ist es wichtig zu wissen, *zwischen* welchen Alkanen die betreffende Substanz eluiert wird. Zur Berechnung des Kovatsindexes werden die Nettoretentionszeiten der Substanzen benötigt. Daher ist die Kenntnis der Totzeit und die Subtraktion der Totzeit von den Bruttoretentionszeiten (Integratorzeit) notwendig. Der Kovatsindex berechnet sich aus Gl. (13-23):

$$I = 100 \cdot x + 100 \cdot \frac{\log(t_N)_x - \log(t_N)_c}{\log(t_N)_{c+1} - \log(t_N)_c} \qquad (13\text{-}23)$$

In Gl.(13-23) bedeutet:

I	Kovatsindex
c	Kohlenstoffzahl des Alkans *vor* der Probensubstanz *x*

$\log(t_N)_x$ Logarithmus der Nettoretentionszeit der Probensubstanz x

$\log(t_N)_c$ Logarithmus der Nettoretentionszeit des Alkans *vor* dem Probenpeak

$\log(t_N)_{c+1}$ Logarithmus der Nettoretentionszeit des Alkans *nach* dem Probenpeak

Die Ofentemperatur ist dabei konstant (isotherm).

In der verwendeten stationären Phase erhält man für die Substanz einen Indexwert, der die Wechselbeziehung der betreffenden Substanz zur stationären Phase und damit auch die Art der funktionellen Gruppe widerspiegelt.

Man wird nun den Kovatsindex einer Substanz in einer gänzlich unpolaren stationären Phase (z. B. Squalan oder ersatzweise Methylsilicon, z. B. OV-1) und in einer hochpolaren stationären Phase (z. B. Carbowax) bestimmen. Bildet man die Differenz der beiden Kovatsindices in den 2 Phasen, bekommt man den ΔI-Kovatswert, der unter Umständen über die Art der Substanz einen Hinweis geben kann (Gl. (13-24)).

$$\Delta I\text{-Kovatswert} = I \text{ (polar)} - I \text{ (unpolar)} \qquad (13\text{-}24)$$

13.11.2 Gaschromatographische Bedingungen

- Säule   25 m Länge, 0,32 mm Innendurchmesser, Filmstärke 0,5 − 0,8 μm
  1. 100% Methylsilicon (oder Squalan)
  2. Carbowax-Säule (z.B Carbowax 20 M)
- Ofentemperatur   70 °C, muß aber optimiert werden
- Trägergas   Stickstoff (oder Helium)
- Gasgeschwindigkeit   30 cm/s
- Detektor   FID mit optimal eingestellten Brenn- und Hilfsgasen nach Angaben des Herstellers
- Injektortemperatur   300 °C
- Detektortemperatur   300 °C
- Splitverhältnis   1 : 40 − 1 : 60
- Einspritzmenge   1 − 2 μL

Die angegebenen Bedingungen dienen nur zur Orientierung und müssen noch optimiert werden.

13.11.3 Aufnahme der Chromatogramme

Zuerst wird ein n-Alkangemisch (je 1 g Hexan C_6, Heptan C_7, Octan C_8, Nonan C_9 und Decan C_{10}, zusammen gelöst in 250 mL Aceton) in der Säule mit unpolarer stationärer Phase chromatographiert. Dazu werden 2 µL des Gemisches eingespritzt und die Ofentemperatur optimiert. Danach werden die folgenden Substanzlösungen unter den gleichen Bedingungen chromatographiert:

1. Benzol   (1 g Benzol in 250 mL Aceton)
              (Vorsicht! Cancerogen!)
2. Hexanon   (1 g 2-Hexanon in 250 mL Aceton)
3. Hexanol   (1 g 1-Hexanol in 250 mL Aceton)
4. Hexen   (1 g 2-Hexen in 250 mL Aceton)
5. Cyclohexan (1 g Cyclohexan in 250 mL Aceton)

Genauer wird unter Umständen die Retentionszeitbestimmung, wenn zu der oben beschriebenen Alkanmischung ($C_6 - C_{10}$) die jeweilige Probensubstanz separat *zugemischt* wird und dann gemeinsam mit den Alkanen chromatographiert wird. Mit Hilfe von Methan ist die Totzeit genau zu bestimmen (Mehrfachbestimmung).

Nun ist die Säule mit der polaren stationären Phase (z. B. Carbowax) in den Ofenraum einzubauen und unter den gleichen Bedingungen sind alle Alkan- und Probenchromatogramme zu erstellen.

13.11.4 Auswertung

Aus dem Alkangemisch-Chromatogramm und aus den Chromatogrammen aller Probensubstanzen wird die jeweilige Differenz der Bruttoretentionszeit und der Totzeit (Nettoretentionszeit) aller Peaks bestimmt und in die Tabelle 13-3 eingetragen. Aus den Nettoretentionszeiten werden die Kovatsindices nach Gl. (13-23) für jede Testsubstanz in der polaren und in der unpolaren stationären Phase berechnet. Nach Gl. (13-24) werden die Differenzen der Werte jeder Testsubstanz im polaren und im unpolaren Medium gebildet.

Versuchen Sie, den Kovatsindex mit der Struktur der jeweiligen C_6-Verbindung in Einklang zu bringen. Welche Gesetzmäßigkeiten ergeben sich?

13.12 Versuch: Qualitative GC-Bestimmung

13.12.1 Prinzip

Das zu untersuchende Gemisch, eine Probe von Lampenöl (Paraffine und Alkohole), das u.a. aus 5–8 der unten aufgeführten Stoffe bestehen kann, wird in einer Säule mit einem Innendurchmesser von 320 µm und einer Länge von 25 m chromatographiert.

Die Ofentemperatur ist über ein Temperatur/Zeit-Programm so zu steuern, daß alle Substanzen zwischen $k = 1$ und $k = 10$ eluiert werden. Alle Peaks des Gemisches sollten möglichst bis zur Basislinie getrennt sein. Die Empfindlichkeit des Auswertessystems ist so einzustellen, daß alle Peakspitzen auf dem Papier abgebildet werden. Von jedem relevanten Peak ist die Halbwertsbreite zu bestimmen.

Nach der Optimierung sind die unten aufgeführten Vergleichslösungen einzeln in den Gaschromatographen einzuspritzen und die Komponenten der Probe durch einen k-Vergleich mit denen der Vergleichslösung zu identifizieren.

Anschließend ist eine Aufstockung des Lampenöls mit den vermuteten Stoffen vorzunehmen, eine Halbwertsbreitenbestimmung durchzuführen und auf Schulterbildung zu achten.

13.12.2 Substanzen in der Probe

Folgende Substanzen können in einer Probe Lampenöl vorhanden sein:

1. 2-Butanol	2. 1-Butanol
3. 1-Pentanol	4. 2-Methylpentan
5. *n*-Hexan	6. 1-Hexanol
7. *n*-Heptan	8. 1-Heptanol
9. *n*-Octan	10. 1-Octanol
11. *n*-Nonan	12. 1-Nonanol
13. *n*-Decan	14. 1-Decanol
15. *n*-Undecan	16. *n*-Dodecan
17. *n*-Tridecan	18. *n*-Tetradecan
19. *n*-Pentadecan	20. *n*-Hexadecan

und weitere isomere Alkane

1 g der betreffenden Substanz wird jeweils gelöst in 250 mL Aceton.

13.12.3 Gaschromatographische Bedingungen

- Säule   25 m Länge, 0,32 mm Innendurchmesser,
                        Filmstärke 0,5 – 0,8 µm, 100% Methylsili-
                        con
- Trägergas   Stickstoff (oder Helium)
- Gasgeschwindigkeit   30 cm/s
- Detektor   FID mit optimal eingestellten Brenn- und
                        Hilfsgasen nach Angaben des Herstellers
- Injektortemperatur   250 °C
- Detektortemperatur   250 °C
- Splitverhältnis   1 : 40 – 1 : 60
- Einspritzmenge   1 – 2 µL

Ofenprogramm:
- Anfangstemperatur   50 C
- Aufheizrate   10 °C/min (linear)
- Endtemperatur   220 °C

Die angegebenen Bedingungen dienen nur zur Orientierung und müssen noch optimiert werden.

13.12.4 Optimierung des Systems

1 – 2 µL des Lampenöls, 1 g gelöst in 100 mL Aceton, werden bei dem oben aufgeführten Ofenprogramm in den Injektor des Gaschromatographen injiziert und chromatographiert. Durch die Optimierung des Ofenprogrammes ist zu gewährleisten, daß alle Peaks bis zur Basislinie getrennt werden und daß die Peaks der Probe nicht zu früh oder zu spät registriert werden ($k = 1$ bis $k = 10$).

13.12.5 Vergleich

Mit dem optimierten Ofenprogramm werden nun die Vergleichslösungen nach und nach eingespritzt und die Substanzen aufgrund ihrer k-Werte identifiziert.

Anschließend ist das Lampenöl mit den identifizierten Substanzen im gleichen Verhältnis aufzustocken und das Aufstockgemisch erneut einzuspritzen. Aus allen Chromatogrammen ist die Halbwertsbreite zu bestimmen und zu vergleichen. Gegebenenfalls ist dann das Temperaturprogramm zu variieren und die aufgestockte Probe erneut einzuspritzen. In keinem Fall darf ein Peak der aufgestockten Probe eine Schulter bekommen oder gar ein Peak zusätzlich registriert werden.

13.13 Versuch: Quantitative Bestimmung eines 1-Heptanol und *n*-Decan-Gemisches (ohne Standard und Korrekturfaktor)

13.13.1 Prinzip

Die Probe, die aus einem Gemisch aus reinem 1-Heptanol und reinem *n*-Decan besteht, wird chromatographiert und die entsprechenden Massenanteile ohne Korrekturfaktor direkt über die Fläche der entstehenden Peaks ausgewertet. Es soll dann untersucht werden, ob diese Flächenauswertung ohne Korrektur die realen Verhältnisse der Probe widerspiegelt.

13.13.2 Gaschromatographische Bedingungen

- Säule   25 m Länge, 0,32 mm Innendurchmesser, Filmstärke 0,5−0,8 µm, (100% Methylsilicon) (z. B. HP-1, OV-1, CP-SIL 5 CB, BP 1)
- Trägergas   Stickstoff (oder Helium)
- Gasgeschwindigkeit 30 cm/s
- Detektor   FID mit optimal eingestellten Brenn- und Hilfsgasen nach Angaben des Herstellers
- Injektortemperatur   250 °C
- Detektortemperatur 255 °C
- Splitverhältnis   1 : 20 − 1 : 40
- Einspritzmenge   1−2 µL

Ofenprogramm:
- Anfangstemperatur   120 °C
- Aufheizrate   10 °C/min (linear)
- Endtemperatur   180 °C
- Endzeit   3 Minuten

Die angegebenen Bedingungen dienen nur zur Orientierung und müssen noch optimiert werden.

13.13.3 Herstellung einer Probe

1,000 g 1-Hexanol und 1,000 g *n*-Decan werden sehr genau auf einer Analysenwaage abgewogen und gemischt. Die Mischung wird im Verhältnis 1:200 mit reinem Aceton oder mit reinem Hexan verdünnt. Der Massenanteil von 1-Hexanol in der Mischung (ohne Lösemittel) beträgt somit w(Hexanol) = 50%.

13.13.4 Optimierung des Systems

1–2 µL der Probe werden bei dem oben aufgeführten Ofenprogramm in den Injektor des Gaschromatographen eingespritzt und chromatographiert. Durch die Optimierung des Ofenprogrammes ist zu gewährleisten, daß alle Peaks bis zur Basislinie getrennt werden und daß die Peaks der Probe nicht zu früh oder zu spät registriert werden ($k = 1$ bis $= 10$).

Die Flächen der Probenpeaks sollten sich im linearen Bereich des Auswertesystems befinden. Gegebenenfalls ist vor der Bestimmung eine Linearitätsuntersuchung durchzuführen. Weiterhin sollte der Split keine merkliche Diskriminierung aufweisen.

13.13.5 Substanzidentifizierung

Mit dem optimierten Ofenprogramm werden nun Vergleichslösungen der reinen Stoffe 1-Hexanol und *n*-Decan (verdünnt jeweils im Verhältnis 1:200 in Aceton) separat eingespritzt, chromatographiert und die Substanzen aufgrund ihres k-Wertes identifiziert.

13.13.6 Berechnung des Massenanteils

Der Flächenwert des 1-Hexanol-Peaks und der Flächenwert des 1-Decan-Peaks (und evtl. noch weitere Verunreinigungspeaks, außer denen des Lösemittels Aceton) sind zu addieren. Die Peakfläche des 1-Hexanols wird durch die Gesamtpeakfläche dividiert (Gl. (13-25)):

$$w(\text{1-Hexanol}) = \frac{A\,(\text{1-Hexanol}) \cdot 100\%}{A\,(\text{Gesamtfläche})} \qquad (13\text{-}25)$$

Ein Vergleich des theoretischen Massenanteils der selbst hergestellten Probe (50%) mit dem gefundenen Massenanteil gibt Aufschluß über Genauigkeit dieser direkten Methode ohne Korrekturfaktor.

13.14 Versuch: Quantitative Bestimmung eines 1-Heptanol und *n*-Decan-Gemisches (mit Normierung)

13.14.1 Prinzip

Ein durch Einwaage hergestelltes Kalibriergemisch, das aus reinem 1-Heptanol und reinem *n*-Decan (gelöst in Aceton) besteht, wird im Gaschromatographen chromatographiert. Aus den entstehenden Peakflächen der Kalibrierlösung und der realen Zusammensetzung der Lösung werden Korrekturfaktoren berechnet, mit denen dann die Peakflächen einer Probenlösung normiert werden. Außer dem Lösemittelpeak und den beiden Probenpeaks dürfen keine weiteren Peaks im Chromatogramm vorhanden sein.

13.14.2 Gaschromatographische Bedingungen

- Säule   25 m Länge, 0,32 mm Innendurchmesser, Filmstärke 0,5 – 0,8 μm, (100% Methylsilicon) (z. B. HP-1, OV-1, CP-SIL 5 CB, BP 1)
- Trägergas   Stickstoff (oder Helium)
- Gasgeschwindigkeit   30 cm/s
- Detektor   FID mit optimal eingestellten Brenn- und Hilfsgasen nach Angaben des Herstellers
- Injektortemperatur   250 °C
- Detektortemperatur   255 °C
- Splitverhältnis   1 : 20 – 1 : 40
- Einspritzmenge   1 – 2 μL

Ofenprogramm:
- Anfangstemperatur 120 °C
- Aufheizrate 10 °C/min (linear)
- Endtemperatur 180 °C
- Endzeit 3 Minuten

Die angegebenen Bedingungen dienen nur zur Orientierung und müssen noch optimiert werden.

13.14.3 Herstellung des Kalibriergemisches

1,000 g 1-Hexanol und 1,000 g n-Decan werden auf einer Analysenwaage sehr genau abgewogen und vermischt. Die Mischung wird im Verhältnis 1 : 200 mit reinem Aceton oder reinem Hexan verdünnt.

13.14.4 Bestimmung der Korrekturfaktoren

1 − 2 μL des Kalibriergemisches werden bei dem genannten Ofenprogramm in den Injektor des Gaschromatographen eingespritzt und chromatographiert. Durch die Optimierung des Ofenprogrammes ist zu gewährleisten, daß alle Peaks bis zur Basislinie getrennt werden und daß die Peaks der Probe nicht zu früh oder zu spät registriert werden ($k = 1$ bis $k = 10$).

Die Flächen der Probenpeaks sollten sich im linearen Bereich des Auswertesystems befinden. Gegebenenfalls ist vor der Bestimmung eine Linearitätsuntersuchung durchzuführen.

Der Flächenwert des 1-Hexanolpeaks und der Flächenwert des 1-Decanpeaks (und evtl. noch vorhandene Verunreinigungspeaks, außer denen des Lösemittels) sind zu addieren. Die Peakfläche des 1-Hexanols wird durch die Gesamtpeakfläche dividiert, es entsteht der Massenanteil (Analytik) in % (Gl. (13-26)):

$$w(\text{1-Hexanol}) = \frac{A(\text{1-Hexanol}) \cdot 100\%}{A(\text{Gesamtfläche})} \qquad (13\text{-}26)$$

Die gleiche Berechnung wird mit n-Decan durchgeführt (Gl. (13-27)):

$$w(n\text{-Decan}) = \frac{A(n\text{-Decan}) \cdot 100\%}{A(\text{Gesamtfläche})} \qquad (13\text{-}27)$$

Aus den noch nicht normierten Massenanteilen Gl. (13-26) und Gl. (13-27) und durch einen Vergleich mit den durch Einwaage festgelegten, realen Massenanteilen (= Massenanteil(Einwaage)) der beiden Stoffe werden die Korrekturfaktoren von 1-Hexanol und *n*-Decan nach Gl. (13-28) berechnet.

$$f(\text{Substanz}) = \frac{\text{Massenanteil (durch Einwaage)}}{\text{Massenanteil (durch Analytik)}} \qquad (13\text{-}28)$$

Der Faktor f(Substanz) wandelt den durch die Analytik gefundenen Massenanteil der Substanz in den realen Massenanteil um. Der Nachteil der Methode besteht darin, daß alle Peakflächen erfaßt und normiert werden müssen.

13.14.5 Herstellung einer Probe

1,000 g reines 1-Hexanol und 0,8 g reines *n*-Decan werden auf der Analysenwaage abgewogen, gemischt und im Verhältnis 1:200 mit reinem Aceton verdünnt. Das Gemisch wird mit dem oben festgelegten Ofentemperatur-Programm so chromatographiert, daß die entstehenden Substanzen in einer akzeptablen Zeit eluiert werden.

Der Flächenwert des 1-Hexanol-Peaks und der Flächenwert des 1-Decan-Peaks (und evtl. noch vorhandene Verunreinigungspeaks, außer denen des Lösemittels) sind zu addieren. Die Peakfläche des 1-Hexanols wird durch die Gesamtpeakfläche dividiert und durch den Faktor f (Hexanol) ausgeglichen (Gl. 13-29).

$$w(1\text{-Hexanol}) = \frac{f(\text{Hexanol}) \cdot A(1\text{-Hexanol}) \cdot 100\%}{A \,(\text{Gesamtfläche})} \qquad (13\text{-}29)$$

Die gleiche Berechnung wird mit *n*-Decan durchgeführt (Gl. (13-30)):

$$w(n\text{-Decan}) = \frac{f(\text{Decan}) \cdot A\,(n\text{-Decan}) \cdot 100\%}{A \,(\text{Gesamtfläche})} \qquad (13\text{-}30)$$

Es ist der Massenanteil, der durch Einwiegen berechnet wurde, mit dem normierten Massenanteil zu vergleichen.

13.15 Versuch: Quantitative Bestimmung mit Hilfe des äußeren Standards

13.15.1 Prinzip

Mehrere durch genaue Einwaage hergestellte Kalibriergemische, die aus steigenden Mengen an reinem 1-Heptanol in reinem *n*-Decan bestehen, werden nach dem Vermischen mit Aceton als Lösemittel im Gaschromatographen chromatographiert. Es wird eine Kurve der Abhängigkeit der entstehenden Peakflächen von der jeweiligen Masse an *n*-Decan in der Kalibrierlösung aufgestellt. Nach einer Linearitätsüberprüfung der Kurve wird die Probenlösung, die ebenfalls aus Decan und 1-Heptanol besteht, chromatographiert und die Peakfläche des *n*-Decans in die Kurve eingetragen. Durch Extrapolation ist die Masse an *n*-Decan in der Probenlösung zu bestimmen. Es ist sorgfältig darauf zu achten, daß immer das gleiche Volumen an Lösung injiziert wird. Weiterhin ist auf einwandfreie Septen zu achten.

13.15.2 Gaschromatographische Bedingungen

- Säule — 25 m Länge, 0,32 mm Innendurchmesser, Filmstärke 0,5 − 0,8 µm, (100% Methylsilicon) (z. B. HP-1, OV-1, CP-SIL 5 CB, BP 1)
- Trägergas — Stickstoff (oder Helium)
- Gasgeschwindigkeit — 30 cm/s
- Detektor — FID mit optimal eingestellten Brenn- und Hilfsgasen nach Angaben des Herstellers
- Injektortemperatur — 250 °C
- Detektortemperatur — 255 °C
- Splitverhältnis — 1 : 20 − 1 : 40
- Einspritzmenge — 1 − 2 µL

Ofenprogramm:
- Anfangstemperatur — 120 °C
- Aufheizrate — 10 °C/min (linear)
- Endtemperatur — 180 °C
- Endzeit — 3 Minuten

Die angegebenen Bedingungen dienen nur zur Orientierung und müssen noch optimiert werden.

13.15.3 Herstellung der Kalibriergemische

- Kalibrierlösung 1: 1,000 g 1-Hexanol und 0,600 g *n*-Decan
- Kalibrierlösung 2: 1,000 g 1-Hexanol und 0,800 g *n*-Decan
- Kalibrierlösung 3: 1,000 g 1-Hexanol und 1,000 g *n*-Decan
- Kalibrierlösung 4: 1,000 g 1-Hexanol und 1,200 g *n*-Decan
- Kalibrierlösung 5: 1,000 g 1-Hexanol und 1,400 g *n*-Decan

Alle Substanzen werden auf einer Analysenwaage sehr genau abgewogen und entsprechend vermischt. Jede Mischung wird im Verhältnis 1 : 200 mit reinem Aceton oder reinem Hexan verdünnt.

13.15.4 Herstellung der Probenlösung

1,000 g 1-Hexanol und 0,900 g n-Decan werden auf einer Analysenwaage sehr genau abgewogen und vermischt. Die Mischung wird im Verhältnis 1 : 200 mit reinem Aceton oder reinem Hexan verdünnt.

13.15.5 Aufnahme der Kalibrierkurve und Auswertung

Jeweils 1,0 µL einer Kalibrierlösung (möglichst genau abgemessen) wird mit der Luftpfropf-Technik nacheinander 5 mal in den Injektor eingespritzt und bei den optimierten Bedingungen jeweils chromatographiert. Die entstehenden Peakflächen für das 1-Hexanol sollten bei jeder Einspritzung nicht mehr als 1 % voneinander differieren. Die gemittelten Peakflächen des Decans sind zu notieren. Es ist eine Kurve der Abhängigkeit der gemittelten Peakfläche von der entsprechenden Masse an *n*-Decan zu erstellen. Eine Untersuchung auf Lineariät, eine Korrelationskoeffizientenberechnung und eine lineare Regression sind durchzuführen.

Anschließend ist 1,0 µL der separat hergestellten Probenlösung in den Injektor einzuspritzen und unter den gleichen Bedingungen 5 mal zu chromatographieren. Die gemittelten Decanpeakflächen der Probe sind in die Kurve einzutragen und die Masse an Decan durch Extrapolation zu ermitteln (Abb. 13-6).

Es ist zu vermerken, in wie weit die durch die Methode gefundene Masse mit der eingewogenen Masse an Decan übereinstimmt.

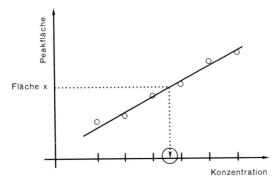

Abb. 13-6. Extrapolation zur Ermittlung der Masse

13.16 Versuch: Quantitative Bestimmung mit Hilfe des inneren Standards

13.16.1 Prinzip

In einem 1-Hexanol/Decan-Gemisch soll der Massenanteil an 1-Hexanol bestimmt werden. Zu dem 1-Hexanol/Decan-Gemisch wird eine zusätzliche Substanz, die Standardsubstanz, zugemischt. Die Standardsubstanz ist nicht in der Probe enthalten und sollte idealerweise in der Nähe der zu bestimmenden Substanz (1-Hexanol) eluiert werden. Als Standardsubstanz wurde 1-Heptanol ausgewählt.

Zuerst wird eine definierte Mischung aus 1-Hexanol und 1-Heptanol (Standard) durch separate Einwaagen hergestellt und mit Aceton verdünnt. Dieses Gemisch wird chromatographiert. Aus den Peakflächen an 1-Hexanol und 1-Heptanol (Standard) sowie den eingewogenen Massen wird der Korrekturfaktor der Methode bestimmt.

In die Probe, die 1-Hexanol und n-Decan enthält, wird nun eine bestimmte Masse an 1-Heptanol (Standard) hinzugewogen, mit Aceton verdünnt, und sodann aus den Massen und Peakflächen der durch einen „inneren Standard" korrigierte Massenanteil berechnet.

Die Probe enthält etwa 50% 1-Hexanol.

13.16.2 Gaschromatographische Bedingungen

- Säule   25 m Länge, 0,32 mm Innendurchmesser, Filmstärke 0,5 – 0,8 μm, (100% Methylsilicon) (z. B. HP-1, OV-1, CP-SIL 5 CB. BP 1)
- Trägergas   Stickstoff (oder Helium)
- Gasgeschwindigkeit 30 cm/s
- Detektor   FID mit optimal eingestellten Brenn- und Hilfsgasen nach Angaben des Herstellers
- Injektortemperatur 250 °C
- Detektortemperatur 255 °C
- Splitverhältnis   1 : 20 – 1 : 40
- Einspritzmenge   1 – 2 μL

Ofenprogramm:
- Anfangstemperatur 120 °C
- Aufheizrate   10 °C/min (linear)
- Endtemperatur   180 °C
- Endzeit   3 Minuten

Die angegebenen Bedingungen dienen nur zur Orientierung und müssen noch optimiert werden.

13.16.3 Herstellung des Gemisches zur Bestimmung des Faktors

1,000 g 1-Hexanol und 1,000 g 1-Heptanol (Standard) werden auf einer Analysenwaage sehr genau abgewogen und gemischt. Die Mischung wird im Verhältnis 1 : 200 mit reinem Aceton oder reinem Hexan verdünnt.

13.16.4 Bestimmung des Methodenfaktors

1 – 2 μL des Gemisches zur Bestimmung des Faktors werden mit dem oben aufgeführten Ofenprogramm in den Injektor des Gaschromatographen eingespritzt und chromatographiert. Durch die Optimierung des Ofenprogrammes ist zu gewährleisten, daß alle Peaks bis zur Basislinie getrennt werden und daß die Peaks der Probe nicht zu früh oder zu spät registriert werden ($k = 1$ bis $k = 10$).

Die Flächen der Probenpeaks sollten sich im linearen Bereich des Auswertesystems befinden. Gegebenenfalls ist vor der Bestimmung eine Linearitätsuntersuchung durchzuführen. Der Methodenfaktor ist mit Gl. (13-31) zu berechnen:

$$f(\text{Methode}) = \frac{A\,(n\text{-Heptanol}) \cdot m\,(1\text{-Hexanol})}{A\,(n\text{-Hexanol}) \cdot m\,(n\text{-Heptanol})} \qquad (13\text{-}31)$$

13.16.5 Herstellung einer Probe und die Vermischung mit innerem Standard

Zur Herstellung der Probenlösung werden 1,000 g 1-Hexanol und 0,800 g *n*-Decan auf einer Analysenwaage sorgfältig abgewogen und vermischt.

1,000 g der so entstandenen Probe und 0,500 g 1-Heptanol (Standard) werden auf einer Analysenwaage abgewogen und vermischt. Die Mischung wird im Verhältnis 1 : 200 mit Aceton verdünnt.

13.16.6 Chromatographie der Probenlösung und die Berechnung

Das Proben-Standard-Gemisch wird mit dem oben festgelegten Ofen-Programm so chromatographiert, daß die entstehenden Peakflächen noch im linearen Bereich des Detektors sind. Die Berechnung für den Massenanteil an 1-Hexanol erfolgt nach Gl. (13-32).

$$w(1\text{-Hexanol}) = \frac{f(\text{Methode}) \cdot A\,(1\text{-Hexanol}) \cdot m\,(\text{Standard}) \cdot 100\,\%}{A\,(\text{Standard}) \cdot m\,(\text{Probe})} \qquad (13\text{-}32)$$

Es ist der Massenanteil an 1-Hexanol, der durch die Einwaagen berechnet wird, mit dem Massenanteil, der durch eine Bestimmung mit innerem Standard ermittelt wurde, zu vergleichen.

13.17 Versuch: Quantitative Dodecan-Bestimmung mit Hilfe der Aufstockmethode

13.17.1 Prinzip

Eine Probe an 1-Hexanol ist mit etwas 1-Heptanol und sehr wenig *n*-Dodecan verunreinigt. Für die Bestimmung mit der Aufstockmethode müssen zwei Chromatogramme angefertigt werden.

Das erste Chromatogramm wird vom reinen Probengemisch, nur gelöst in Aceton, aufgenommen. Für das zweite Chromatogramm wird eine abgewogene, geringe Menge an Dodecan zur Probe hinzugefügt (aufgestockt) und die Mischung erneut chromatographiert. Beide Chromatogramme haben dann das Aussehen wie in Abb. 13-7.

13.17.2 Gaschromatographische Bedingungen

- Säule   25 m Länge, 0,32 mm Innendurchmesser, Filmstärke 0,5 – 0,8 µm, (100% Methylsilicon) (z.B. HP-1, OV-1, CP-SIL 5 CB, BP 1)
- Trägergas   Stickstoff (oder Helium)
- Gasgeschwindigkeit   30 cm/s
- Detektor   FID mit optimal eingestellten Brenn- und Hilfsgasen nach Angaben des Herstellers
- Injektortemperatur   250 °C
- Detektortemperatur   255 °C
- Splitverhältnis   1 : 20 – 1 : 40
- Einspritzmenge   1 – 2 µ

Ofenprogramm:
- Anfangstemperatur   120 °C
- Aufheizrate   10 °C/min (linear)
- Endtemperatur   180 °C
- Endzeit   3 Minuten

Die angegebenen Bedingungen dienen nur zur Orientierung und müssen noch optimiert werden.

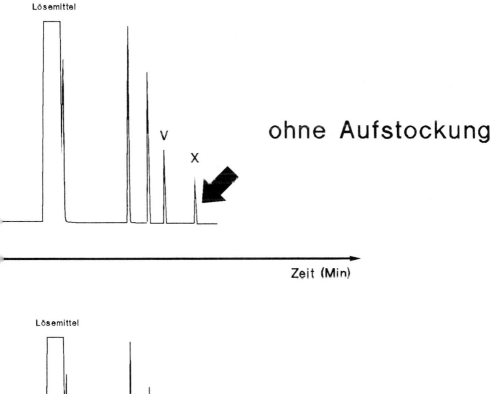

Abb. 13-7. Chromatogramme nach der Aufstockmethode

13.17.3 Herstellung der Lösungen

Die *Probe* wird hergestellt, indem 10,000 g 1-Hexanol, 1,000 g 1-Heptanol und 0,300 g Dodecan auf der Analysenwaage sorgfältig abgewogen und vermischt werden.

Die *Aufstockungslösung* wird hergestellt, indem 5,000 g der Probenlösung auf der Analysenwaage abgewogen werden und zusätzlich mit 0,200 g Dodecan vermischt (aufgestockt) werden. Beide Lösungen werden im Verhältnis 1 : 250 mit Aceton verdünnt.

13.17.4 Optimierung des Systems

Von beiden Lösungen werden separat hintereinander unter denselben gaschromatographischen Bedingungen jeweils 1−2 μL in den Injektor des Gaschromatographen eingespritzt und das Temperaturprogramm so eingestellt, daß alle Peaks völlig voneinander getrennt sind.

13.17.5 Auswertung

Die Auswertung wird nach Gl. (13-33) vorgenommen:

$$w(\text{Dodecan}) = \frac{A\,(\text{D/Orig}) \cdot m\,(\text{Aufstock}) \cdot 100\%}{m\,(\text{Probe})\left[\dfrac{A\,\text{REF/Orig}}{A\,(\text{REF/Aufst})} \cdot A\,(\text{D/Aufst}) - A\,(\text{D/Orig})\right]}$$

In Gl. (13-33) bedeutet: (13-33)

w(Dodecan)	Massenanteil an Dodecan in %
A (D/Orig)	Peakfläche von Dodecan in der Orginalprobe
A (D/Aufst)	Peakfläche von Dodecan nach der Aufstockung
A (REF/Orig)	Peakfläche von Heptanol in der Originalprobe
A (REF/Aufst)	Peakfläche des Heptanol nach der Aufstockung
m (Probe)	Masse der eingewogenen Probe
m (Aufstock)	Masse der zugewogenen Aufstocksubstanz Dodecan

Es ist der Massenanteil, der durch die Einwaagen berechnet wurde, mit dem Massenanteil, der durch die Bestimmung mit Hilfe der Aufstockmethode ermittelt wurde, zu vergleichen.

14 Literaturverzeichnis

Auf die folgenden Monographien, Zeitschriftenberichte und Bücher bezieht sich das vorliegende Buch:

[1] Schmittel, Bouchée, Less: Labortechnische Grundoperationen, VCH Weinheim (1990)
[2] Ettre: Gaschromatographie mit Kapillarsäulen, Friedrich Vieweg + Sohn Verlag (1985), Braunschweig
[3] R. E. Kaiser, Chromatographia 1976 (32), Seite 337 – 352
[4] Van Deemter, Zuiderweg, Klinkenberg, Chem. Eng. Science 5(6), Seite 271 bis 289 (1956)
[5] Golay, Analy. Chem. 40, Seite 382 – 384 (1968)
[6] Splitter 5/93, SUPELCO-Firmenbroschüre, Bad Homburg (1993)
[7] SGE-Katalog, Seite 122, SGE Weiterstadt (1993)
[8] Wirth: Advanced Flow Control, GIT – Chromatographie 1/93, Seite 23 – 27, GIT-Verlag
[9] SUPELCO- Katalog 93, SUPELCO, Bad Homburg (1993)
[10] K. Grob und G. Grob: J. Chromatogr. Sci, 7 (1969)
[11] Ettre: Gas Chromatographie, Friedrich Vieweg + Sohn Verlag (1985), Braunschweig
[12] Golay, Vortrag im Lansing Symposium (1957)
[13] Horvath: Trennsäulen mit dünnen porösen Schichten für die GC, Dissertation an der J. W. v. Goethe-Universität Frankfurt (1963)
[14] Ettre: Journal for Gas Chromatography 6, Seite 404 bis 409 (1968)
[15] Bouche, Versele, Vortrag Amsterdam Symposium (1973)
[16] CHROMPACK – Katalog 93, CHROMPACK GmbH, Frankfurt (1993)
[17] Buffington/Wilson: Detektoren für die HPLC, HEWLETT-PACKARD (1989)
[18] HEWLETT-PACKARD-Integratoren-Beschreibung für den Integrator 3396 A
[19] THE RESTEK-ADVANTAGE 7/93, Firmenbroschüre von RESTEK-AMCRO, Sulzbach/Taunus (1993)
[20] A. Bahr, CLB 44. Jahrgang, Umschau Verlag (1993)

[21] Eurachem/D, Richtlinien für die Interpretation der Normenserie EN 45000 und ISO GUIDE 25. (6. Entwurf 1992)

[22] E. Kovats, Helv. Chim. Acta 41 (1958)

[23] DIN 58936, 1. Teil: Qualitätssicherung in der Labormedizin (1989)

[24] DIN 55350, Teil 13

[25] Klaus Doerffel: Statistik in der Analytischen Chemie, VEB Verlag für Grundstoffindustrie, Leipzig (1987)

[26] Condall/Bosch, aus Kaiser, Chromatographie in der Gasphase, Bibliographisches Institut Mannheim (1966)

[27] Hachenberg: Die Headspace GC als Analysen- und Meßmethode, Beringer Mainz-Kastel (1988)

[28] G. Wachter: Das Infrarot-Spektrometer, Perkin Elmer-Broschüre, Heft Nr. 26

[29] Funk, Damman, Vonderheid, Oelmann: Statistische Methoden in der Wasseranalytik, VCH Weinheim (1985)

[30] Funk, Damman, Donnevert: Qualitätssicherung in der Analytischen Chemie, VCH Weinheim (1992)

[31] A. S. C. Ehrenberg: Statistik oder der Umgang mit Daten, VCH Weinheim (1990)

[32] Statistische Prozeßführung (SPC), Qualität bei HOECHST, Firmenbroschüre der HOECHST AG/PSW Funktions- und Fortbildung (1992)

[33] Ständige Verbesserung, Qualität bei HOECHST, Firmenbroschüre der HOECHST AG/PSW Funktions- und Fortbildung (1992)

[34] Problemlösungshilfen für Kapillargaschromatographie, SUPELCO, Bad Homburg

[35] Der Duden, Dudenverlag Mannheim/Wien/Zürich (1992)

[36] J. M. Juran: Quality Control Handbook, 4. Ausgabe. Mc-Graw-Hill Book (1988)

[37] DIN 51848, Teil 3

[38] Gesetz zum Schutz vor gefährlichen Stoffen (1990) 6. Abschnitt § 19 a-c, Anhang 1

[39] DIN ISO 9000 bis DIN ISO 9004, Qualitätsverbesserungen, Beuth-Verlag Berlin

[40] Kaiser, Mühlbauer: Elementare Tests zur Beurteilung von Meßdaten. Hochschultaschenbuch (1972)

14.1 Empfehlenswerte Bücher

Folgende Bücher über die Arbeitsgebiete „Allgemeine Analytik" und „Chromatographie" (Auswahl) können dem Anwender empfohlen werden:

1. A. I. M. Keulemanns: Gaschromatographie, VCH Weinheim (1965)
2. Schomburg: Einführung in die Gaschromatographie, VCH Weinheim (1990)
3. R. E. Kaiser: Chromatographie in der Gasphase, Bd. I bis IV, Bibliographisches Institut Mannheim, Hochschultaschenbücher, 2. Auflage (1974)
4. L. S. Ettre: Gaschromatographie mit Kapillarsäulen   Eine Einführung, Friedrich Vieweg + Sohn Verlag, Braunschweig (1976)
5. Klaus Metzner: Gaschromatographische Spurenanalytik Akademische Verlagsgesellschaft, Leipzig, (1977)
6. R. E. Kaiser/E. Oelrich: Optimierungen in der HPLC, Alfred Hüthig Verlag
7. Hachenberg: Die Headspace Gaschromatographie als Analysen- und Meßmethode, Beringer, Mainz-Kastel (1988)
8. Schmittel, Bouchée, Less: Labortechnische Grundoperationen, VCH Weinheim (1991)
9. Gübitz, Haubold, Stoll: Analytisches Praktikum: Quantitative Analyse, VCH Weinheim (1991)
10. W. Gottwald: RP-HPLC für Anwender, VCH Weinheim (1993)
11. E. Schulte: Praxis der Kapillar-Gaschromatographie. Springer Verlag Berlin, Heidelberg, New York (1993)

Empfehlenswerte Bücher über das Arbeitsgebiet „Qualitätssicherung" und „Statistik":

1. R. E. Kaiser/J. A. Mühlbauer: Elementare Tests zur Beurteilung von Meßdaten, Hochschultaschenbücher Band 774 (1972).
2. Klaus Doerffel: Statistik in der analytischen Chemie, VEB Verlag für Grundstoffindustrie, Leipzig (1987)
3. A. S. C. Ehrenberg: Statistik oder der Umgang mit Daten, VCH Weinheim (1990)
4. Funk, Damman, Vonderheid, Oehlmann: Statistische Methoden in der Wasseranalytik (Im Auftrag des Umweltbundesamt), VCH Weinheim (1985)
5. Funk, Damman, Donnevert: Qualitätssicherung in der Analytischen Chemie, VCH Weinheim (1992)

14.2 Allgemeine Zeitschriften über die Gaschromatographie (Auswahl)

Folgende Zeitschriften über Chromatographie und Gaschromatographie (Auswahl) können dem Anwender empfohlen werden:

1. CHROMATOGRAPHIA, Friedrich Vieweg + Sohn Verlag, Braunschweig
2. GIT, Fachzeitschrift für das Labor, GIT-Verlag
3. Labor-Praxis, Vogel-Verlag, Würzburg
4. Splitter: Regelmäßige Firmenbroschüre, SUPELCO, Bad Homburg
5. THE RESTEK ADVANTAGE, Regelmäßige Firmenbroschüre, RESTEK-AMCRO, (Sulzbach/Taunus)
6. Journal of High Resolutions Chromatography + Chromatography Communications (HRC + CC), Alfred Hüthig Verlag,
7. Journal of Chromatography, Elsevier Scientific Publishing Company, Amsterdam
8. Journal of Chromatographic Science, Preston
9. Zeitschrift für analytische Chemie, Springer Verlag, Berlin, Heidelberg
10. LABO, Kennziffer-Fachzeitschrift für Labortechnik, Hoppenstedt-Verlag, Darmstadt

15 Anhang

15.1 *rM*-Tabelle [29]

$P_{einseitig}$	90%	95%	99%
N			
3	1,148	1,153	1,155
4	1,425	1,463	1,492
5	1,602	1,672	1,749
6	1,729	1,822	1,944
7	1,828	1,938	2,097
8	1,909	2,032	2,221
9	1,977	2,110	2,323
10	2,036	2,176	2,410
11	2,088	2,234	2,485
12	2,134	2,285	2,550
13	2,175	2,331	2,607
14	2,213	2,371	2,659
15	2,247	2,409	2,705
16	2,279	2,443	2,747
17	2,309	2,475	2,785
18	2,335	2,504	2,821
19	2,361	2,532	2,854
20	2,385	2,557	2,884
21	2,408	2,580	2,912
22	2,429	2,603	2,939
23	2,448	2,624	2,963
24	2,467	2,644	2,987
25	2,486	2,663	3,009
26	2,502	2,681	3,029
27	2,519	2,698	3,049
28	2,534	2,714	3,068
29	2,549	2,730	3,085
30	2,563	2,745	3,103
zweiseitig	80%	90%	98%

15.2 F-Tabelle [29]

F-Tabelle (1) (P = 95%)

$f_2 \backslash f_1$	1	2	3	4	5	6	7	8	9	10	12	15	20	24	30	40	60	120	∞
1	161,4	199,5	215,7	224,6	230,2	234,0	236,8	238,8	240,5	241,9	243,9	245,9	248,0	249,1	250,1	251,1	252,2	253,3	254,3
2	18,51	19,00	19,16	19,25	19,30	19,33	19,35	19,37	19,38	19,40	19,41	19,43	19,45	19,45	19,46	19,47	19,48	19,49	19,50
3	10,13	9,55	9,28	9,12	9,01	8,94	8,89	8,85	8,81	8,79	8,74	8,70	8,66	8,64	8,62	8,59	8,57	8,55	8,53
4	7,71	6,94	6,59	6,39	6,26	6,16	6,09	6,04	6,00	5,96	5,91	5,86	5,80	5,77	5,75	5,72	5,69	5,66	5,63
5	6,61	5,79	5,41	5,19	5,05	4,95	4,88	4,82	4,77	4,74	4,68	4,62	4,56	4,53	4,50	4,46	4,43	4,40	4,36
6	5,99	5,14	4,76	4,53	4,39	4,28	4,21	4,15	4,10	4,06	4,00	3,94	3,87	3,84	3,81	3,77	3,74	3,70	3,67
7	5,59	4,74	4,35	4,12	3,97	3,87	3,79	3,73	3,68	3,64	3,57	3,51	3,44	3,41	3,38	3,34	3,30	3,27	3,23
8	5,32	4,46	4,07	3,84	3,69	3,58	3,50	3,44	3,39	3,35	3,28	3,22	3,15	3,12	3,08	3,04	3,01	2,97	2,93
9	5,12	4,26	3,86	3,63	3,48	3,37	3,29	3,23	3,18	3,14	3,07	3,01	2,94	2,90	2,86	2,83	2,79	2,75	2,71
10	4,96	4,10	3,71	3,48	3,33	3,22	3,14	3,07	3,02	2,98	2,91	2,85	2,77	2,74	2,70	2,66	2,62	2,58	2,54
11	4,84	3,98	3,59	3,36	3,20	3,09	3,01	2,95	2,90	2,85	2,79	2,72	2,65	2,61	2,57	2,53	2,49	2,45	2,40
12	4,75	3,89	3,49	3,26	3,11	3,00	2,91	2,85	2,80	2,75	2,69	2,62	2,54	2,51	2,47	2,43	2,38	2,34	2,30
13	4,67	3,81	3,41	3,18	3,03	2,92	2,83	2,77	2,71	2,67	2,60	2,53	2,46	2,42	2,38	2,34	2,30	2,25	2,21
14	4,60	3,74	3,34	3,11	2,96	2,85	2,76	2,70	2,65	2,60	2,53	2,46	2,39	2,35	2,31	2,27	2,22	2,18	2,13
15	4,54	3,68	3,29	3,06	2,90	2,79	2,71	2,64	2,59	2,54	2,48	2,40	2,33	2,29	2,25	2,20	2,16	2,11	2,07
16	4,49	3,63	3,24	3,01	2,85	2,74	2,66	2,59	2,54	2,49	2,42	2,35	2,28	2,24	2,19	2,15	2,11	2,06	2,01
17	4,45	3,59	3,20	2,96	2,81	2,70	2,61	2,55	2,49	2,45	2,38	2,31	2,23	2,19	2,15	2,10	2,06	2,01	1,96
18	4,41	3,55	3,16	2,93	2,77	2,66	2,58	2,51	2,46	2,41	2,34	2,27	2,19	2,15	2,11	2,06	2,02	1,97	1,92
19	4,38	3,52	3,13	2,90	2,74	2,63	2,54	2,48	2,42	2,38	2,31	2,23	2,16	2,11	2,07	2,03	1,98	1,93	1,88
20	4,35	3,49	3,10	2,87	2,71	2,60	2,51	2,45	2,39	2,35	2,28	2,20	2,12	2,08	2,04	1,99	1,95	1,90	1,84
21	4,32	3,47	3,07	2,84	2,68	2,57	2,49	2,42	2,37	2,32	2,25	2,18	2,10	2,05	2,01	1,96	1,92	1,87	1,81
22	4,30	3,44	3,05	2,82	2,66	2,55	2,46	2,40	2,34	2,30	2,23	2,15	2,07	2,03	1,98	1,94	1,89	1,84	1,78
23	4,28	3,42	3,03	2,80	2,64	2,53	2,44	2,37	2,32	2,27	2,20	2,13	2,05	2,01	1,96	1,91	1,86	1,81	1,76
24	4,26	3,40	3,01	2,78	2,62	2,51	2,42	2,36	2,30	2,25	2,18	2,11	2,03	1,98	1,94	1,89	1,84	1,79	1,73
25	4,24	3,39	2,99	2,76	2,60	2,49	2,40	2,34	2,28	2,24	2,16	2,09	2,01	1,96	1,92	1,87	1,82	1,77	1,71
26	4,23	3,37	2,98	2,74	2,59	2,47	2,39	2,32	2,27	2,22	2,15	2,07	1,99	1,95	1,90	1,85	1,80	1,75	1,69
27	4,21	3,35	2,96	2,73	2,57	2,46	2,37	2,31	2,25	2,20	2,13	2,06	1,97	1,93	1,88	1,84	1,79	1,73	1,67
28	4,20	3,34	2,95	2,71	2,56	2,45	2,36	2,29	2,24	2,19	2,12	2,04	1,96	1,91	1,87	1,82	1,77	1,71	1,65
29	4,18	3,33	2,93	2,70	2,55	2,43	2,35	2,28	2,22	2,18	2,10	2,03	1,94	1,90	1,85	1,81	1,75	1,70	1,64
30	4,17	3,32	2,92	2,69	2,53	2,42	2,33	2,27	2,21	2,16	2,09	2,01	1,93	1,89	1,84	1,79	1,74	1,68	1,62
40	4,08	3,23	2,84	2,61	2,45	2,34	2,25	2,18	2,12	2,08	2,00	1,92	1,84	1,79	1,74	1,69	1,64	1,58	1,51
60	4,00	3,15	2,76	2,53	2,37	2,25	2,17	2,10	2,04	1,99	1,92	1,84	1,75	1,70	1,65	1,59	1,53	1,47	1,39
120	3,92	3,07	2,68	2,45	2,29	2,17	2,09	2,02	1,96	1,91	1,83	1,75	1,66	1,61	1,55	1,50	1,43	1,35	1,25
∞	3,84	3,00	2,60	2,37	2,21	2,10	2,01	1,94	1,88	1,83	1,75	1,67	1,57	1,52	1,46	1,39	1,32	1,22	1,00

F-Tabelle (2) ($P = 99\%$)

$f_2\backslash f_1$	1	2	3	4	5	6	7	8	9	10	12	15	20	24	30	40	60	120	∞
1	4052	4999,5	5403	5625	5764	5859	5928	5982	6022	6056	6106	6157	6209	6235	6261	6287	6313	6339	6366
2	98,50	99,00	99,17	99,25	99,30	99,33	99,36	99,37	99,39	99,40	99,42	99,43	99,45	99,46	99,47	99,47	99,48	99,49	99,50
3	34,12	30,82	29,46	28,71	28,24	27,91	27,67	27,49	27,35	27,23	27,05	26,87	26,69	26,60	26,50	26,41	26,32	26,22	26,13
4	21,20	18,00	16,69	15,98	15,52	15,21	14,98	14,80	14,66	14,55	14,37	14,20	14,02	13,93	13,84	13,75	13,65	13,56	13,46
5	16,26	13,27	12,06	11,39	10,97	10,67	10,46	10,29	10,16	10,05	10,05	9,89	9,72	9,55	9,47	9,38	9,29	9,20	9,11	9,02
6	13,75	10,92	9,78	9,15	8,75	8,47	8,26	8,10	7,98	7,87	7,72	7,56	7,40	7,31	7,23	7,14	7,06	6,97	6,88
7	12,25	9,55	8,45	7,85	7,46	7,19	6,99	6,84	6,72	6,62	6,47	6,31	6,16	6,07	5,99	5,91	5,82	5,74	5,65
8	11,26	8,65	7,59	7,01	6,63	6,37	6,18	6,03	5,91	5,81	5,67	5,52	5,36	5,28	5,20	5,12	5,03	4,95	4,86
9	10,56	8,02	6,99	6,42	6,06	5,80	5,61	5,47	5,35	5,26	5,11	4,96	4,81	4,73	4,65	4,57	4,48	4,40	4,31
10	10,04	7,56	6,55	5,99	5,64	5,39	5,20	5,06	4,94	4,85	4,71	4,56	4,41	4,33	4,25	4,17	4,08	4,00	3,91
11	9,65	7,21	6,22	5,67	5,32	5,07	4,89	4,74	4,63	4,54	4,40	4,25	4,10	4,02	3,94	3,86	3,78	3,69	3,60
12	9,33	6,93	5,95	5,41	5,06	4,82	4,64	4,50	4,39	4,30	4,16	4,01	3,86	3,78	3,70	3,62	3,54	3,45	3,36
13	9,07	6,70	5,74	5,21	4,86	4,62	4,44	4,30	4,19	4,10	3,96	3,82	3,66	3,59	3,51	3,43	3,34	3,25	3,17
14	8,86	6,51	5,56	5,04	4,69	4,46	4,28	4,14	4,03	3,94	3,80	3,66	3,51	3,43	3,35	3,27	3,18	3,09	3,00
15	8,68	6,36	5,42	4,89	4,56	4,32	4,14	4,00	3,89	3,80	3,67	3,52	3,37	3,29	3,21	3,13	3,05	2,96	2,87
16	8,53	6,23	5,29	4,77	4,44	4,20	4,03	3,89	3,78	3,69	3,55	3,41	3,26	3,18	3,10	3,02	2,93	2,84	2,75
17	8,40	6,11	5,18	4,67	4,34	4,10	3,93	3,79	3,68	3,59	3,46	3,31	3,16	3,08	3,00	2,92	2,83	2,75	2,65
18	8,29	6,01	5,09	4,58	4,25	4,01	3,84	3,71	3,60	3,51	3,37	3,23	3,08	3,00	2,92	2,84	2,75	2,66	2,57
19	8,18	5,93	5,01	4,50	4,17	3,94	3,77	3,63	3,52	3,43	3,30	3,15	3,00	2,92	2,84	2,76	2,67	2,58	2,49
20	8,10	5,85	4,94	4,43	4,10	3,87	3,70	3,56	3,46	3,37	3,23	3,09	2,94	2,86	2,78	2,69	2,61	2,52	2,42
21	8,02	5,78	4,87	4,37	4,04	3,81	3,64	3,51	3,40	3,31	3,17	3,03	2,88	2,80	2,72	2,64	2,55	2,46	2,36
22	7,95	5,72	4,82	4,31	3,99	3,76	3,59	3,45	3,35	3,26	3,12	2,98	2,83	2,75	2,67	2,58	2,50	2,40	2,31
23	7,88	5,66	4,76	4,26	3,94	3,71	3,54	3,41	3,30	3,21	3,07	2,93	2,78	2,70	2,62	2,54	2,45	2,35	2,26
24	7,82	5,61	4,72	4,22	3,90	3,67	3,50	3,36	3,26	3,17	3,03	2,89	2,74	2,66	2,58	2,49	2,40	2,31	2,21
25	7,77	5,57	4,68	4,18	3,85	3,63	3,46	3,32	3,22	3,13	2,99	2,85	2,70	2,62	2,54	2,45	2,36	2,27	2,17
26	7,72	5,53	4,64	4,14	3,82	3,59	3,42	3,29	3,18	3,09	2,96	2,81	2,66	2,58	2,50	2,42	2,33	2,23	2,13
27	7,68	5,49	4,60	4,11	3,78	3,56	3,39	3,26	3,15	3,06	2,93	2,78	2,63	2,55	2,47	2,38	2,29	2,20	2,10
28	7,64	5,45	4,57	4,07	3,75	3,53	3,36	3,23	3,12	3,03	2,90	2,75	2,60	2,52	2,44	2,35	2,26	2,17	2,06
29	7,60	5,42	4,54	4,04	3,73	3,50	3,33	3,20	3,09	3,00	2,87	2,73	2,57	2,49	2,41	2,33	2,23	2,14	2,03
30	7,56	5,39	4,51	4,02	3,70	3,47	3,30	3,17	3,07	2,98	2,84	2,70	2,55	2,47	2,39	2,30	2,21	2,11	2,01
40	7,31	5,18	4,31	3,83	3,51	3,29	3,12	2,99	2,89	2,80	2,66	2,52	2,37	2,29	2,20	2,11	2,02	1,92	1,80
60	7,08	4,98	4,13	3,65	3,34	3,12	2,95	2,82	2,72	2,63	2,50	2,35	2,20	2,12	2,03	1,94	1,84	1,73	1,60
120	6,85	4,79	3,95	3,48	3,17	2,96	2,79	2,66	2,56	2,47	2,34	2,19	2,03	1,95	1,86	1,76	1,66	1,53	1,38
∞	6,63	4,61	3,78	3,32	3,02	2,80	2,64	2,51	2,41	2,32	2,18	2,04	1,88	1,79	1,70	1,59	1,47	1,32	1,00

F-Tabelle (3) (*P* = 99,9%).

$f_1\backslash f_2$	1	2	3	4	5	6	7	8	9	10	12	15	20	24	30	40	60	120	∞
1	4053[a]	5000[a]	5404[a]	5625[a]	5764[a]	5859[a]	5929[a]	5981[a]	6023[a]	6056[a]	6107[a]	6158[a]	6209[a]	6235[a]	6261[a]	6287[a]	6313[a]	6340[a]	6366[a]
2	998,5	999,0	999,2	999,2	999,3	999,3	999,4	999,4	999,4	999,4	999,4	999,4	999,4	999,5	999,5	999,5	999,5	999,5	999,5
3	167,0	148,5	141,1	137,1	134,6	132,8	131,6	130,6	129,9	129,2	128,3	127,4	126,4	125,9	125,4	125,0	124,5	124,0	123,5
4	74,14	61,25	56,18	53,44	51,71	50,53	49,66	49,00	48,47	48,05	47,41	46,76	46,10	45,77	45,43	45,09	44,75	44,40	44,05
5	47,18	37,12	33,20	31,09	29,75	28,84	28,16	27,64	27,24	26,92	26,42	25,91	25,39	25,14	24,87	24,60	24,33	24,06	23,79
6	35,51	27,00	23,70	21,92	20,81	20,03	19,46	19,03	18,69	18,41	17,99	17,56	17,12	16,89	16,67	16,44	16,21	15,99	15,75
7	29,25	21,69	18,77	17,19	16,21	15,52	15,02	14,63	14,33	14,08	13,71	13,32	12,93	12,73	12,53	12,33	12,12	11,91	11,70
8	25,42	18,49	15,83	14,39	13,49	12,86	12,40	12,04	11,77	11,54	11,19	10,84	10,48	10,30	10,11	9,92	9,73	9,53	9,33
9	22,86	16,39	13,90	12,56	11,71	11,13	10,70	10,37	10,11	9,89	9,57	9,24	8,90	8,72	8,55	8,37	8,19	8,00	7,81
10	21,04	14,91	12,55	11,28	10,48	9,92	9,52	9,20	8,96	8,75	8,45	8,13	7,80	7,64	7,47	7,30	7,12	6,94	6,76
11	19,69	13,81	11,56	10,35	9,58	9,05	8,66	8,35	8,12	7,92	7,63	7,32	7,01	6,85	6,68	6,52	6,35	6,17	6,00
12	18,64	12,97	10,80	9,63	8,89	8,38	8,00	7,71	7,48	7,29	7,00	6,71	6,40	6,25	6,09	5,93	5,76	5,59	5,42
13	17,81	12,31	10,21	9,07	8,35	7,86	7,49	7,21	6,98	6,80	6,52	6,23	5,93	5,78	5,63	5,47	5,30	5,14	4,97
14	17,14	11,78	9,73	8,62	7,92	7,43	7,08	6,80	6,58	6,40	6,13	5,85	5,56	5,41	5,25	5,25	4,94	4,77	4,60
15	16,59	11,34	9,34	8,25	7,57	7,09	6,74	6,47	6,26	6,08	5,81	5,54	5,25	5,10	4,95	4,80	4,64	4,47	4,31
16	16,12	10,97	9,00	7,94	7,27	6,81	6,46	6,19	5,98	5,81	5,55	5,27	4,99	4,85	4,70	4,54	4,39	4,23	4,06
17	15,72	10,66	8,73	7,68	7,02	6,56	6,22	5,96	5,75	5,58	5,32	5,05	4,78	4,63	4,48	4,33	4,18	4,02	3,85
18	15,38	10,39	8,49	7,46	6,81	6,35	6,02	5,76	5,56	5,39	5,13	4,87	4,59	4,45	4,30	4,15	4,00	3,84	3,67
19	15,08	10,16	8,28	7,26	6,62	6,18	5,85	5,59	5,39	5,22	4,97	4,70	4,43	4,29	4,14	3,99	3,84	3,68	3,51
20	14,82	9,95	8,10	7,10	6,46	6,02	5,69	5,44	5,24	5,08	4,82	4,56	4,29	4,15	4,00	3,86	3,70	3,54	3,38
21	14,59	9,77	7,94	6,95	6,32	5,88	5,56	5,31	5,11	4,95	4,70	4,44	4,17	4,03	3,88	3,74	3,58	3,42	3,26
22	14,38	9,61	7,80	6,81	6,19	5,76	5,44	5,19	4,99	4,83	4,58	4,33	4,06	3,92	3,78	3,63	3,48	3,32	3,15
23	14,19	9,47	7,67	6,69	6,08	5,65	5,33	5,09	4,89	4,73	4,48	4,23	3,96	3,82	3,68	3,53	3,38	3,22	3,05
24	14,03	9,34	7,55	6,59	5,98	5,55	5,23	4,99	4,80	4,64	4,39	4,14	3,87	3,74	3,59	3,45	3,29	3,14	2,97
25	13,88	9,22	7,45	6,49	5,88	5,46	5,15	4,91	4,71	4,56	4,31	4,06	3,79	3,66	3,52	3,37	3,22	3,06	2,89
26	13,74	9,12	7,36	6,41	5,80	5,38	5,07	4,83	4,64	4,48	4,24	3,99	3,72	3,59	3,44	3,30	3,15	2,99	2,82
27	13,61	9,02	7,27	6,33	5,73	5,31	5,00	4,76	4,57	4,41	4,17	3,92	3,66	3,52	3,38	3,23	3,08	2,92	2,75
28	13,50	8,93	7,19	6,25	5,66	5,25	4,93	4,69	4,50	4,35	4,11	3,86	3,60	3,46	3,32	3,18	3,02	2,86	2,69
29	13,39	8,85	7,12	6,19	5,59	5,18	4,87	4,64	4,45	4,29	4,05	3,80	3,54	3,41	3,27	3,12	2,97	2,81	2,64
30	13,29	8,77	7,05	6,12	5,53	5,12	4,82	4,58	4,39	4,24	4,00	3,75	3,49	3,36	3,22	3,07	2,92	2,76	2,59
40	12,61	8,25	6,60	5,70	5,13	4,73	4,44	4,21	4,02	3,87	3,64	3,40	3,15	3,01	2,87	2,73	2,57	2,41	2,23
60	11,97	7,76	6,17	5,31	4,76	4,37	4,09	3,87	3,69	3,54	3,31	3,08	2,83	2,69	2,55	2,41	2,25	2,08	1,89
120	11,38	7,32	5,79	4,95	4,42	4,04	3,77	3,55	3,38	3,24	3,02	2,78	2,53	2,40	2,26	2,11	1,95	1,76	1,54
∞	10,83	6,91	5,42	4,62	4,10	3,74	3,47	3,27	3,10	2,96	2,74	2,51	2,27	2,13	1,99	1,84	1,66	1,45	1,00

[a] Diese Werte sind mit 100 zu multiplizieren.

15.3   *t*-Tabelle [29]

f	$P = 95\%$	$P = 99\%$	$P = 99,9\%$
1	12,706	63,657	636,619
2	4,303	9,925	31,598
3	3,182	5,841	12,924
4	2,776	4,604	8,610
5	2,571	4,032	6,869
6	2,447	3,707	5,959
7	2,365	3,499	5,408
8	2,306	3,355	5,041
9	2,262	3,250	4,781
0	2,228	3,169	4,587
1	2,201	3,106	4,437
2	2,179	3,055	4,318
3	2,160	3,016	4,221
4	2,145	2,977	4,140
5	2,131	2,947	4,073
6	2,120	2,921	4,015
7	2,110	2,898	3,965
8	2,101	2,878	3,922
9	2,093	2,861	3,883
0	2,086	2,845	3,850
1	2,080	2,831	3,819
2	2,074	2,819	3,792
3	2,069	2,807	3,767
4	2,064	2,797	3,745
5	2,060	2,787	3,725
6	2,056	2,779	3,707
7	2,052	2,771	3,690
8	2,048	2,763	3,674
9	2,045	2,756	3,659
0	2,042	2,750	3,646
∞	1,960	2,576	3,291

15.4 Firmenüberblick

Im folgenden Abschnitt wird eine Auflistung der Firmen vorgenommen, die gaschromatographischen Artikel und sonstigen Analysenprodukte herstellen oder vertreiben. Die Liste erhebt kein Anspruch auf Vollständigkeit, und es läßt sich aus der Liste keine Wertung ableiten.

1. Aldrich
   Riedstraße 2
   Steinheim

2. Baker Chemikalien
   Postfach
   Groß-Gerau

3. Beckman Instruments
   Frankfurter-Ring 115
   München

4. Bodenseewerk Perkin-Elmer
   Postfach
   Überlingen

5. Bruker Meßtechnik
   Am Silberstreifen
   Rheinstetten

6. CHROMPACK
   Berner Straße 53
   Frankfurt

7. HAMILTON
   Daimlerweg 5 A
   Darmstadt

8. HEWLETT-PACKARD
   Postfach
   Bad Homburg

9. ICT-ASS
   Antoniterstraße 27
   Frankfurt

10. E. Merck
    Postfach
    Darmstadt

11. Macherey-Nagel
    Postfach
    Düren

12. Millipore/WATERS
    Hauptstraße 71–79
    Eschborn

13. Riedel de Haen
    Wunsdorfer Straße 40
    Seelze 1

14. RESTEK-AMCRO
    Postfach
    Sulzbach/Taunus

15. SGE
    Brunnenweg 44
    Weiterstadt

16. Supelco
    Kaiser-Friedrich-Promenade
    Bad Homburg

17. Varian
    Alsfelder Straße
    Darmstadt

Sachwortregister